高校行政管理案例探究

高建勋 / 著

武汉理工大学出版社
·武　汉·

图书在版编目（CIP）数据

高校行政管理案例探究 / 高建勋著 . -- 武汉 : 武汉理工大学出版社 , 2025. 6. -- ISBN 978-7-5629-7518-2

Ⅰ . G647.2

中国国家版本馆 CIP 数据核字第 2025PE7322 号

责任编辑：尹珊珊

责任校对：何诗恒　　　**排　　版**：任盼盼

出版发行：武汉理工大学出版社

社　　址：武汉市洪山区珞狮路 122 号

邮　　编：430070

网　　址：http：//www.wutp.com.cn

经　　销：各地新华书店

印　　刷：北京亚吉飞数码科技有限公司

开　　本：710 × 1000　1/16

印　　张：19.25

字　　数：305 千字

版　　次：2025 年 6 月第 1 版

印　　次：2025 年 6 月第 1 次印刷

定　　价：98.00 元

凡购本书，如有缺页、倒页、脱页等印装质量问题，请向出版社发行部调换。

本社购书热线电话：027-87391631　87664138　87523148

前言

高等院校是社会组织的一种，是国家最宝贵的资源，是教育、科技、人才的集中交汇点，为了实现其人才培养、科学研究、服务社会和文化传承与创新的多重发展目标，离不开科学合理的行政管理。高校行政管理工作是指高校为了实现教学、科研相关工作目标，依靠一定的机构和制度，采用一定的手段和措施，发挥管理和行政职能，引领和指导全校师生员工合理使用校内外各类资源，实现预定目标的组织活动。高校去行政化绝不是不要行政，相反，高校需要理念先进、科学高效的高水平行政管理。我的研究生导师、厦门大学教育研究院院长别敦荣教授认为，与其他国家不同，我国高校中层管理干部，是办学治校的中坚力量，对学校建设发展发挥着非常重要的作用。学校几乎所有的事情，大大小小、不分内外，都需要经过各部处和院系的管理才能得到落实。华中师范大学老校长章开沅有一句名言："我愿意用10个教授换1位能干的处长。"他的解释是，如果学校有一位能干的人事处长，何愁引不来10个教授！由此可见，高等教育高质量发展、高校高水平办学在很大程度上取决于中层管理干部的治校能力、决策能力和工作水平。当然，大学是一种学术共同体，是知识生产、知识保存、知识传承的特殊社会组织，学术是高校存在的本质意义，没有学术就没有高校。因此，大学要不断强化"为学术服务"的行政思维。行政人员要对学术抱有应有的敬畏，对学者保持敬重，对学生饱含深情。行政权力与学术权力应保持平衡，确保学术权力能够真正独立自主地运行。

党的二十大报告中指出："我们要坚持教育优先发展、科技自立自强、人才引领驱动，加快建设教育强国、科技强国、人才强国，坚持为党育人、为国育才，全面提高人才自主培养质量，着力造就拔尖创新人才，聚天下英才而用之。"这是新时代实施科教兴国战略，强化现代化建设人才支撑的重要举措，是加快建设人才强国的战略部署，这也对高校高质量发展提出了更高的要求和目标。要完成党和国家交给的目标和任务，就必须从内部挖潜、增效、提质，不断提高行政管理水平。在高校教育综合改革过程中，高效、科学的行政管理能大大提高工作效率，降低高校人力成本并节约财政经费投入。通过科学和高水平、高质量的行政管理，实现对各方面资源有效统筹，以满足新时代高校高质量发展的需求。因此，进入新时代，高校进一步提升行政管理水平和效能，对于全面贯彻党的教育方针，进一步落实立德树人根本任务，对于促进高校高质量发展，办好人民满意的教育具有极其重要的现实意义。

唯有不断地提高行政人员的综合素质、服务能力，才能进一步提升行政管理水平和效能，从而更好地促进高校高质量发展。提升行政管理人员能力最有效的方式就是学习培训。当代中国的高等教育实践与变革，不是简单延续我国传统教育的母版，更不是西方发达国家模式的翻版。对不同高校而言，若不考虑自身定位和发展特色，盲目引入所谓流行或通行的行政管理模式，这是不够务实的表现。越是高质量发展越要关注学校的个性和特色，统一标准是规模化生产的方式，不适合于高校。对同一所大学而言，随着发展阶段的不同，面临的主要问题也随之变化，大学的制度设计也要随之动态调整，而非一成不变。我国高校行政人员更为急需的并不是大而不当的宏观理论研究，而是需要精细、精准的现实捕捉和微观分析。高校行政管理是一门实践性较强的应用性学科，单纯的理论阐释有时显得过于抽象和疏远。受中国工程院院士、武汉纺织大学校长徐卫林“高校管理干部要做‘研究型’管理”的启示，为了总结高校行政管理的实践经验和创新探索，交流高校行政管理实践中的思路举措，丰富高校行政管理案例库资源，为高校年轻管理干部提供借鉴参考，笔者在出版《高校行政管理：理念与路径》这本理论性较强的著作后，撰写了这本《高校行政管理案例探究》。相对于同类书籍，本书有以下四个特点。

一是真实性。本书的行政管理案例均源自作者亲身参与的真实行政实践，是高校实际管理中存在的真实案例（个别案例涉及学生隐私，案中人名为化名）。本书汇集了作者30余年高校行政管理的实践经验和创新探索，是作者几十年如一日钻研行政管理学的深思之悟，其中有一些案例曾发表过，收入本书时则尽量保留原貌。每一个案例从事件背景、处理思路到解决过程，均基于真实场景还原，未进行虚构或艺术加工，确保内容的原始性与客观性。这是一本没有刻意包装，甚至没有用心打磨的书籍。之所以这样，是想保持一点原生态、本真态，敞开心扉与同行切磋交流。有的篇目随着时间的推移，可能有不太合适的地方，有的篇目可能就是失败的案例，笔者之所以不揣谫陋，就是想毫无保留地分享自己多年的感悟和教训。这些真实案例直观呈现了高校行政管理中可能遇到的具体问题，笔者以亲历者视角剖析案例中的决策过程、失误教训与成功经验，能为读者提供贴近现实的参考样本，帮助规避同类问题或复制有效模式。这种“亲历式真实案例”搭建了从“真实问题”到“有效解法”的桥梁，让读者既能通过案例理解管理本质，又能直接将经验转化为工作能力，尤其适合需要提升实操水平的年轻管理干部或相关专业学习者。读者可直接借鉴作者在真实场景中的处理思路与解决方案，避免“纸上谈兵”，对实际工作具有很强的指导意义。

二是多样性。本书以45个真实典型案例为载体，全景式呈现高校行政管理的复杂图景，既深入剖析各领域的核心矛盾与破局之道，又通过多元场景的组合，帮助读者把握高校行政管理工作的系统性与全局性。各案例内容覆盖高校管理全领域，涉及高校行政管理的主要方面，包括高校党建思政、战略管理、学科建设、学生工作、教学改革、教师管理、科技管理、服务保障、综合管理等内容，全方位展现高校行政工作的复杂性与系统性，帮助读者构建完整的管理认知框架。对于这些案例，笔者按照党群工作与领导艺术、学科建设与人才培养、思政教育与学生工作、师资队伍建设与科技创新管理、服务保障与综合管理等篇目进行了归类。之所以作这样的归类，主要是依据成书编排结构化的需要，再结合笔者对案例主要特征的理解。案例紧密结合地方高校的发展实践，系高校行政人员日常工作经常遇到的工作场景，直击管理实践中的共性问题，文风质朴本色、可读可思，具有很强的实践价值、样本意义，增添了高校行政管理案例的多样性。同时每个案例均为同类问题的“典型缩影”，兼具典型性，确保经验具有广泛适用性。读者既能从党建思政、学科建设、科技管理、综合管理等不同领域案例中学习专项管理技巧，又能通过跨领域对比，理解高校管理各环节的关联性，提升综合决策能力。

三是启示性。理论和实践的结合是搞好管理工作的必要前提。本书可以说是我之前出版的《高校行政管理：理念与路径》一书的续篇。本书案例对高校行政管理问题进行了多角度的解读、探讨和研究，既有理论分析，又有具体的解决方法，有的还附有范例，反映了作者的实践经验和深刻的反思探究，是多年辛勤汗水和智慧的结晶，较好地体现和渗透了高校行政管理的科学理念和研究成果，读者在阅读这些案例的同时，也能够不知不觉地受到启发。案例不仅展示“怎么做”，还隐含“为什么这样做”的深层逻辑，能让读者结合自身场景，提炼出可借鉴的原则或规律。如案例中提到高校在处理学生突发事件时，遵循“快速响应、及时沟通”的原则化解危机，读者可能会从中得到启示，在任何管理场景中，“及时沟通”都是解决问题的关键要素之一，进而应用到自己的工作或学习中。案例旨在总结高校行政管理实践的经验探索，交流高校行政管理实践中的新思路新举措，帮助学习者深入了解高校行政管理过程中的各种问题，阐明的道理能引起人的思考并使其有所领悟，不断提高自身管理能力，避免像我刚走上高校管理岗位时那样，因无此类书可读、无人指导而误打误撞走弯路，尽快成为一名称职的高校管理干部。我希望学习者在阅读使用这些案例时，不受我们做法的限制，作更广泛、更全面的分析。所以，对于每个案例后的分析，学习者最好带着挑剔的眼光或者质疑的态度去阅读。

四是创新性。本书以丰富多元的实践样本，生动勾勒出我国高等教育改革发展的时代图景。书中案例深度融合理论与实践，不仅是作者多年深耕高校管理领域的经验沉淀，更是对高等教育治理规律的深度探索。笔者不仅复盘成功经验，更直面管理困境与争议，通过批判性反思揭示深层矛盾，为地方高校高质量发展突破路径依赖、探索创新模式提供启发，推动高校管理实践的迭代升级。案例不拘泥于既有管理框架，而是通过批判性反思打破路径依赖，突破传统思维，重构管理逻辑。如在高校教师职称制度改革案例中，摒弃“唯论文、唯帽子”的传统评价体系，探索以代表性成果为导向的新型分类评价机制。案例聚焦高等教育改革中的痛点、难点，以问题为导向提出突破性方案，提供创新解法。如在科技成果转化领域，创新采用校地共建研究院的模式，为高校服务区域经济提供了可持续的新型载体。创新性不仅体现在个案突破，更在于经验的可复制性与延展性。书中案例在解决具体问题后，进一步提炼方法论，形成可推广的范式。例如，将培育学生积极心理品质的“体验互动型”教学模式迁移至青年教师职业发展支持体系，通过跨领域、跨场景的经验复用，推动高校管理创新的全域覆盖。通过以上维度，案例实现了从“就事论事”到“举一反三”的升华，为高等教育治理现代化提供了具有前瞻性的创新样本。

新时代推进教育强国建设的目标任务，要求我们以更强的历史使命感和现实责任感，切实提升高等教育研究的现实关怀和引领价值。当前高等教育研究中，不同程度地存在与实际需求疏离脱节、重理论而轻实际问题研究的现象。本书坚持目标导向和问题导向，积极探索研究地方高校的高质量发展，形成“问题从实践中来、成果到实践中去”的学术闭环。本书案例内涵丰富、鲜活生动，具有广泛的指导性，深刻的思想性、管理的实效性、运用方法的艺术性和科学研究的系统性。这些特质使本书超越单纯的经验总结，成为兼具理论价值与实践意义的高校行政管理方法论宝典，为高校行政人员、高教研究者提供全方位的认知视角与行动指南，为高校办学治校提供管用有效的参考。

高建勋

2024 年 8 月 2 日

目录

第一篇

党群工作与领导艺术篇

如何落实好高校党委全面从严治党主体责任

一、案例介绍

习近平总书记多次强调，全面从严治党永远在路上，党的自我革命永远在路上。高校肩负着立德树人根本任务，是培养堪当民族复兴重任时代新人的重要阵地，必须贯彻落实党中央关于全面从严治党战略部署，在健全全面从严治党体系中找准定位、发挥作用，为营造风清气正的政治生态和校园环境提供坚强保障。武汉纺织大学党委认真落实党中央关于《党委（党组）落实全面从严治党主体责任规定》（以下简称《规定》），坚决扛起全面从严治党的政治责任，坚决落实全的要求、严的基调、治的理念，通过清单化分解任务、精细化明确责任、闭环式推进落实，建立"以单定责、照单履责、按单问责"的工作机制，统筹推动将全面从严治党贯穿于学校治理的各个环节，为学校高质量发展提供有力的政治保证。

2022 年 4 月，笔者调任武汉纺织大学学校办公室主任，兼任主体责任办公室主任，在学校党委的坚强领导下，带领工作团队会同学校党群部门通过制定"一计划一清单"，形成"一个领导一张表、一个部门一本账”，开展“一月一督办”，实行“一总结一通报”，不断巩固深化责任落实闭环体系，协助学校党委压紧压实主体责任，纵深推进全面从严治党，取得了较好的成效。

（一）制定“一计划一清单”

每年年初，学校主体责任办公室依据《党委（党组）落实全面从严治党主体责任规定》，参考中共湖北省委常委会年度工作要点和湖北省高校党的建设和思想政治工作要点等文件精神，注重与学校年度工作要点有关内容相衔接，拟定《落实全面从严治党主体责任年度工作计划》（以下简称《工作计划》）和《责任清单》。经学校党委常委会会议审定后印发实施。其中，《工作计划》主要围绕党的政治建设、思想建设、组织建设、作风建设和纪律建设、统战与群团工作、安全稳定等方面，明确年度重点工作。同时，结合《工作计划》，系统完善清单事项，明确任务要求，优化工作职责。

（二）形成“一个领导一张表、一个部门一本账”

我们根据《工作计划》和《责任清单》，按照“学校党委”“党委书记”“党委常委”分类编制领导人员各自的责任清单工作手册，便于党委常委成员掌握各自全年工作任务，有序推进落实。同时，对学校相关协助落实部门（单位）的工作任务进行梳理，将同一部门（单位）的任务进行归总，形成部门（单位）工作任务清单。

（三）开展“一月一督办”

学校党委高度重视全面从严治党工作，定期听取工作落实情况汇报，每半年召开一次党委常委会会议专题研究全面从严治党工作，分析研判形势，研究解决瓶颈和短板问题，提出加强和改进的措施。学校主体责任办公室构建“提示＋督办”工作机制，协助学校党委落实全面从严治党主体责任。一是实行“定期提示”。主体责任办公室定期进行阶段性任务梳理，及时开展督促提醒，在年初、学期初、学期中、学期末以及年末等重要时间节点，分别按“未完成”“需尽快完成”等类别梳理任务清单，并向学校党委常委成员发布工作提示。二是开展“一月一督办”。月末梳理任务完成情况，月初通报工作进展，督促有关单位有序推进工作任务落实。同时，阶段性开展重点督办，对本年度落实全面从严治党主体责任进展缓慢的机关部门和二级院部，开展重点督查督办，全面梳理汇总督查督办情况，并在学校党委常委会会议上报告。

（四）实行“一总结一通报”

年末，学校党委全面梳理年度落实全面从严治党主体责任工作情况，重点总结年度工作成效、存在问题及下一年度工作任务。严格落实重大事项请示报告制度，及时向中共湖北省委、省委教育工委书面报告工作情况。组织召开全面从严治党大会，通报学校落实全面从严治党主体责任情况、各二级党组织党风廉政建设考核结果和学校党员干部违纪违法问题处分情况，就进一步推进全面从严治党工作提出要求，明确任务重点。

通过以上卓有成效的工作，学校党委落实了全面从严治党主体责任，取得了很好的成效。

一是政治建设更加有力。学校坚持和完善“思想引领、学习在先”机制和“第一议题”制度，把学习贯彻习近平新时代中国特色社会主义思想作为首要政治任务，扎实开展学习教育，带领全校师生把习近平新时代中国特色社会主义思想转化为坚定理想、锤炼党性和指导实践、推动工作的强大力量。学校“以‘四个突出’推动主题教育‘五入五见’”等经验做法受到省委主题教育简报、湖北教育简报和省级以上理论刊物及权威媒体报道推介。坚持和加强党的全面领导，完善党委领导下的校长负责制，细化党委领导和校长负责的主要方式和内容，优化校院两级议事规则，严格执行民主集中制和“三重一大”决策要求，领导干部法治意识不断增强，法治素养不断提高。高质量完成巡视整改政治任务，45个面上问题全部整改完成，销号率100%，学校治理效能有效提升。

二是组织体系更加完善。学校坚持大抓基层的鲜明导向，加强基层党建工作整体谋划，一体制定党委落实全面从严治党主体责任年度工作计划、责任清单、党建思政工作要点等。优化学校党建领导小组工作职能，细化基层党建与思政工作责任清单，完善承诺、述职、评议、考核、问责“五位一体”党建工作责任体系。创建“崇真尚美党旗红”品牌，开展基层党建"五好"成果创建。学校共有9个党支部入选"全国党建工作样板支部",1个院部党委、4个党支部、2个"双带头人"教师党支部书记工作室、1个研究生党员标兵入选省级党建"双创"培育创建名单。学校基层党建工作经验做法《做精做深高校基层党建工作》在《湖北日报》刊发。

三是政治生态更加清朗。深化政治生态分析研判,建立政治生态分析研判联席会议制度,制订学校《二级党组织政治生态分析研判工作方案》,对标对表5个方面15项内容,细化103项具体标准,开展分析研判,学校两项研究成果荣获全省纪检监察表彰。围绕高校领域突出问题和制约学校事业高质量发展的突出问题,深入推进"一校一策"和专项整治工作,精准查找问题,完善内控体系,规范制度运行。深入推进"清廉纺大"建设,逐年制订工作计划,明确目标任务,接续开展廉洁设计绘画大赛、廉洁文化音乐诗朗诵大赛,举办网络廉洁文化节等活动,打造独具学校特色的校园廉洁文化品牌,营造浓郁清廉氛围。

四是事业发展更加迅速。学校办学实力明显提升,取得一系列标志性成果。纺织科学与工程学科入选省属高校一流学科重点建设学科;学校荣获全国高校教师教学创新大赛国赛一等奖。2023年,学校获批37项国家自然科学基金,获批教育部人文社科项目10项,取得最好成绩;"挑战杯"国赛以团体总分第31名的成绩,首次捧得全国"优胜杯",实现历史性突破。基础设施建设更加完备。2021—2023年多方筹措办学经费16.53亿元,大力补齐校园基础建设短板,国家工程中心、中试中心、产业孵化大楼、室内体育馆相继竣工,研究生公寓、南湖校区学生食堂、建全大楼相继开工建设。对阳光校区水系进行综合治理,极大改善自然景观,对学生食堂软硬环境进行全面改造升级,有效改善校园环境,师生满意度、幸福感得到明显提升。

二、分析与启示

习近平总书记在全国高校思想政治工作会议上强调:"高校党委对学校工作实行全面领导,承担管党治党、办学治校主体责任,把方向、管大局、作决策、保落实。"高校党委要切实强化主体责任,坚守根本任务,把准办学方向,落实制度要求,推进各项工作,要以高度的政治责任感和政治敏锐性,认真落细落实全面从严治党工作各项要求,将全面从严治党同落实党对学校工作的全面领导、加强党的基层组织建设结合起来，同深化综合改革、加快“双一流”建设、提高人才培养水平结合起来，同防范化解重大风险、维护校园安全稳定和谐结合起来，结合本单位实际，将全面从严治党落在实处、做出实效、创出特色。

（一）以强化政治引领筑牢责任落实思想基础

思想是行动的先导，理论是实践的指南。要深刻认识到落实全面从严治党主体责任，是党中央站在永葆党的先进性和纯洁性、确保党始终成为中国特色社会主义事业坚强领导核心的政治高度，对各级党委（党组）提出的明确要求。教育是国之大计、党之大计。高校肩负着为党育人、为国育才的光荣使命，必须强化政治意识，在坚决落实立德树人根本任务中体现“两个维护”的政治担当。

一是强化政治建设。以习近平新时代中国特色社会主义思想为指导，引导党员干部、师生坚定理想信念，坚守宗旨，全面贯彻党的教育方针，坚持和加强党对教育工作的全面领导，坚持社会主义办学方向，落实立德树人根本任务。

二是加强学习。通过开展院校两级党委理论中心组学习研讨、“三会一课”、党支部集中学习、专题辅导、讲廉政党课等活动，扩大党委落实主体责任知晓率，倒逼领导班子和党员干部增强对履行党风廉政建设责任制重要性、必要性的认识。

三是深化廉政意识。积极开展廉政文化宣传，不断提高党员领导干部的自律意识，筑牢廉政防线。坚持以案释纪警示教育，教育党员增强纪律和规矩意识，使全体党员知敬畏、存戒惧、守底线，自觉在思想上划出红线、在行动上明确界限，营造良好的校园政治生态。

（二）以健全制度机制保障责任落实常态长效

制度更带有根本性、全局性、稳定性和长期性。习近平总书记指出：“全面从严治党，必须从根本上解决主体责任缺失、监督责任缺位、管党治党宽松软问题。”从根本上解决，关键就是要从制度上解决。要坚持与时俱进、守正创新，构建更加系统完备、科学规范、有效管用的全面从严治党主体责任制度体系。

一是完善制度体系。要聚焦习近平总书记关于高等教育的系列重要论述精神、党中央重大决策部署和省委工作要求,结合高校治理实际,以大学章程为龙头,构建起体系严密、高效有序、监督有力的制度体系,推动学校内部治理体系和治理能力现代化建设。紧盯学校在巡视、经责审计、专项督查调研等反馈问题的整改落实,透过问题表象分析深层原因,着力在制度机制、体制建设上找准问题根源,层层分解整改责任到岗到人,协同解决基层党的领导和监督虚化弱化问题,最终达到落实整改任务标本兼治,加强党的领导直抵末梢的效果。

二是强化制度执行。在重视制度建设的同时要更加注重制度执行。将坚持聚焦全面从严治党形成的有效制度、办法,以"清单化"管理,推进党委主体责任落实,促使学校各级党员领导干部积极履行"一岗双责"职责,明确全面从严治党的主体责任边界,为落实全面从严治党主体责任提供制度保障。要着重加强对执行情况的督促检查,严防将制度束之高阁当摆设,切实把制度是否执行到位,作为检验巡视整改和主题教育整改是否见成效的重要标尺。

(三)以完善责任体系确保责任落实有力有序

着眼形成全面从严治党合力,健全"四责协同"机制,统筹推进"明责、督责、问责"的闭环工作机制,着力打造横向联动、纵向一体的责任链条。

一是健全"四责协同"工作体系。要牢固树立"第一责任"意识。党委书记认真履行第一责任人职责,主动把责任放在心中、扛在肩上,坚决做到"四个亲自",主抓直管、靠前指挥,以"主角"身份把全面从严治党与教育教学业务同部署、同检查、同落实。要层层传导压力。明确党风廉政建设责任分工,督促班子成员认真履行"一岗双责"。牢牢抓住二级单位主要负责人等"关键少数",通过签订全面从严治党工作主体责任书、党风廉政承诺书、开展专题汇报、述职述廉等措施,推动下级"一把手"提高认识、扛起责任、抓好落实。加强协同配合。全力支持纪委开展工作,建立全面从严治党季度例会、半年度分析会、重要情况通报等机制,加强研判分析,发现问题及时提醒纠正,充分发挥"四责协同"的联动效应。

二是完善明责、督责、问责闭环工作机制。要细化清单明责。归纳梳理校、院两级党组织班子、主要负责人和班子其他成员的责任体系。层层压实主体责任，着力破解全面从严治党主体责任落实过程中存在的责任逐级递减、虚化和空转等突出问题。推动各主体纵向“责任链”和横向“协同链”一体贯通，压实责任重心下移落地链条，构建一级管好一级，一级带动一级，上下联动、闭环履责的工作格局。要聚焦选人用人、招生考试、师德师风、财务管理、学术规范与学术道德、基建后勤等重点领域薄弱环节，更加重视权力运行监督制约，做深做实日常监督。要坚持失责必问、问责必严，无论党委还是纪委或其他相关职能部门，都要对承担的管党治党责任“签字背书”，出了问题就得追究责任，依规处理，防止制度空转、责任空挂。要坚持精准问责、规范问责，切实解决问责不到位、程序不规范、问责泛化简单化等问题，增强问责的政治性、精准性、实效性。要坚持严管和厚爱结合、激励和约束并重，严格落实“三个区分开来”，真正为担当者担当、为负责者负责，充分激发党员干部的责任意识和担当精神，推动全面从严治党向纵深发展。

地方行业高校建设一流大学的愿景及其路径选择

一、案例介绍

习近平总书记在考察清华大学时强调，“一个国家的高等教育体系需要有一流大学群体的有力支撑，一流大学群体的水平和质量决定了高等教育体系的水平和质量。”党的十九届五中全会审议通过的《中共中央关于制定国民经济和社会发展第十四个五年规划和二〇三五年远景目标的建议》明确提出了“建设高质量教育体系”的目标，要求“提高高等教育质量，分类建设一流大学和一流学科，加快培养理工农医类专业紧缺人才”。武汉纺织大学立足党和国家发展大局，在地方行业产业发展以及高等教育变革中，准确把握高质量发展的历史方位，2020 年以来，学校党委提出了一系列新目标、新思路、新论断、新部署和新要求，其中提出的“美好纺大”发展愿景得到了师生广泛认可。2021 年 2 月 25 日，学校党委书记田辉玉在学校党政负责人会议上首次提出了“美好纺大”概念，将其定义为“学术实力强、育人环境美、文化氛围浓、师生认可度高、社会声誉好”。随着武汉纺织大学事业不断推进，“美好纺大”的内涵不断完善和丰富，2021 年 10 月 14 日上午，武汉纺织大学第二次党代会正式提出了建设“美好纺大”的奋斗目标，对学校未来事业发展有着重大的指导意义和实践意义。

（一）为什么建设“美好纺大”

当前，我国正处在“两个一百年”奋斗目标的历史交汇点上，这是党和国家事业发展新的历史方位，也是谋划高校发展的时代坐标。百舸争流，奋楫者先。站在新的起点，武汉纺织大学党委审时度势、登高望远，推进学校向更高质量、更高水平的“美好纺大”迈进。

建设“美好纺大”是办好人民满意教育的时代责任。人民群众对美好生活的向往，是我们的奋斗目标。“美好生活”自然包括接受优质的教育、就读理想的大学。时代赋予大学使命，大学推动时代进步。建设美好大学，让人民满意、师生满意，纺大责无旁贷！

建设“美好纺大”是贯彻党的教育方针的必然要求。美育是人才培养的重要内容，美是走向真、达成善的重要环节。纺大拥有以美育人学科优势、以美化人优良传统和以美培元浓厚氛围，进一步健全“五育并举”人才培养体系，凸显以美育人特色，纺大义不容辞！

建设“美好纺大”是坚持行业服务面向的客观需要。纺织是国民经济支柱产业、对外开放优势产业，也是保障民生和提升生活品质的基础产业。“美”是纺织产业发展的重要价值取向，也是行业显示度的重要标识。培养懂“美”人才，开发创“美”技术，推进纺织行业向“科技、时尚、绿色”方向高质量发展，纺大大有可为！

建设“美好纺大”是赓续大学文化传统的内在逻辑。“崇真尚美”是纺大的校训，“美在纺大”是纺大的社会口碑，崇尚美好、追求美丽是我们的办学传统和文化特质。引领时尚艺术之美，凸显科技创新之美，弘扬道德行为之美，传承传统文化之美，构建生态和谐之美，彰显开放自信之美，纺大一往无前！

（二）“美好纺大”的愿景构想

1. 战略目标

“美好纺大”是纺大发展历史的延续，是特色鲜明高水平纺大的概括凝练，是高等教育高质量发展的纺大体现，其内涵将在持续的实践中不断丰富和发展。实现“美好纺大”新愿景，我们将实施“三步走”发展战略。

第一步，到2025年，综合实力位居湖北省属高校第一方阵，纺织及相关学科跻身国内一流学科行列，凸显纺大特色。

第二步，到2030年，综合实力位居全国高校200强，纺织学科进入世界一流行列，彰显纺大水平。

第三步，到2035年，成为国际上广泛知名、声誉良好的特色鲜明高水平大学，建成“美好纺大”。

2. 基本内涵特征

“美好纺大”的基本内涵主要体现在学术实力强、培养质量高、育人环境美、文化氛围浓、办学声誉好五个方面，它们相互联系、辩证统一，从不同维度引领学校未来发展。

一是学术实力强。学术性是大学区别于其他社会组织的本质特性，学术实力是大学的核心竞争力和持续发展的源泉。学术实力强就是要努力实现：有国内（国际）一流学科，有博士学位授权点，有院士级人才，有国家级创新平台，有国家级重大项目，有国家级科研奖励。

二是培养质量高。人才培养质量是高等教育的核心内容，是大学的生命线，是衡量大学办学成效的根本尺度。培养质量高就是要努力实现：有独具特色、成效显著的培养模式，有服务学生全面发展的良性机制，有国家一流专业和一流课程。学生创新能力、实践能力强，综合素质高。毕业生深造率高，就业质量高，校友发展好。

三是育人环境美。校园环境是大学基本的物理空间，是实现育人功能的主要物化载体。育人环境美就是要努力实现：四校区定位合理，规划科学。主体校区（阳光校区、南湖校区）功能完善，设施齐备，充分满足师生学习、工作、生活需要。校园生态良好，环境优美，自然景观、建筑景观和文化景观和谐统一。

四是文化氛围浓。大学文化是大学的根脉和灵魂,反映的是大学的历史底蕴,承载着广大师生的精神追求。文化氛围浓就是要努力实现:培育形成规范高效、和谐有序的制度文化,积极进取、开放包容的精神文化,实事求是、追求真理的学术文化,以及师生共同欣赏美、发现美、创造美的特色文化。

五是办学声誉好。大学声誉是主观评价和客观评价的辩证统一,是师生满意度和社会美誉度的集中反映。办学声誉好就是要努力实现:师生对学校的认可度和满意度高,充满着作为纺大人的自豪感和荣誉感。学校在权威性排名中位次持续上升,社会影响力日益提高。

3. 总体思路

未来五年,是实现“美好纺大”新愿景的关键阶段,要坚持“一二三四五六七”的发展思路。

突出一个主题:即突出高质量发展主题,全面提升学校综合实力。

实现两个突破:即在自主培养院士、获得博士学位授权两个方面实现突破。

聚力三个牵引:即以国家一流学科、一流专业、一流课程建设为牵引,强化学科建设、科学研究、人才培养协同创新。

打造四大学科群:即打造纺织新材料与绿色制造、纺织装备与智能制造、创意设计与精美制造、智慧管理与效益制造四大学科群,促进学科专业融合发展。

贯彻五大理念:即贯彻党建导航、学术引领、创新驱动、特色发展、开放办学五大理念,引领学校科学发展。

协调六大关系:即统筹改革发展与安全稳定、规模结构与质量效益、教育教学与科学研究、特色领先与整体提升、办学实力与治理效能、开放办学与苦练内功六大关系,推动学校协调发展。

着力七个一流:即着力建设一流学科、培育一流人才、打造一流师资、产出一流科技成果、涵养一流大学文化、创建一流开放办学品牌、构建一流服务保障体系,实现学校全面发展。

（三）建设“美好纺大”的路径选择

我们坚持以拼搏促发展，以团结增和谐，立德树人，服务国家，深化改革，真抓实干，着力“七个一流”，开启建设“美好纺大”新征程。

第一，背水一战开展博士学位授权攻坚，着力建设一流学科。要进一步凝练学科方向，建强学科团队，打造学科高峰，形成以学科建设为引领和支撑的高质量发展体系。完善学科体系。对标一流学科建设标准，打造纺织科学与工程高峰学科，建设设计学、管理科学与工程、机械工程等高峰培育学科。力争新增 1 个湖北省“国内一流学科”，1 ～ 2 个学科评估成绩在 B+ 及以上，4 ～ 5 个学科进入 ESI 前 1%。突破博士授权。举全校之力，统筹校内外各种资源，紧紧围绕授权标准，聚焦核心要素，针对短板弱项，加大建设力度。确保 2023 年实现博士学位授予单位突破，获批 2 ～ 4 个博士学位授权点，并新增 10 个左右硕士学位授权点。打造学科特区。强化研究生教育，坚持数量与质量相统一，确保“十四五”末在校研究生规模达到 5000 人以上。

第二，持之以恒践行以本为本，着力培育一流人才。以国家一流专业、国家一流课程建设为抓手，以新一轮审核评估为契机，将“立大志、明大德、成大材、担大任，努力成为堪当民族复兴重任的时代新人”的要求，贯穿到人才培养全过程。完善育人体系。深化“三全育人”综合改革，完善工作推进、督导、评价和改进机制，全面提升协同育人效能，形成有鲜明特色和综合影响力的纺大育人典范。建设一流专业。以“新工科、新文科”建设为引领，大力推进理科、工科、文科和艺术类专业改造升级，重点建设 50 个左右专业，争取建成 16 个以上国家级一流专业，10 个左右专业通过工程教育专业认证。打造一流课程。力争建成 10 门左右国家级金课、30 门左右省级金课、100 门左右校级金课。强化创新创业。加强创新创业学院和“双创苗圃”建设，协同政府、企业、行业双创资源，拓展大学生双创项目和学科竞赛内涵，全面提升育人功能。做强“湖北省大学生创业示范基地”。

第三，久久为功坚持引育并举，着力打造一流师资。坚持党管人才，全方位引进、培养、用好人才，建设一支政治素质过硬、师德师风优良、创新能力突出、育人水平高超的教师队伍。加强师德师风建设。引导广大教师坚持“四个相统一”，争做“四有”好老师，当好“四个引路人”。严格执行师德师风“一票否决”制。加大筑巢引凤力度。延揽15名左右学科领军人才。完善“预聘制—年薪制”相结合的人才引育机制,引进300名国内外高水平博士。加大英才培育力度。培育院士级人才1 ~ 2人,长江学者2 ~ 3人,杰青3 ~ 5人,培育中青年拔尖人才100 ~ 200名。依托校内“阳光学者”特聘岗位,培养100 ~ 200名优秀骨干人才。打造高水平创新团队。培育10 ~ 20个高水平学科团队,形成引领学术前沿的创新集体,成为推动学科建设的主力军。

第四,创新驱动聚焦“四个面向”,着力产出一流科技成果。服务科技高水平自立自强,按照“抓前沿、上水平、入主流、显特色”的思路,着力构建创新要素集聚、创新特征凸显、创新活力勃发的现代科研体系。深化科研平台建设。加大投入,建强以省部共建国家重点实验室为代表的现有平台;根据学科布局需要,积极立项建设新的平台,力争四个学科群都有相应重点平台支撑。争取年均获批国家级项目50项、科研经费进账1.5亿元;五年内,获得国家级科技奖2 ~ 3项。提升智库建设水平。打造3个国内知名的专家智库,通过学术交流,加强入库专家的互动,形成稳定的科技咨询资源,持续服务政府科学决策。完善分类评价体系。落实破“五唯”要求,推进科技评价改革,建立起对代表性成果进行评价的指标体系。增强成果转化效能。完善科技成果转化机制,提高“钱变纸”产出质量,打通“纸变钱”转化通道。完善军民融合创新机制,主动承接军民融合科研项目。

第五,多措并举浓厚文化氛围,着力涵养一流大学文化。聚焦精神文化、学术文化和网络文化,畅通线上与线下,聚合发力、提升品位,浓厚文化氛围,服务学校高质量发展。弘扬先进精神文化。坚持以社会主义核心价值观为引领,积极开展中华优秀传统文化、红色革命文化和社会主义先进文化宣传教育。开展纺大校训、纺大精神和“美好纺大”的宣传阐释推广,提升纺大文化引领与辐射作用。挖掘和宣传纺大好传统好榜样,讲好“纺大好故事”,提升师生精气神。强化学术文化引领。优化学术生态,大力开展学术活动,激励师生敢于学术创新、勇于学术交流、善于进行学术管理和服务。加强网络文化建设。推出一批有深度、有厚度、有温度的网络文化作品,培育一批有影响力的优秀网络文化品牌。提升校园文化品位。遴选“十大校园景观”,启动文明校园建设五年行动计划,力争获评国家级文明校园。加强校园公共文化服务,提升图书馆、档案馆、体育馆的功能和品质。

第六，更高起点加快国际化进程，着力创建一流开放办学品牌。大力推进高水平实质性国际合作，深度参与中外人文交流和“一带一路”教育共建，积极探索对外交流合作新机制，取得开放办学新成就。培养国际竞争人才。夯实国际研学平台，依托国外合作院校，拓展硕士、博士研究生联合培养和互换交换生、短期游学等渠道。打造留学纺大品牌。吸引更多“一带一路”国家学生来校攻读学位和进修，增加自费生招收数量，使在校留学生结构更加合理。擦亮合作办学名片。发挥伯明翰时尚创意学院辐射作用，将国外优质教育资源、先进教育理念和方法拓展到学校更多专业。推动中外合作办学项目与机构可持续发展，招收本科留学生，落实联合培养博士协议，实现引进资源与学校发展的良性互动。

近年来，武汉纺织大学坚持服务导向，主动适应经济社会发展新常态，源源不断地提供人才支撑、智力支持和创新引领，全方位服务国家战略实施和区域经济社会发展。

一是聚焦立德树人，培养高质量创新人才。近年来，学校坚持立足中国、扎根湖北办大学，主动构建与湖北“51020”现代产业集群相适应的学科专业体系，着力打造纺织新材料与绿色制造、纺织装备与智能制造、创意设计与精美制造、智慧管理与效益制造四大学科专业群，促进学科专业融合发展。2023 年 12 月，纺织科学与工程学科被确定为湖北省属高校一流学科重点建设学科；2024 年 7 月 31 日，纺织科学与工程、设计学，公示新增为博士学位授权点。以“新工科”“新文科”建设为引领，树立成果导向教育理念，深化教育教学改革，加强课程资源建设，完善质量评价体系，大力培养复合型创新型人才。第十七届“挑战杯”竞赛中，学生在取得全国特等奖零的突破的同时，还斩获全国二等奖、三等奖各一项。2024 年 3 月 22 日，中国高等教育学会高校竞赛评估与管理体系研究专家工作组发布《2023 全国普通高校大学生竞赛分析报告》，武汉纺织大学在全国普通高校大学生竞赛排行榜中位列第 50 位，较去年上升 66 位。

二是坚持引育结合，建设高水平师资队伍。学校构建完善“引才、聚才、用才、服务人才”体系，着力加强高层次人才引育，持续优化人才队伍规模结构。自主培育 1 名中国工程院院士，积极推进“学术大师 + 创新团队”引进模式，截至 2024 年 7 月，已引进国家级人才 9 人（国家杰青 4 人、万人计划教学名师 1 人、万人计划领军人才 1 人、千人计划人才 1 人、“四青”人才 2 人），获批全国高校黄大年式教师团队、国家“111

计划”学科创新引智基地等人才团队项目2个，14位学者入选“全球前2%顶尖科学家榜单”。目前，学校在聘的国家级人才32人次、省级人才163人次、校级人才235人次，各级人才计划入选人数占教师总数的23%。

三是强化原始创新，服务高水平自立自强。学校在科研创新上坚持“抓前沿、上水平、入主流、显特色”的策略不放松，充分发挥纺织新材料与先进加工技术国家重点实验室的多元集聚效应，主动服务国家战略，在“嫦娥五号”“嫦娥六号”月面国旗研制，“天问一号”火星探测着陆发动机柔性隔热组件研发，特殊双卫星特种连接绳索制造，嫦娥六号着陆器携带的五星红旗制作等方面实现重要突破，原始创新能力不断提升。

四是深化两链融合，推动高效率应用转化。学校发挥智库作用，参与制定湖北纺织工业“十四五”发展规划；突出成果应用转化，连续两年进入“中国高校专利转让排行榜（TOP100）”，年技术服务合同登记额过亿元，位居湖北高校前列；着力提高省内转化率，共建校地、校企联合创新中心30余个，重点攻关生物医用关键技术，研制了新型防护口罩、高效阻隔防护服，助力仙桃市打造世界级防护物资产业集聚区，为湖北抗疫及疫后重振贡献了纺大力量，以实际行动当好科教强省的主力军、攻克关键技术的排头兵、促进科技成果转化的策源地。

五是加强双向互动，熔铸高品位特色文化。学校在长期的办学历程中，凝练形成了“自强不息、经天纬地”的精神品格和崇真尚美、臻于至善的文化追求。学校着力打造非物质文化遗产“汉绣”特色品牌，推动优秀传统文化创造性转化、创新性发展；推动思政课教育教学改革，打造“尚美中国”思政金课，从不同角度诠释美丽中国、灵秀湖北、英雄武汉，大力弘扬社会主义先进文化；依托武汉设计之都建设、中国国际时装周、武汉时装周等，搭建校地、校政、校企、校校文化交流平台，积极承接湖北省、武汉市大型文化建设项目，推动“时尚文化”的研究与发展；围绕“科技、时尚、绿色”的纺织产业新定位，推进学科建设、教育资源朝可持续方向发展，加强师生科研中绿色、节能项目的研究与推广……这些实践探索就是要熔铸高品位特色文化，让大学文化与湖北和武汉的文化气质交流融合、协调发展。

二、分析与启示

当前,全面建设社会主义现代化国家的任务为高校指明了方向。行业特色型高校要以“双一流”建设为契机,立足自身特点,创新育人理念,主动转变发展模式,找准突破点,更加注重党的领导,优化学科发展生态,推进交叉融合发展,加强人才队伍建设,提升大学治理能力,不断凝聚全体教职工力量,激发自身内在活力和发展动能,实现新贡献、新跨越。

(一)科学确定办学定位

办学定位是一所大学办学基础、办学特色、办学实力和办学目标的高度概括,是大学在国家、区域或行业中的位置和作用的体现,它既是一所大学办学的起点,也是实现高质量发展的前提,只有定位清晰,才能制定合理的发展规划,选择科学精准的战略,才会赢得竞争优势。同时,由于历史背景、发展历程、地域区位不同,大学会形成不同的办学样态,并随着上述因素变化,大学办学定位也会呈现出动态调整特征。地方行业大学要始终关注办学定位和发展战略等关键问题,既要避免“贪大求全”,也要避免故步自封、唯特色而特色,要始终围绕国家需求,尊重教育发展规律。在教学上,注重通专结合,构建“知识传授、能力培养、品格塑造”三位一体创新人才培养体系,培养服务行业产业和区域经济高质量发展的时代新人。在学科上,要处理好应用学科和基础学科、传统学科和新兴学科之间的关系,保持并强化特色学科,拓展新学科增长点。在科研上,要处理好大学知识创新体系与行业技术创新体系间的关系,注重引领行业技术进步。在服务上,要处理好服务行业与服务社会的辩证关系,不断拓展服务面向。

(二)把行业特色打造为优势品牌

地方行业高校应充分考虑其服务行业及所在区域的社会经济发展的特点,加强学科布局的顶层设计和战略规划,整合学科资源,优化学科专业结构,坚持有所为、有所不为,大力发展和建设与行业、区域社会发展密切相关的学科专业，提炼和培育学科专业特色，重点建设一批世界领先、国内特色一流的学科和领域。地方行业大学在长期的办学过程中形成的传统特色学科和专业历史悠久、底蕴深厚、知名度高、师资力量强大，是学校提升核心竞争力和赢得社会美誉度的金字招牌，因此，有充足的理由把这些“人无我有、人有我优”的行业特色打造为具有竞争优势的强势品牌，在着眼于新兴学科建设的同时，进一步巩固和加强传统优势学科以增强优势学科的影响力，推动传统优势学科跻身世界前列。要积极打造“高峰”学科，培育“高原”学科群，突出学科融合，强化内外协同，注重学科集群式发展。积极充实学科底蕴，拓展学科发展方向，推进学科交叉融合，以分类群组的方式推进学科建设。

（三）强化与行业产业全方位深度合作

尽管地方行业大学在大学体制改革中与原行业部门脱离了行政隶属关系，但依然要与行业企业在教学、科研、人才培养、项目合作等多方面展开交流合作。坚持“专业嵌入产业链、产业哺育专业群”的专业建设思路，精心培养“知识、能力、品格”三位一体的应用型创新人才。要主动对接行业需求，不断强化服务意识，为产业补链、强链、延链提供支撑，在服务与贡献中互动发展。坚持面向国家战略需求、面向产业前沿需求、面向企业重大应用需求，努力构建“立足行业、协同创新、服务社会”的产学研用互利共赢科研体系，办好人民满意的高等教育，为区域经济发展和行业进步作出应有的贡献。

（四）以高质量党建引领高校高质量发展

高校高质量党建和高质量发展具有内在一致性。前者是实现后者的政治前提、根本保证、重要动力；后者是前者的价值旨归、实践追求和关键面向。高校党的建设要为人才培养定向护航，为高水平学科建设谋篇布局，为高水平人才队伍聚力保障，为现代化治理能力开局破题。一是要“保落实”。做好基层党建和事业发展各项工作，最基础的就是要把上级部署要求贯彻好、落实好。二是要“人心齐”。要以身作则，凝聚师生力量，汇聚起师生团结一致、干事创业的强大力量。三是要“动力足”。要激发教职员工勇于发展、敢于发展的内生动力，增强单位长远发展、良性发展的不竭动力。四是要“形象佳”。要突出纪律严明、作风扎实,引领师生精神面貌积极向上,带动本单位整体形象提升。五是要“育人好”。立德树人是高校的根本任务,要自觉履行为党育人、为国育才的使命,努力培养堪当民族复兴重任的时代新人,切实将党建工作成效体现在提高育人质量上。

如何科学编制高校事业发展五年规划

一、案例介绍

“不谋全局者不足以谋一域,不谋长远者不足以谋一时。”近年来,随着我国高校“双一流”建设深化推进,整个高等教育界呈现出“你追我赶”的竞争态势,资源流向多元化,现有资源分配格局发生改变,这对高校未来如何占有资源、获得资源、运用资源和发挥出有限资源的最大效益提出了新的要求。大学的管理者必须思考“建设一个什么样的大学”和“怎样建设这样的大学”,战略管理受到越来越多高校的关注与重视。高校战略管理过程主要包括战略规划、战略实施和战略评估三个阶段。一份科学的事业发展规划是一所高校的发展蓝图,不仅能激励学校不断前行,还能促进学校持续发展。高校编制发展规划,应体现出规划的引领作用并促进高校持续发展,通过规划举措不断提升学校办学水平。

地方高校发展规划的编制,是在系统地剖析学校发展环境的基础上,对学校自身进行定位,明确办学类型、办学定位、发展目标和战略措施等,同时形成学校文件公布的系统动态过程。一所高校的发展规划呈现了学校在一段时期内发展理念和目标定位的选择,能够在学校建设发展中发挥统领、指导作用,推动学校不断向前发展。武汉纺织大学于2019年12月启动“十四五”规划编制工作,至2021年12月“十四五”规划正式发文,时间跨度长达两年之久。学校启动“十四五”规划的编制工作时,印发了《学校“十四五”事业发展规划编制工作方案》(以下简称《工作方案》)。根据《工作方案》,学校“十四五”事业发展规划体系包括总体规划、重点领域专项规划和二级单位发展规划三个部分，其中重点领域专项规划包括学科建设、师资队伍建设、人才培养、科研创新、对外交流合作、校园文化建设六大专项。笔者时任学校人事处处长，牵头制定了《武汉纺织大学"十四五"师资队伍建设规划》，这也是学校"十四五"规划的子规划。2016年，在笔者担任党委宣传部部长期间，还牵头制定了《武汉纺织大学校园文化建设"十三五"规划》。总体规划主要是回答"建设一个什么样的大学"和"怎么样建设这样的大学"的问题，包括总体目标、战略思想、具体举措等。专项规划的发展方针、建设目标、工作任务应与学校总体规划保持一致，各专项规划对学校未来发展趋势的研判、需求预测、重要指标任务和实施措施要相互呼应，并做到有效衔接。

（一）做好规划的顶层设计，然后再通过上下协同来完成规划的具体编制工作。

一所高校发展规划的科学编制，需要明确三个问题：一是要明确学校处在什么发展位置，二是要明确要向怎样的高度迈进，三是要明确如何达到理想目的地。这三个问题构成了发展规划的编制主线，紧密相连缺一不可。规划的编制其实是梳理并解答了三者关系，通过科学的编制方法，经过深入的研究思考、整理相关要素、研判发展形势、预测未来发展等过程，将所涉内容以文件的形式表现出来。

编制过程中要坚持前瞻性、科学性与系统性的基本原则，要秉持放眼长远的战略目光，不能局限于某一方面单一的瓶颈问题而影响学校未来规划的谋略与部署。在规划编制过程中要集思广益，多途径多形式听取广大利益共同体的意见和建议，在广泛交流中正确审视学校发展目标与定位、战略路径选择及任务实现举措等方面面临的机遇与挑战，制定一份科学可行的五年发展规划。规划的编制过程是由多个相互联系的阶段组成的系统，是总结探索、分析问题、解决问题的过程。总结学校"十三五"发展规划制定实施过程的成果与不足，系统归纳学校现有特色优势、以往建设经验教训、存在的主要困难和不足。通过深入地剖析总结，准确定位"学校处在什么位置"，为"十四五"发展规划的科学制定工作提供借鉴与参考。

（二）综合运用多种发展规划编制方法，研判发展机遇与挑战

编制地方高校的“十四五”师资队伍建设规划，我们运用了以下几种方法。

第一，文献研究法。通过文献搜集及有关高校师资队伍建设规划文本研究，并对上级政策文件进行分析研究，明确规划制定过程中的基本特征和相关要素，制定适合学校“十四五”师资队伍建设规划的理论基础研究方案。

第二，宏观与微观分析相结合法。宏观分析学校“十三五”师资队伍建设规划制定并实施取得的成果和存在的不足，微观研判与学习标杆高校规划制定的相关举措和经验，真正达到共性与个性探索研究相融合。

第三，上下协同研究法。自上而下的顶层设计与自下而上的研讨相结合、顶层设计和基层愿望相结合、民主与集中相结合，在校内形成群体目标认同，让二级院部广大教师共同参与规划编制与实施。

第四，SWOT 分析法。把学校师资队伍建设优势（Strength）和劣势（Weakness）、面临的机会（Opportunity）和威胁（Threat）对照比较，然后得出不同的组合方式，研判确认优先建设的重点任务领域。

（三）根据学校顶层设计，组织专项规划组起草专项规划

专项规划的科学制定是学校“十四五”发展规划制定的重要环节。学校的顶层设计重点研究学校发展的指导思想、办学定位、发展目标与任务。在规划编制过程当中，发展目标与任务是编制主线，总结经验教训和研判内外形势，均是为科学准确编制规划发展目标与任务服务的。学校“十四五”时期的重点是申请博士授权单位、推进一流学科建设，因此师资队伍建设规划要紧紧围绕学校目标任务提供人才队伍保障。在规划制定过程中，我们组织工作专班，广泛听取教学单位的意见和建议，集众智、聚合力，起草形成学校“十四五”师资队伍建设规划，交由学校审议，经研讨、修改后，形成初稿。

（四）组织多方讨论，反复修改完善并发布实施

组织各层面代表对学校师资队伍建设规划初稿进行研讨，充分发扬民主，集思广益，激发广大教师的主动性、积极性和创造性。汇总研讨意见与建议，修改完善后，形成正式的“十四五”师资队伍建设规划稿，经学校党委常委会会议审定同意后公布，成为“十四五”期间学校师资队伍建设发展的统领性文件。我们提出了师资队伍建设“6 大发展”指标，即新增 1 ~ 2 名院士级人才；新增 15 名领军人才；培育 10 ~ 20 个优秀团队；新增 100 ~ 200 名拔尖人才；新增 100 ~ 200 名骨干人才；新增 300 名优秀博士。实施师资队伍建设 6 项行动：一是师德铸魂行动，二是筑巢引凤行动，三是英才培育行动，四是队伍能力提升行动，五是一流团队建设行动，六是人事改革攻坚行动。强化规划实施的保障措施与监管制度的有效落实。真正落实到位的发展规划才具有实际意义，因此为确保规划有效实施，需要有完善的保障措施和工作机制进行监督管理。明确组织领导、工作制度、评价反馈等措施和相关制度的建设是规划落地实施的有效保障。

二、分析与启示

高等学校发展规划是高校治理体系的重要组成部分，是高校实现高质量发展的基本遵循和重要保证，科学制定高校发展规划具有重要战略意义与指导意义。地方高校发展建设面对新的机遇和挑战，能否科学地制定出一份五年发展规划，对高校的建设发展具有重要战略意义。尽管战略规划具有引领、动员、凝聚和规范作用，但要让这些作用都发挥出来，对高校的发展产生重大影响却并不容易。要使战略规划从弱作用转变为强作用，高校应该有所作为。

（一）高度重视战略领导，全员树立战略管理意识

对战略管理进行深入认识是我们树立战略管理意识的前提条件。高校要推进战略管理，必须在高校全体人员中树立战略管理意识。高水平的学校领导是实施有效的发展战略管理的核心。几乎所有好的大

学都是因为有了有力的战略领导才获得成功的。“高水平的学校领导是学校最宝贵的资源。”“高水平的战略领导必须有战略眼光、战略思维和战略勇气。”[①] 学校领导是学校战略的决策者，掌管着学校的战略目标方向和水平；中层领导既是战略目标的参谋者、制定者，又是战略目标实施的贯彻者，发挥着承上启下的作用。战略领导主要体现在以下几个方面。一是确立战略方向。战略方向包括两个部分：核心理念和学校前景展望。二是确定战略重点。在战略方向的指引下确定自己的战略重点，如优先、重点发展的学科，学生培养中突出强调的重点方面等。三是建设学术和管理队伍。重视高层管理团队的建设，同时大力加强高水平学术骨干队伍的建设。四是培育学校文化。要围绕战略方向从硬件、软件两方面努力培育学校文化。学校校园、建筑、实验设施要与学校的发展方向相一致。此外，高校战略管理是全局性的工作，涉及学校的方方面面，需要学校所有师生员工参与其中，理解、认同和支持学校的规划，使规划的实施具有坚实的群众基础。

（二）加快建设高等学校战略管理的相关组织

战略管理本身是思想性、整体性活动，战略的制定者和执行者都不可能独自承担相关工作，因此应组建专门的战略研究机构。对研究机构要有明确的职能定位和配备专职的研究队伍，并且对研究人员的学术经历、学科背景和个性品格有一定要求，尽量从教授中选拔规划部门的负责人。规划工作人员要来自不同学科，实现多学科交叉，同时要具有敢于发表不同意见、敢说真话的品质。我国高校制定战略规划的程序应该是：顶层设计、内外结合、自下而上、自上而下、上下互动。在制定规划的前期，学校领导和规划人员要做好顶层设计，提出规划建议书。同时，要跳出学校看学校，争取引进外脑为学校的战略规划服务。在规划制定过程中，学校上下互动，充分听取师生意见。战略规划编制完成后，要编制院系规划，把战略规划目标细化，将学校总目标分解为院系可考核的具体目标。要落实举措，将规划提出的原则性意见具体化为可操作政策。要立足本校进行发展战略选择、战略方案设计、战略推进、战术配套系统完善、决策咨询、战略评价等具体工作。

---

① 刘献君．论高校战略管理[J]．高等教育研究，2006（2）：1-7.

（三）科学制定战略规划，强化战略管理的基础和前提

高校战略规划应根据高校各自的特色，清晰定位。不同类型的高校应有不同的发展理念和发展目标。形成与众不同、别人难以替代的特色，是一所大学贯彻自己的教育思想和大学理念，在激烈的竞争中赢得生存空间、占据一席之地的重要手段。我国许多学校的战略规划基本上是“相互模仿、相互复制”，大多是徒有其表，缺乏可操作性。高校自身独有的特性决定了高校战略规划不可能是“千校一面”，而应该根据每所高校不同的文化传统、历史积淀、地域特点、学科构成和人员结构，制定出多样化的战略规划。因此，每所高校的战略规划应该“因校制宜”，提出符合自身发展的战略目标，进而促进学校的高质量发展。

（四）着力推进战略实施，确保高校战略管理灵敏有效

战略实施是将战略规划转化为现实绩效的过程。战略规划是“自上而下，自下而上”，集中民智，反映民意的产物，因此规划的实施应该成为全校各单位和全体师生员工的自觉行动。要将规划中提出的目标任务进行分解，制定出细化落实的时间表、路线图、任务书、责任状，并根据需要制定人才培养、科学研究、考核评价等分领域的改革方案，以及院系、学科建设、校园建设等配套的分规划。要在规划编制过程中同步谋划规划落实工作，统筹规划的年度监测、中期检查和终期考核等工作，形成规划编制、实施、考核的管理闭环，着力改变重编制、轻实施的现象。但是在以往规划实施的过程中，由于缺乏对院系实施规划过程的有力动态监控，学校对于规划在运行过程中出现的问题、院系对于实施规划的意见和建议等信息，往往要等到一个规划期结束后才能调整，直接导致规划的制定和实施脱节。为有效避免这一情况的出现，确保战略管理的有效性，高校可以从组织结构上进行建设和调整，一方面，建立高效的执行机构，既集体领导又分工负责，及时解决战略实施过程中的问题，推进战略实施；另一方面，根据战略规划和实施的需要，及时调整院系设置和职能部门，以实现学科交叉，加强学校获取资源的能力。

从重视发展战略到制定战略规划再到战略管理，是一个循序渐进的发展过程。办好高水平的大学需要制定相应的战略规划，一个以大学理

念为基础、以大学使命为宗旨的战略规划对高校的发展可以起到导向和精神的引领作用，而战略管理是高校战略完成和实施的保证，要及时把战略规划推向战略管理，组建相应的组织机构实施战略管理，使战略规划、战略实施、战略评估有机结合起来。

附：

武汉纺织大学“十四五”师资队伍建设规划

“十四五”时期是我国经济社会发展和高等教育改革发展的重要战略机遇期，也是学校提升核心竞争力、实现跨越式发展的决胜期。为深入实施“人才强校”战略，进一步加强我校师资队伍建设，加快高端人才和高水平学科团队引育，构筑结构合理的人才发展梯队，根据《中华人民共和国国民经济和社会发展第十四个五年规划和2035年远景目标纲要》《中国教育现代化2035》《深化新时代教育评价改革总体方案》《湖北省教育事业发展“十四五”规划》等文件精神和学校第二次党代会战略部署，结合《武汉纺织大学“十四五”发展规划》和学校师资队伍建设现状，制订本规划。

一、“十三五”期间师资队伍建设的主要成效及存在的主要问题

（一）主要成效

“十三五”期间，学校高度重视师资队伍建设，坚定不移实施“人才强校”战略，扎实推进“人才高地汇聚工程”，全面深化师资队伍建设改革，师资规模结构实现新优化，高层次人才建设实现新突破，教师专业水平实现新提升，人事管理水平迈上新台阶，基本完成了“十三五”师资队伍建设发展规划的目标任务。

（1）师资队伍结构实现新优化。截至“十三五”末，专任教师规模增长15.4%，高级职称比例提高2.3%，专任教师博士比例提升12.7%。

（2）高层次人才数量实现新增长。学校引进、培育国家级人才7人、省级人才126人，高层次人才增长数量在省属高校中保持领先。海外博士和一年以上海外经历的教师比例逐年提高。

（3）教师能力水平实现新提升。实施新进教师“双团队”培养机制，新聘“阳光学者”71人，评选第一届“卓越教学奖”2人，支持25名专任教师攻读博士学位和开展博士后研修；资助72名教师赴国（境）内外访学研修；选派100余名教师参加工程实践能力培训。

（4）教师队伍焕发新活力。相继修订出台“阳光学者”管理办法、考勤管理办法、教职工处分暂行规定、教职工校内转岗管理暂行办法等

20余项管理制度。完成第三轮全员岗位聘用，全面实行全员聘用制和聘期考核制，建立考核与聘用、绩效挂钩机制。

（二）存在的主要问题

在肯定成绩的同时，必须清醒地看到，我校师资队伍建设中一些深层次的问题尚未根本解决，师资队伍建设的任务仍然十分艰巨和紧迫。

（1）师资队伍总量还不能满足学校发展需要。随着在校生规模不断扩大，我校目前的生师比仍然偏高，教师数量、教师学历结构、职称结构、年龄结构、学缘结构仍需优化。

（2）高层次领军人才学科分布不均衡。高层次、高水平学术领军人才数量偏少，中青年骨干人才不足。吸引、集聚高层次人才的政策和措施不够完备，力度不够。

（3）学术团队效应发挥不明显。团队建设思路不够清晰，建设措施和评价机制尚需进一步完善，学科交叉融合度不高，研究方向较为分散，团队合力有待进一步提升。

（4）青年教师素质能力有待进一步提高。青年教师的实践创新能力、社会服务能力、国际化水平等有待提高。与海外高水平大学、科研机构的学术交流偏少，国际化人才培养能力不足。

二、“十四五”师资队伍建设的指导思想及规划目标

（一）指导思想

以习近平新时代中国特色社会主义思想为指导，深入贯彻党的十九大和党的十九届二中、三中、四中、五中、六中全会精神，全面贯彻党的教育方针，落实立德树人根本任务，牢固树立“人才是第一资源”的理念，大力推进“人才强校”战略，实施领军人才引育工程，培养造就一支符合新时代发展要求、适应新技术变革形势的高素质专业化创新型教职工队伍，为建设“美好纺大”提供智力支撑和人才保障。

（二）建设目标

以高层次人才和高水平学科团队建设为主要抓手，大力实施领军人才引育工程，努力实现师德素质新提升、师资规模新优化、英才数量新增长、队伍能力素质新提高、学科团队建设新成效、人事改革新突破，努力打造一支与办学特色相适应的数量充足、结构合理、业务精湛、素质优良、充满活力的高素质师资队伍。

（三）主要发展指标

根据我校“十四五”发展规划要求，进一步扩大专任教师队伍规模，

特别是补充博士点立项建设学科、基础学科、新兴交叉学科和特色学科的专任教师数量。按生师比 16∶1 左右确定学校专任教师岗位总量，到 2025 年，专任教师博士率达到 70% 以上，实现师资队伍建设“两个六”发展指标。

师资队伍建设“两个六”发展指标
师资队伍建设“6 大发展”指标： 新增 1 ~ 2 名院士级人才：力争培育 1 ~ 2 名院士级人才，实现“两院”院士零的突破。 新增 15 名领军人才：满足学校重点学科、申博学科对人才的迫切需求，按照重点突出、引育并重、注重实效的原则，力争新增 15 名领军人才。 培育 10 ~ 20 个优秀团队：以学科建设为龙头，以任务为牵引，以团队为载体，凝练方向、集成创新，分级建设学科 PI 团队，培育 10 ~ 20 个一流学科团队。 新增 100 ~ 200 名拔尖人才：突出“高精尖缺”人才，以省级以上人才项目为抓手，为教师不同阶段的发展提供引导和支持，实现新增 100 ~ 200 名中青年拔尖人才。 新增 100 ~ 200 名骨干人才：以校内“阳光学者”特岗计划为抓手，遴选一批学科专业骨干人才予以资助，实现新增 100 ~ 200 名优秀骨干人才。 新增 300 名优秀博士：大力引进海内外优秀青年博士补充师资队伍，到 2025 年，力争引进 300 名优秀博士，进一步优化专任教师学缘结构。 师资队伍建设 6 项行动： （1）实施师德铸魂行动；（2）实施筑巢引凤行动； （3）实施英才培育行动；（4）实施队伍能力提升行动； （5）实施一流团队建设行动；（6）实施人事改革攻坚行动

三、师资队伍建设主要措施

为保障“十四五”师资队伍建设发展指标的实现，学校将紧密围绕“一个工程”（即领军人才引育工程），落实“六项行动”（即师德铸魂行动、筑巢引凤行动、英才培育行动、队伍能力提升行动、一流团队建设行动、人事改革攻坚行动），大力推进人才队伍建设。

（一）实施师德铸魂行动

健全师德师风建设长效机制，以“四有”好老师、“四个引路人”等要求来引导广大教师成长发展，全面提升教师思想政治素质和职业道德水平，进一步提振师道尊严，弘扬高尚师德。

（1）加强师德师风教育宣传。严把教师师德考核入口关，创新师德师风教育形式，每年开展教师师德师风培训、职业道德培训和海外归国留学人员国情党史学习教育。多渠道开展师德师风宣传，每年教师节组织全校教师开展师德师风公开宣誓承诺，定期组织教师开展师德师风警示教育，学习师德反面典型案例，增强教师敬畏之心和底线意识。

（2）强化师风师德考核监督。深入贯彻《新时代高校教师职业行为十项准则》，严格落实《武汉纺织大学教师师德失范行为负面清单及处理办法》，制定师德师风考核具体标准及办法，将师德师风考核纳入教师资格准入、招聘考核、职称评聘、推优评先、表彰奖励等各个环节，突出师德把关，严格执行师德师风"一票否决"。

（3）健全师德师风长效机制。完善师德师风奖励制度，定期开展"最美教师""卓越教学奖"等评选推荐活动，选树一批师德先进、潜心教书育人的典型。严格惩处师德师风失范行为，划定师德红线，明确教师禁行行为，健全问责机制，对师德违规行为坚决"零容忍"，进一步筑牢师德师风防线。

（二）实施筑巢引凤行动

对标"双一流"建设、博士点立项建设需求，制定具有竞争力的人才引进政策，积极物色、主动出击、精准施策，打造引才"绿色通道"，完善"一事一议"人才工作机制，确保精准高质量引进人才。

（1）重点延揽领军人才。围绕博士点立项建设支撑学科需求，以国家级、省级重大人才计划平台为依托，延揽15名左右学科领军人才。从国内外知名高校、科研机构引进学校发展急需的知名学者，实施"一事一议"特殊支持政策，赋予学科领军人才、方向带头人充分的团队建设管理自主权，在人、财、物和运行管理方面给予重点支持。

（2）大力引进优秀博士。科学制订青年教师招聘计划，提高新进教师准入条件，完善新进教师岗位协议制等富有弹性的人才引育工作机制，引进300名国内外一流高校毕业的优秀博士。充分发挥博士后创新实践基地作用，加大联合培养工作的力度，加强与国内博士后科研流动站合作，逐步建立"师资博士后"的引进与培养体系。

（3）充分发挥柔性引进作用。本着"不求所有，但求所用"的原则，采用特聘教授、产业教授、讲座教授、客座教授等短期人才项目作用，引进海内外高水平一流人才和具有创新实践经验的企业管理专家、科技人才、技能人才来校工作，充分吸纳与利用校外优秀人才资源，为学科建设提供人才支撑。

（三）实施英才培育行动

以国家重点实验室等优势学科平台等为依托，以省级以上人才项目为抓手，大力实施英才培育行动，力争培养1～2名"两院"院士、100～200名拔尖人才和100～200名骨干人才，努力构建层次分明，梯队合理的高层次人才队伍体系。

（1）实施“两院”院士培育计划。依托我校纺织科学与工程、材料科学与工程等特色优势学科，培育“两院”院士或其他发达国家院士级人才1～2人。举全校之力，为院士候选人提供优越的政策环境，赋予院士后备人选用人自主权，为其配备结构合理的学术梯队，保证他们全身心投入教学和科研，力争实现“两院”院士零的重大突破。同时，争取培育长江学者2～3人，杰青3～5人。

（2）实施“拔尖人才”培养计划。依托湖北省人才项目，发挥学校国家重点实验室、工程中心、优势学科平台等培育作用，每年遴选一批在国内外知名高校、科研机构、世界一流学科获得博士学位或有博士后工作经历且科研业绩突出的中青年教师予以资助培养，力争培育100～200名具有创新能力和发展潜力的中青年拔尖人才。

（3）实施骨干人才培养计划。以校内“阳光学者”特岗计划为依托，围绕硕士点、博士点建设需要，大力培育一批创新能力强、科研业绩突出的学科专业骨干人才。力争培养100～200名优秀骨干人才。

（四）实施队伍能力提升行动

大力推进队伍能力素质建设，通过开展岗前培训、“双团队”培养、校内特聘教授选拔、工程能力实践和国（境）外访学研修等活动，构建多层次的专任教师发展体系。定期开展业务能力培训，推进管理人员、服务保障人员的常态化晋升工作，提高管理人员的履职能力和服务保障队伍的专业服务水平。

（1）提升专任教师队伍能力素质。开展新进教师岗前培训，举办信息技术的课堂运用、教学设计理论与实践、优秀教师教学示范课等专题讲座，提升新进教师教育教学能力。对新进青年教师实行教学、科研双团队培养，提高新进教师教育教学能力和科研创新能力。开展“校内特聘教授”选拔，优化人才对外交流机制，为人才搭建良好的成长发展平台。支持青年教师提升工程实践能力，重点选派100名中青年教师参加院士专家行、科技副总、博士服务团、博士后服务团等项目。有步骤、有计划选派100名中青年骨干教师到国（境）外访学研修，拓宽教师学术视野。

（2）提高管理队伍效能。优化管理队伍年龄结构和专业结构，不断完善公开选聘、常态化晋升等选拔晋升机制，拓宽管理人员晋升空间；畅通辅导员职称和管理职级“双线晋升”通道，为行政管理队伍补充新鲜血液；定期举办科级干部履职能力培训班，强化优秀年轻干部培养。

（3）推进服务保障队伍建设。通过定期开展业务能力培训、线上线下课程学习、参观交流等形式，推进服务保障人员队伍建设，探索服务保障队伍的用工模式调整和编制核定，为学校事业发展提供服务保障。

（五）实施一流团队建设行动

瞄准国家和地方重大战略需求，根据学科建设、人才培养、科学研究和社会服务的需要，推进高水平学科团队建设，进一步优化团队组合，全力培育建设10～20个高水平学科团队。

（1）建立健全学科团队建设管理机制。实行学科团队项目负责人制（PI），分级建设若干学科PI团队，着力构建"学校统筹、学院主导、一级学科（群）为基础、PI团队为主体、成果产出导向、部门联动服务"的学科团队建设与管理运行机制。

（2）遴选10～20个高水平学科团队。从阳光杰出学者、阳光特聘教授等校级以上学科带头人中遴选学科团队负责人，大力培育10～20个高水平学科团队，形成若干能够引领学术前沿、具有较强凝聚力的创新集体，使团队成为学校事业发展的主力军，在打造优势特色学科方向、培养拔尖创新人才、促进青年骨干教师迅速成长和产出高水平成果等方面发挥作用，加快推进学科建设整体水平提升。

（3）为学科团队建设提供保障。为学科团队提供开放的人才政策、优越的发展空间、优质的科研环境与服务保障，切实在实验室建设、设备购置、研究生招生、生活保障等方面给予大力支持。建立科学合理的分配机制，坚持分类建设、分级管理，完善以优劳优酬为导向的分配制度，建立差异化、个性化的考核评价体系，激发团队在引育人才、科学研究、人才培养、平台建设、国际交流与合作、社会服务等方面的创新创造活力。

（六）实施人事改革攻坚行动

推进人事人才体制改革，破除现有人事人才体制机制障碍，最大限度激发教师创新创造活力，为学校事业发展提供坚强的人才支撑和智力保障。

（1）着力推进教师分类考核评价。建立健全全员聘用管理体系，实行全员岗位合同聘任制，按照学科发展目标，科学规划不同类型层次、不同学科特点、不同岗位要求，明确岗位职责任务，科学设置考核的方式和内容，加强合同管理，强化教师分类管理及考核评价，为教职工聘用、晋升、奖惩、培训以及待遇调整提供依据。探索长聘制教师考核不合格者的岗位流转、降级和解聘机制，完善协议制教师退出机制，建立“岗位能上能下，人员能进能出，薪酬能升能降”的用人制度，激发教师创新创造活力。

（2）着力深化职称评审制度改革。修订职称评审条件，突出教育教学实绩，强化一线学生工作，重点评价学术贡献、社会贡献以及人才培养情况。探索同行评议制度和学术成果代表作制度，将教学质量综合评价作为职称评审的重要参考，发挥职称评审的“试金石”作用。修订职称评审“绿色通道”办法，对取得重大理论创新成果、前沿技术突破、解决重大工程技术难题、在人才培养和服务社会中作出重大贡献的人员，申报高级职称时论文可不作限制性要求。

（3）着力推进校内绩效分配制度改革。积极推进绩效工资改革，完善奖励性绩效工资核拨要素，探索建立以岗位任务相匹配、实绩考核为基础、贡献大小为导向的分配体系和激励机制。按照不同学科、不同职级的岗位职责和任务要求，对教师的工作完成情况予以绩效奖励或扣减；对获批有重大影响力的国家级荣誉，加大校内配套奖励权重，增强教职工的获得感。逐步建立以实绩考核为基础、以贡献大小为导向的分配体系和激励机制，在兼顾公平的前提下实现一流人才、一流业绩获得一流报酬。

四、保障机制

（一）健全领导机制，构建高效工作体系

（1）坚持党管人才的原则，营造尊重人才的良好氛围。学校成立人才工作建设领导小组，加强对二级单位人才工作的组织、领导和规划，由书记、校长任组长，分管领导任常务副组长，其他校领导任副组长，形成人事处（教师工作部）主抓，各有关职能部门和二级单位协调配合、相互联动的人才工作机制。贯彻落实尊重劳动、尊重知识、尊重人才、尊重创造的方针，着力构建“人人服务人才、人人岗位成才”的学校事业发展共同体，搭建“横向到边、纵向到底”的人才工作管理和运行体制。

（2）实施二级院部“一把手工程”，落实师资队伍建设目标。强化院部在师资队伍建设方面的主体作用。各二级院部要成立人才队伍建设工作小组，由单位党政一把手负责主抓，全面负责本单位的人才工作。各二级院部要扎实做好本单位教师的引进、培养和使用工作，提高师资队伍的日常服务和管理水平，关注教师的培养和发展，认真落实学校师资队伍建设目标任务。

（二）统筹各类资源，加大经费投入力度

（1）以师资队伍建设为根本出发点，加大经费投入力度。围绕人才引进与培养，统筹考虑薪资待遇、科研启动金、实验室建设、安家费等各类资源的配置使用。“十四五”期间，学校优先保障师资队伍建设经费，加大对学科领军人才、学科带头人、拔尖人才、学术骨干等的培育经费投入。逐步提高教师待遇，改善教科研工作条件，构筑良好的工作和生活环境，大力推进师资队伍建设迈上新台阶。

（2）建立人才工作激励机制，促进师资队伍专业化建设。从人才培训、人才开发、人才激励等方面建立多元化的人才投入机制，定期表彰在高层次人才引进等师资队伍建设中作出突出贡献的工作人员，给予一定的物质奖励，大力支持二级单位积极推进师资队伍建设工作。

（三）强化监督考核，确保工作责任落实

（1）制定师资队伍建设具体任务，推进任务分解落实。人事处将根据“十四五”师资队伍建设规划总目标，进一步细化师资队伍建设具体目标，按年度将任务分解到各二级单位，并将师资队伍建设目标纳入二级单位年度考核内容，推进师资建设工作落实到位。

（2）完善考核评价制度和体系，强化考核结果运用。学校出台师资队伍建设考核评价制度，进一步健全考核体系，加强对二级单位师资队伍建设工作的考核监督，将考核结果作为绩效发放、评优评先、资源调控和分配的重要依据。树立重实干重实绩的导向，营造干事创业的良好氛围。

“自强不息、经天纬地”的
纺大精神表述语是如何凝练出来的

一、案例介绍

何谓大学精神？大学精神是大学在诞生和发展过程中长期积淀形成的独特的精神文明成果，承载着大学的办学理念和价值追求，体现着大学的品位、气质和理想。不同于办学理念、校训、学风等具体方面，大

学精神具有更宽的视域、更强的涵盖性，它是一所大学在建设发展过程中积累沉淀下来的，以大学特色文化为基础，是大学特色文化的核心与特征，具有较强的抽象性、概括性、典型性，体现学校师生的价值追求、精神气度、道德素养、作风品格，受到师生校友和社会各界广泛认可，推进学校长远建设发展的精神性内容。

大学精神表述语是运用语言的形式，对大学精神的核心与精髓进行表述。其特点主要从内容构成和形式要素两个方面来认识。在内容构成上，大学精神表述语首先要反映和体现大学精神的精髓和核心，应是对大学精神丰富内涵的高度浓缩和精确概括，其基础和依据必须是大学精神；构成大学精神表述语的各个语言要素之间应该具有一定的逻辑性，内部不同语句应该有不同的功能赋予，使其成为一个看似简洁、实则丰赡的表述体系。在形式要素上，大学精神表述语一般应至少满足三个方面的要求：一是简明洗练，既有一定的文化内涵，同时又相对质朴；二是朗朗上口，字数一般以 6 ~ 12 字为宜，结合汉字的发音规律，易听易记；三是形式整饬，具有比较强烈的形式美，充分运用汉字的字形规律和造字特点，以便于大范围地宣扬。

笔者于 2013 年 4 月从学工部部长、团委书记岗位上调任党委宣传部部长，经过几年的宣传思想文化工作实践，笔者发现学校还缺少大学表述语，学校更名武汉纺织大学后还没有新的校歌。武汉纺织大学即将在 2018 年迎来建校 60 周年，为充分梳理、凝练学校 60 年发展历程所形成的特色精神文化，2016 年 1 月，学校决定开展“纺大精神”大讨论。“纺大精神”表述语凝练从 2016 年 1 月 22 日发布公告起历经一年三个月，全校师生和广大校友积极参与，献计献策。经过多轮投票和讨论凝练，2017 年 4 月 12 日，我校大学精神表述语正式确定为“自强不息、经天纬地”。

（一）宣传发动

学校在近 60 年办学历程中，形成了优良的办学传统，积淀了深厚的精神内涵与文化底蕴。为了系统挖掘、总结、凝练和宣传纺大精神品质与文化内涵，推动形成具有学校特色、师生广泛认同的“纺大精神”，使其成为推动学校科学发展的强大精神动力和重要文化支撑，学校决定广泛深入开展“纺大精神”大讨论活动，积极启动“纺大精神”表述语征集凝练工作。2016 年 1 月 22 日，党委宣传部发布《武汉纺织大学关于深入开展“纺大精神”讨论活动的通知》，充分利用校园网络、新媒体、校报、广播等各种媒介广泛宣传征集通知，启动征集活动，引导和动员广大师生积极参与，集思广益。各二级院部党组织、各机关职能部门充分动员离退休职工、老领导、广大师生、校友参与活动。同时加强对校史的学习、宣传，把学校精神凝练的过程与校史建设有机结合起来，把学校精神的凝练建立在对校史文化研究的基础上。

（二）讨论凝练

全校师生积极响应“纺大精神”表述语征集凝练工作，以多种方式学习校史资料。学校领导多次召集专题研讨，各学院和职能部门围绕大学“立德树人”的根本任务，开展了“纺大精神”大讨论，组织开展了富有特色的活动，举办各类座谈 20 余场，组织研讨 50 余次，党委宣传部面向校领导、两委委员、专家教授、离退休老干部、二级学院、职能部门广泛征集意见和建议。共征集到纺大精神表述方案 100 余份。党委宣传部及时汇总征集到的表述语，分别组织召开不同类型的座谈会展开研讨，广泛听取大家的意见。整个讨论、梳理、总结、凝练的过程成为集中全体师生智慧、凝聚全校力量的一次重要思想教育和文化建设活动。2016 年 6 月 17 日上午，党委宣传部在阳光校区召开“纺大精神”研讨会，就凝练“纺大精神”表述语进行了充分讨论和沟通。大家一致认为，大学精神是一所大学在长期的历史发展过程中逐步形成和培育起来的一种群体意识，是一所大学共同的思想品格、价值取向和道德规范的综合体现，是大学存在和发展的精神支柱。从大学精神与校训区别上而言，前者更多的是宏观的思想，是一种理想信念、追求和动力，而后者则主要是微观的要求，是对学生的导向和规范。“纺大精神”表述语既要从学校整体角度思考，又要充分体现学校个性办学特色；既要厘清大学精神和校训的辩证关系，又要兼顾学校发展的过去、现在和将来。

（三）论证确定

根据表述语征集情况，综合座谈研讨的意见，党委宣传部组织相关方面的专家组成评审小组对来稿进行初评，提炼并形成“纺大精神”表述语32条。2016年11月1日,正式面向全校师生、广大校友公开发起“纺大精神”表述语评选投票活动。2016年11月18日上午,党委宣传部召开“纺大精神”研讨会,深入推进“纺大精神”表述语凝练工作。研讨会上,笔者首先通报了“纺大精神”征集凝练的进展情况和取得的阶段性成果。会议紧紧围绕“纺大精神”表述语凝练进行了充分的交流和探讨,在“纺大精神”表述语内涵和表达方面形成了初步共识。与会代表结合学校历史沿革、办学传统与特色,立足学校办学定位与未来发展,积极建言献策,围绕大学精神的内涵与外延、“纺大精神”表述语凝练畅谈了自己的观点和看法,将大学精神讨论活动逐步引向深入。会议强调,凝练“纺大精神”要特别处理好四个方面的关系:一是要处理好“纺大精神”与校训的关系,既要紧密联系,又要阐明区别;二是要处理好历史传承与面向未来的关系,真正传承历史、紧扣现实、引领未来;三是要处理好共性和个性的关系,既要遵循大学之本,又要体现自身特色;四是要处理好文字表达与内涵阐述的关系,既要精练文字,又要抓住本质。同时,“纺大精神”表述语凝练要重点体现三个方面的内容:一是要体现学校艰苦奋斗的办学历程以及办学过程中始终贯穿的坚毅执着、自强不息的精神;二是要体现学校发展特色鲜明、争创一流以及“美在纺大”的社会口碑和美好声誉;三是要体现学校今后发展的提质升级,真正求真务实,实现突破。

(四)发布宣传

随后,党委宣传部组织专家学者根据投票情况对候选表述语进行认真梳理、推敲、修改,最后提炼出“纺大精神”表述语建议条目四条,分别是:“自强不息,经天纬地”“筚路蓝缕、经天纬地”“自强、执着、求实、拓新”“艰苦奋斗、求实拓新”,并欢迎另提其他表述语。2017年3月24日,再次公开发起线上线下投票活动。结合投票情况,党委宣传部经反复推敲,提出建议方案提请党委常委会会议审定。2017年4月10日,经校党委常委会会议研究,最终确定“纺大精神”表述语为“自强不息,经天纬地”。

学校“大学精神”表述语产生后,通过校报、校园网、新媒体、广播等进行发布和宣传,得到了全校师生、广大校友的高度认同。武汉纺织大学在新中国振兴民族轻工业的呼声中应运而生,随着民族纺织业的奋斗历程茁壮成长。

“自强不息”：回顾了我校在近60年的办学历程中，广大师生展现出的艰苦奋斗、百折不挠的自强精神和追求特色、坚守行业的执着精神。

“经天纬地”：用“经纬”暗含纺织之意，“纬地”蕴含面向需求、着眼应用的求实精神，“经天”则彰显着争创一流、敢为人先的拓新精神，同时寓意着培养治理天下的经世之才。

二、分析与启示

当前，我国正在深入推进一流大学建设。一流大学不仅要具有一流设施、一流人才，更为重要的是要具有一流的大学精神和大学文化，这对于学校内聚合力、外树形象，永葆动力和活力具有不可估量的作用，是激励师生员工弘扬传统、开拓创新、奋发图强的精神旗帜。因此，在当下，与时代形势和社会需求相结合，进行大学精神表述语的凝练宣扬，推进大学精神践行，具有重要的现实意义和价值。

（一）在历史逻辑中确定大学精神的基因

在大学精神形成的诸多因素中，历史逻辑无论在构建过程中还是在分析过程中都是首先要考虑的因素。组织行为学家弗雷德·鲁森斯在论及建立并维持一种文化时指出：“一些组织的文化可能是组织创立者直接或间接的行为的结果。但这也并不是一定的。创立者有时建立的是无力的文化，如果这个组织要继续生存下去，新的高层管理者就必须决定由谁来为必需的强势文化播下种子。”中外大学精神发展的历史有力地证明了这一点。蔡元培就任校长前的北京大学，是一座封建思想、官僚习气十分浓厚的学府。自蔡元培开始，抱定探究高深学问之宗旨，秉承“兼容并包”之精神，使北京大学成为中国大学之楷模。南开大学则从建校之初就以“痛矫时弊，育才救国”为目的，由创办人严范孙和校长张伯苓共同创立了“允公允能”的南开精神，传承至今，成为南开师生敦品励学的价值准则。从大学精神传承的实践来看，大学的管理者通过对大学发展历史的回顾总结，梳理出大学在创建发展的历程中一脉相承的精神品质，对大学的未来发展形成某种规定性，有利于大学文化基因在组织发展中的传承。大学精神表述语需要进行高度的集成和凝练，以确保表述语能够代表学校内涵、展示学校形象、提升学校品位。

（二）充分调动广大师生和校友的积极性

大学精神表述语是一所大学师生典型精神风貌的概括，必须反映和体现师生（包括广大校友）心声。大学精神是一所高校办学理念、悠久历史和优良传统的集中体现和高度浓缩，大学精神表述语从提炼到宣扬再到践行，作为一个系统工程，也是一个文化载体，它将文化创作的过程，文化理念的宣传普及、文化自觉的提升培育过程，文化精神的践行传播过程，进行了有效整合，使师生在参与的过程中自然自发地成为自觉的文化主体。要充分发动师生和校友积极参与，领导干部、教师员工、广大学生和遍布各界的校友，都应该有相应的渠道来表达自己的意见，如发动网络投票，召开不同类型的座谈会等，广泛征求意见，保证工作成果源于民意、符合民意。此外，任何表述语的征集确认，都要有一个合法的程序，以程序的正当性和合法性确保工作效果的权威性和认可度。大学精神表述语的征集确认应该建立一个包括党委决策制定方案、教代会、学代会、校友会等群众组织集体讨论方案、海选式征集表述语内容、专家学者研究确定备选表述语、群众讨论投票表述语内容、学校研究确定表述语等程序环节在内的工作流程方案。

（三）大力宣扬和践行大学精神

首先，要大力宣扬大学精神。宣扬大学精神既要充分运用传统的宣传载体渠道实现广而告之，更要注重以与时俱进的方式走进师生群众生活、以学校灵魂的高度渗入学校方方面面。主要有三种方式：组织化的宣讲、座谈和研讨以及其他传统方式；广泛的新媒体手段应用，网站、微博、手机报等多形式的宣扬；形成系统化的标识系统，进行时间长期化、形神固定化的宣扬。如结合校史，编纂大学精神宣传读本，使大学精神成为校史的基本组成部分；按照大学精神内涵改造建设校园景观等。要有量化或者细化的指标来检测宣扬的效果，如以一定的样本调查观测为依据的认可度、熟知度、领会度检测；要有长效的机制确保大学精神深入宣扬，如在每年的工作布置与工作总结中融入大学精神的宣传工作等。

其次,要大力践行大学精神,促进大学发展。力求实效。践行大学精神,不是朝夕之功,行之有效的方式是将大学精神贯穿到工作中、转化到行动中,形成常态化、制度化的工作内容,如学校发展规划的制定与落实,加入大学精神的践行;纳入校情校史教育,成为学校师生思想教育的基本内容;融入师德教育与建设等。促进发展。大学精神在大学发展中的作用需要广泛的认可和深刻的认同,大学精神的践行需要置于大学发展的大视野中来进行。要用大学精神引领大学发展,形成各项工作开展的精神旗帜和特色标识;要用大学精神提升工作水平,强化教师的第一主体角色,塑造一流的育人队伍和环境;要用大学精神团结师生,形成和衷共济奋发向上的团队氛围,凝聚各方力量推动学校事业的高质量发展。

如何做好高校对外宣传工作

一、案例分析

加大对外宣传工作力度是充分展示高校良好风貌、全面提升学校影响力和美誉度的重要途径。随着我国高等教育改革的不断深化,高校之间的竞争也愈发激烈,学校的品牌形象已成为高校的无形资产,成为高校在社会竞争中的软实力。高校的改革发展离不开各方面的支持,加强对外宣传工作,让公众更全面地了解学校,及时将学校的信息传达给公众,有利于获得社会更多的支持和认可,有利于吸引更多优秀人才和优质生源,能够让高校获取到更多的社会资源和政策支持,进而推动学校整体发展。

高校对外宣传工作首先要明确自身特色所在,将己之长广而告之,方能在众多高校中占得一席之地。以武汉纺织大学为例,其在科学研究、人才培养、产学研、服务社会等方面在湖北省乃至华中地区较为突出,同时在非遗文化、对外经贸、时尚领域也有着更好的发言权和权威性。因此,武汉纺织大学的外宣重点和亮点主要在人才培养、科技成果方面,这些也是媒体、社会关注的重点所在。此外,在非遗传承、校友资源等方面,也具有自己的特色。

我校党委一直高度重视对外宣传工作,校党委书记、校长多次就对外宣传工作作出批示,其他校领导也对外宣工作提出了建设性意见。2013 年 4 月至 2017 年 5 月,笔者担任武汉纺织大学党委宣传部部长,认真贯彻落实校党委工作要求,大力实施对外宣传“珍珠工程”,创新 1+N 宣传模式,围绕讲好纺大故事、提升社会媒体中的纺大形象、传播对外交流中的纺大声音,积极对接主流社会媒体,加强宣传频次,提升宣传效果,“勤发声、广发声、发好声”,使学校对外宣传更具层次和特色。2013 年,学校对外宣传报道 862 篇次;2014 年 846 篇次;2015 年 819 篇次;2016 年 786 篇次。涉及媒体包括《人民日报》《光明日报》《中国教育报》《中国青年报》《中国纺织报》等中央级媒体,《湖北日报》《武汉晚报》《楚天都市报》等省级和地方级媒体,还有中央电视台、湖北卫视等电视媒体。做到了小报不断、大报常常有,学校社会影响力和美誉度进一步提升。

(一)重视学校重要活动、师生重要成果的宣传报道

优异的办学成绩、突出的科研成果、有影响的人和事是塑造学校形象的主要途径。由于学科特色、服务面向、地域、资源等基本情况各不相同,各高校的工作重点如人才培养、科学研究、社会服务、文化传承、国际合作等也各有不同。要时刻关注大学发展中的新动向,以及发生在学生、教师以及后勤部门中的新鲜事,善于挖掘在各自工作中创造的“叫得响”的好经验、好做法,“以点带面”推动宣传工作。如武汉纺织大学的服装设计毕业作品展每年都在媒体上报道,《首届“铁人班”学生个个成精英》《教授研发 3D 虚拟网店试衣间》《湖北省首个本科层次的中外办学机构落户纺大招生起航》等报道也受好评。学校各大活动、各种会议、文件、简报等都可能找到新闻点,同时微博、微信、BBS 留言板也都是发现新闻的好平台。如武汉纺织大学承办的第 89 届世界纺织大会、第三届海峡两岸纺织论坛,武汉地区校际大型文艺晚会“融融校间情”、湖北省大学生服装秀、2016 环氧树脂产业论坛等,学校宣传部迅速组织人员进行深入采访和解读,都及时进行了报道。对于师生重要成果和获奖情况也要及时报道。教师取得的重要科技成果,师生参加社会上的重要赛事获奖情况应当天进行报道,如《孙菊香获评“中国十佳时装设计

师”》《90后女生绘就首届青运会吉祥物“榕榕”》《纺大美女学霸获国际服装大奖》《纺大学子夺全国“舞王”》等报道就受到读者关注。

（二）迎合媒体和社会的兴趣关注点组织宣传

契合社会与媒体的关注点，紧跟时事热点，能够有效地提高稿件采用量。如中共中央和湖北省委最新政策重大决策出台后，各高校如何贯彻落实，存在什么问题，有何建议，都会成为新闻报道的重点。例如，国家出台“一带一路”倡议后，我校积极响应，开展沿线国家官员培训，采写了《“一带一路”新机遇 武汉纺大留学生九成在中国就业》《“一带一路”沿线国家来汉学贸易》等新闻；国家出台“双一流大学建设”相关政策后，各高校纷纷采取措施，相关报道也成为热点新闻。除每项重大政策出台后的贯彻落实情况需要及时报道外，基层对党代会及全国两会、全国高校党的建设工作会议等重要会议精神的贯彻落实情况等，也应是新闻选题的重点，如《高校新闻师生热议总书记重要讲话》《省委宣讲团继续宣讲十八届五中全会精神》等。每年的毕业季都是社会和媒体关注的焦点，同时也是各高校相互比拼的关键时刻，曝光率高低关系着下一年的招生质量。如专升本学生毕业时“逆袭”考上硕士研究生；同一间宿舍4名学生同时考取研究生。宣传部第一时间安排采访报道。通过从入学、转专业、毕业设计、参加竞赛各个角度探索四人的求学经历，引申出学校人才培养方式的优越和独特。我们采写了《武汉纺大师生航拍创意毕业照》《高校“淑女班”受热捧计划招30人报名者逾200》《武汉纺织大学6名女模特考上研究生》等新闻，这些事例表明高校师生中的奇人趣事、高校改革的成果都是社会关注的焦点，所以要善于抓住细节，将新闻社会化、故事化。

（三）主动宣传推介学校师生典型

“衙斋卧听萧萧竹，疑是民间疾苦声。些小吾曹州县吏，一枝一叶总关情。”基层群众的所思、所想、所盼，是党委领导迫切想要了解的，也是媒体关注的重点。这就要求我们必须经常到基层了解情况，及时挖掘师生典型。如武汉纺织大学有一位教师多年来照顾生病的母亲，同时抚养因车祸去世的弟弟的孩子，我们积极挖掘背后的故事，在母亲节当天推出《女教授用最纯的孝,守望母亲,照顾弟媳一家》,既展现了教师的感人事迹,也契合了节日氛围,受到媒体的关注。我们还推出了一系列师生典例:十余年坚持“中国行、纺大情”,每年都有一半时间在武汉纺织大学,指导多名博士及研究生,受到国家领导人接见的外专“千人计划”维克多教授;每月150公里车补成“摆设”,自掏交通费陪老伴看病的“本色校长”贺经平;攀珠峰、进南极,投身环保致力公益的“环保大使”生鸿飞教授,“不断创新登上时尚金鼎”的刘勇,“痴迷民间刺绣”的叶洪光;“休学去非洲当建筑工人”的环境学院学霸刘明等。此外,校友资源也是新闻富矿。这些名人背后的故事、求学和创业的经历等鲜为外界所知,宣传部专门开设“纺大校友”栏目,每期报道一位知名校友,受到校内外的广泛关注。

(四)积极与媒体开展合作

与媒体记者打交道,是高校对外宣传工作的一个重要内容。笔者与《光明日报》湖北记者站站长夏静,新华社湖北分社记者俞简,《中国教育报》记者储召生、李薇薇,湖北站站长黄兴国、程墨,《中国纺织报》记者陶露露,人民网记者张管和,《湖北日报》记者王理略,湖北卫视记者吴宝洪,荆楚网记者黄培,《楚天都市报》总编辑张孺海、记者罗欣,《武汉晚报》总编辑范洪涛、记者李芳等都建立了良好的合作关系。此外,媒体记者经常需要寻求各方面的专家教授、技术人才的专业解惑,并且一般是通过宣传部门联系教授。武汉纺织大学在纺织服装、化工材料、对外经贸等专业有着较高的知名度,同时也是媒体关注的焦点。教授不愿意接受媒体采访、言论过失等问题,相信也是其他高校同样需要解决的,我们在与教授沟通过程中,将愿意接受采访的教授进行整理归类,建立专家智库,在媒体需要的第一时间提供联系方式。

(五)大力做好新媒体的应用与推广

新媒体的运用是各高校不可忽视的对外宣传方式,尤其在微信、微博盛行的当下,人们的阅读习惯已经从传统的报纸、刊物,逐渐向网页新闻,再向手机阅读转变。2013年,学校官方微博管理和维护兼具规范性和灵活性,拥有粉丝2.6万,在引导舆论中发挥积极作用;2014年,学校官方微博入选教育部官方微博联盟百强。全年发资讯 2214 条,其中教育部官方微博首发我校资讯 2 次、转发 1 次,《人民日报》微博发布 1 次。2015 年,学校官方微博保持在教育系统官方微博联盟百强行列,荣获湖北省高校“十佳微博”,发布 2786 条信息,被教育部官方微博推送 2 条。2016 年,微博推送 2384 条。学校官方微信从无到有。2013 年,尝试开办“武汉纺织大学官方微信”并进行试运行。2014 年,学校官方微信发布图文消息 290 条,实现多功能下拉框上线,入选省级高校微信十强。2015 年,微信推送 363 次,共发布 576 条信息。2016 年,官方微信发布 365 期。

二、分析与启示

高校的对外宣传工作有助于提升知名度、拓展合作网络、扩大影响力,是高校彰显特色、展示成就、塑造形象和提升软实力的重要途径,也是社会了解高校的重要窗口。高校应当认清时代特征,把握发展大势,正确认识和对待对外宣传工作,讲好精彩故事、发出响亮声音,为学校事业持续凝聚力量、扩大影响、推动发展。

(一)转变观念,树立“大外宣”理念

中国特色社会主义进入新时代,社会公众对国家事务、经济社会文化事务和自身事务的关注度空前高涨,对知情权、参与权、表达权、监督权的诉求更加强烈,及时回应公众关切、媒体聚焦、网络追问,是高校必须面对和处理的重大课题。2019 年 1 月,“四全媒体”的提出使传播方式发生深刻变化。“四全媒体”即全程媒体、全息媒体、全员媒体、全效媒体,其发展导致舆论生态、媒体格局、传播方式发生深刻变化,对外宣传工作面临新的形势。为适应全媒体的新形势,高校要更新观念,创新管理机制,不断推进媒体融合,推动新兴媒体与传统媒体相互促进、优势互补,构建“大外宣”工作格局,动员学校各个单位一起来做。

(二)注重培训,加强对外宣传队伍建设

做好对外宣传工作的根本保障是要拥有一支高素质的工作队伍,而

且不断涌现的新媒体手段也对从业者提出了更高要求，这就要求高校新闻宣传工作者必须时刻站在传播变革和舆论工作的最前沿，提高业务本领，“充实脑瓜子，练就笔杆子，善用嘴巴子”，做新闻宣传上的“多面手”和意识形态上的“领路人”。适应大数据、5G、人工智能、云计算等技术进步，加强移动媒体建设，不断增强外宣工作的影响力。通过开展多元化的新闻舆论工作，努力成为全媒型、专家型新闻人才，讲高校好故事，传播高校好声音。此外，高校应加强对宣传工作人员的能力培养，通过定期举办培训班或邀请社会资深人士到院校讲学，提升宣传队伍的专业实力。

（三）主动策划，把握新闻“时度效”

要想在现有资源配置和校园文化背景下实现宣传效果的最大化，前期策划至关重要。善于发现好的新闻线索、选择好的新闻角度、挖掘好的新闻题材。既要“跳进”学校，全面了解、本部门和学校各项工作、重大活动，深入了解要采写的新闻内容；也要“跳出”学校看学校，以新的高度和更大的视野去看待学校工作和活动，更为准确地把握新闻采写的主题，挖掘新闻的价值和意义。对于学校重大主题活动或重大成就，要主动策划，创新宣传报道方式，拓展对外宣传渠道，讲好新时代“高校故事”。具体来说，就是把握时度效。“时”，就是体现时代性、掌握时机、把握时效。高校的毕业季、开学季、招生季、校庆纪念日等都是外宣的重要节点。“度”，就是新闻宣传既要拿准“尺度”，又要体现“温度”、把握“准度”。高校是高科技成果孵化园、高端人才聚集地，宣传报道既要真实、准确，同时也需要考虑公众的认知度，要将“硬数字”写成“软文章”，讲好“科学故事”。“效”，就是讲求效率、达到效果、追求效益。高校宣传工作者要积极挖掘校内新闻素材，及时对外宣传报道，充分发挥新闻宣传思想引领、舆论推动、精神激励的作用。

（四）加强外联，善用社会媒体资源

宣传开道，舆论先行，社会媒体可以帮助高校建构、制造和引导公共舆论，因此要有效利用新闻媒体资源，运用快速畅通的媒体渠道适时发出声音。一是及时与中央媒体沟通，上报学校工作亮点。高校应积极推动同社会媒体的合作与交流，借势传声、借台唱戏，尤其要利用国家级媒体的品牌优势和话语权，放大高校的声音、塑造高校的形象。二是合作地方媒体，建立长期伙伴关系。和地方媒体建立长期友好的伙伴关系，互帮互助，及时提供新闻线索，联合一起策划宣传，借助他们的渠道，向更高层次媒体拓展。此外，高校要加强有效沟通，提升局面把控能力。遇有突发事件或敏感个案时，要理性研判形势，尽可能第一时间主动与媒体沟通，发布权威信息，取得话语先导权，使小道消息、不良消息失去传播空间，面对媒体的监督和批评，要多从主观上找原因并勇于承担责任，努力寻求解决问题的妥善办法和措施。

(五)创新形式，紧跟数字媒体发展

对外宣传，除创新内容以外，还必须创新报道形式，紧跟数字媒体发展的脚步。从报纸到门户网站、从微博到微信再到 App 客户端，短短十年，数字媒体平台几经变革。智能手机的普及让微博、微信、抖音火爆异常，无线网络的普及引领“读图时代”“短视频时代”到来，数字媒体平台崛起极为迅猛，日新月异的技术革新使平台间的更替换代越来越快。大众总是轻易地“抛弃”上一个平台，转身投向下一个“新宠”。要适应不同媒体平台、针对不同平台的特性提供最“对味”的内容，对所有新闻人来说都是挑战。从目前态势看，抖音、哔哩哔哩、小红书等本身具有的短小精悍、信息量大、现场感强、表现方式多元的特性，也和大学生群体追求刺激、快速、有趣的偏好一致。高校必须高水平推进新媒体建设，组建创作团队、创新宣传内容，形成品牌优势，使高校对外宣传“活起来”。

(六)增加投入，完善高校对外宣传工作的保障机制

对外宣传工作是高校建设工作的重要组成部分，是用来塑造学校形象的一项重要工作。高校领导不但要在思想上加强对外宣传工作的重视，更要在人力、物力、财力上为对外宣传工作提供有力的保障。在进行对外宣传工作中，学校要为宣传工作提供一定的设备，保障宣传人员的培训费用以及联系外界媒体的费用等支出。对外宣传工作在增加高校软实力中起到了重要作用，在现代这个市场经济快速发展，社会竞争力不断加大的形势中，高校要想在激烈的竞争中站稳脚跟并得到较好的发

展,必须加强对外宣传工作。

附:

崇真尚美
——武汉纺织大学构建“美在纺大”精神文化

一所拥有众多名模美女的大学,一所设计时尚美服的大学,一所引领美的风尚的大学——这就是武汉纺织大学。

在武汉数十所大学中,纺大留给人们最深刻的印象就是“美”。从20世纪70年代的“武汉纺织工学院”,到20世纪90年代的“武汉科技学院”,2010年为突出纺织服装学科优势和艺术设计特色,学校又更名为“武汉纺织大学”。建校50余年,校训“崇真尚美”引领着学校的校风、教风和学风建设。

“崇真”,引领师生追求真理、崇尚真诚。“尚美”则要求师生陶冶性灵、提升境界。

国家科技进步奖一等奖得主徐卫林教授说:“我非常喜欢做具有自主创新特点的科研,也许十次失败了九次,但有一次成功的话,那么这个成功的意义就很大。”徐卫林以“对传统纺纱技术革命性的突破”使中国纺纱技术站在了世界最前沿。随后,他将湖北省科学技术突出贡献奖的100万元奖金全部捐出设立奖学金。朱平教授经过8年艰难攻关,最终攻克了从海藻中提取海藻酸纤维的技术壁垒,并自主设计研发制造了国内首条适用于海藻类纤维规模化生产的湿法生产线,年纺丝能力达500吨,打破了英、美两国技术垄断,获8项国家发明专利。生鸿飞教授在旅行和参加公益活动的过程中,四处寻找纺织文化的遗迹。在学校开设了“旅游地理”公选课,融入纺织地理的内容。2014年,他的公选课被列为国家精品视频公开课。

2008年,汶川大地震发生后,纺大大学生支教实践团队到灾区服务了一个月,创下“人数最多、抵达时间最早、服务时间最长”的全国之最。在震后的废墟上,纺大诞生的全国车模总冠军身着运动服、脚踩运动鞋,带着几十个灾区的孩子走着“猫步”,让世人看到了“人美”“心美”的完美结合。

校园内外,优良的道德风尚在爱心传承中弘扬。

纺大“蓝灯志愿团队”成立于2011年,长期关注、服务自闭症儿童群体。四年来,共为武汉400多名自闭症儿童及其家庭提供公益服务,筹集了2.6万元善款用于患病孩子的治疗。2012年,“蓝灯志愿团队”被武汉市残联授予“武汉市自闭症儿童活动基地”称号。他们用当代学子的热情与大爱诠释着社会主义核心价值观的本质。

作为一所以“尚美”为名片的学校,纺大处处洋溢着时尚之美。服装学院教师张文辉、朱雯的作品先后亮相巴黎时装周。其集中国传统文化、东方格调与西方文化于一体的设计,在世界顶级舞台上惊艳四方。

武汉纺织大学党委书记尚钢说:“从‘服饰美’‘艺术美’,到‘精神美’‘行为美’。美,作为人类思想和行为追求的最高境界,已经被鲜明地印在武汉纺织大学科学研究、人才培养、文化传承、服务社会的旗帜上,深刻地沁入武汉纺织大学师生的骨子里。”

(原载2015年1月12日《光明日报》,作者:夏静、高建勋、侯庆)

如何办好高校党委常委会会议和校长办公会议

一、案例介绍

高校的党委常委会会议、校长办公会议作为校级议事决策机构,在推动校务运行,坚持和完善党委领导下的校长负责制,推进大学治理体系和治理能力现代化等方面发挥着重要作用。高校学校办公室负责人要切实提高政治站位,充分认识到办好高校决策会议的重要意义。笔者在担任武汉纺织大学学校办公室主任期间,从议题审核、会务组织、纪要起草等环节入手,持续提升高校决策会议的规范化、科学化水平,为学校“双一流”建设提供坚实保障。

(一)会前准备充分,科学合理安排会议议题

高质量筹办高校党委常委会会议、校长办公会议,首先要求办会人员做好议题收集、审查、排序、确定等一系列准备工作,列出议题清单,为开好会议打好坚实基础。会议议题审核的关键在于上会依据明确,前置程序完备,材料翔实充分。

一是做好议题收集。议题主要来源于高校的职能部门。办会人员在会议召开前,应主动与有关职能部门及分管校领导沟通联系,摸清上会议题的总体情况,掌握工作主动权。上会依据主要来自上级文件要求和学校规章制度。提交会议的决策事项,应属于学校的“三重一大”事项,按照相应规章制度及工作程序报学校党委、行政研究决定。为此,我每年初根据上一年度的文件修订情况,汇编《武汉纺织大学办公室工作手册》,收录《中共武汉纺织大学委员会常务委员会会议议事规则》和《武汉纺织大学校长办公会议议事规则》,如有的议题无明确规范性文件依据时,可参考上级文件精神、“三重一大”决策制度实施办法、党委领导下的校长负责制实施办法等,并充分考虑学校工作实际情况做出综合研判。

二是前置程序完备。重要事项上会审议,需进行深入细致的研究论证,充分听取各方面的意见建议。特别是对涉及其他相关部门的重要事项,应由相关部门审核后形成会签意见。涉及经济活动的,学校办公室法务人员依法依规对有关决策事项进行审查。学校依照上级部门和有关规定成立的各类专项工作领导小组、委员会和工作小组等(2022 年 7 月,我校此类议事协调机构有 41 个),应依规对相应领域的重大决策事项进行研究讨论,提出明确的审议意见。未达成一致意见或未经前置程序审核的事项,原则上不安排上会审议。

三是议题材料完善。议题材料应讲清楚基本事实,讲清楚决策要点,讲清楚决策风险。第一,简明扼要厘清决策事项的背景、来龙去脉,并提供必要的支撑材料。支撑材料包括但不限于相关的各类文件、会议纪要、领导批示等。第二,明确决策事项的要点。决策要点含糊不清的,要进一步沟通予以确认;对夹带的其他事项要予以调整。属于校领导班子成员及职能部门自身职权范围内决定的事项不安排上会。第三,如实报告决策涉及的疑难点、风险点。比如,存在不适用相关法律法规或规章制度的情形,存在严重分歧或明显争议的情形,存在媒体舆论炒作的风险等。对于以上情形,应在议题材料中做必要说明。此外,按照相关法律法规或规章制度,在学校形成决策后需进一步报上级部门审批的事项,也需对后续程序做必要说明。

四是及时请示沟通。在收集议题的过程中,如发现会议议题过多,可经过沟通协调,把没有时限性要求或通报型的议题放到下一次会议。如发现议题过少,要及时向主要领导汇报,询问是否待积累足够数量后再适时召开会议。对于议题审核及安排情况，需及时进行报告请示。第一，及时向主要领导报告会议议题审核及安排情况，确保主要领导全面了解掌握会议情况。第二，及时向分管校领导报告相关议题审核及安排情况，提示分管校领导做好报告准备。第三，及时向主办单位和相关列席单位报告议题上会安排，确保其按时列席会议相关环节并做好补充汇报准备。

（二）会中做好会议服务，积极管理引导

会议安排要从有利于决策出发，科学安排议题顺序、列席人员和会议时间。

一是要合理安排议题顺序。要坚持“第一议题”制度，第一时间跟进传达学习习近平总书记的重要讲话、重要回信、重要指示批示精神和中央重大决策部署，切实将习近平新时代中国特色社会主义思想的指导地位落到实处。相比通报类议题，审议类议题一般优先安排，以保障决策事项充分讨论。为减少行政事务对教学科研工作的影响，涉及专家学者列席讨论的议题，可根据其意愿和教研工作适当提前或延后安排。

二是要合理安排列席人员。安排必要的议题列席人员有利于展开充分讨论，也有利于推进贯彻落实。列席人员可划分为固定列席人员和分议题列席人员。固定列席人员全程列席决策会议，分议题列席人员根据工作需要列席相关议题。在具体实践中，党委常委会会议可安排党委组织部、党委统战部、党委宣传部、党委教师工作部等党口部门负责人作为固定列席人员。校长办公会议可安排教务处、科发院、学科办及人财物等资源配置相关部门负责人作为固定列席人员。监察专员办公室（纪委办公室）在决策会议的运行中发挥着关键作用，应明确相关负责人作为会议常规列席人员。在讨论复杂议题时，可以根据议题内容的相关性确定院系、部门负责人作为分议题列席人员。不宜扩大范围讨论的敏感议题，以最小范围原则确定列席人员。

三是要切实提高会议效率。为保障每项议题都得到充分讨论，单次会议安排讨论议题不宜过多。同时，汇报材料要求思路清晰、重点突出、语言简练。原则上讲，只有正在商议的议题相关部门负责人才能在会场列席会议。非当前研究议题的汇报人员必须在会场附近的等候室等待。参会者应在汇报、讨论完议题后立即离开会场。在组织参会者时，

学校办公室工作人员应注意工作态度和方法，根据确定的议题顺序通知部门负责人待会。当新议题开始时，可以尝试提前通知下一个议题的参会者。这样可以在一定程度上保证参与者的等待时间不会太长，确保各议题之间的顺畅联系，也减少造成会议中断的尴尬局面出现。要守住底线，坚决不能把参会当成一个露脸的机会。处长带着副处长，副处长又带着相关科长，一个议题5分钟，列席人员却多达十几位，这就有些欠妥。为了确保会议的机密性、严肃性和连续性，避免分散参会人员的注意力，并保持会议室的秩序，除非特别紧急的事情需要向学校领导立即提出的请示，与会议无关的人员都不允许进入会议室或者传递文件。

（三）会后迅速落实督办，确保会议决策执行到位

及时做好党委常委会会议、校长办公会议纪要的撰写和分发工作。会议纪要是记录、传达会议精神和会议决策内容的学校正式文件，具有较强的指导性、约束力，是高质量指导学校工作开展和落实的重要依据。在会议结束后，应在两个工作日内将会议决策、决议内容以学校正式文件的形式下发。学校办公室参会人员要在如实记录会议内容及相关议题材料的基础上，力求用最精练的语言，逐条逐项地归纳提炼出会议达成的决策决议。会议纪要应做到"实际、精准、简要"，实事求是地反映每位与会人员的意见，不添枝加叶，表述清晰，语言精炼、文字朴实，要点突出。此外，会议纪要所记录的事项必须明确具体事项内容、工作分工要求、责任单位部门、完成时限等基本要素，真实反映会议的基本情况。对于比较复杂或权责不明的事项，可在正式呈报签发前征求分管校领导和职能部门意见，并在符合会议精神的前提下修订文字表述，确保纪要的可操作性、可执行性，为下一步贯彻落实创造良好条件。

二、分析与启示

高校开好党委常委会会议、校长办公会对更好地贯彻落实党委领导下的校长负责制、提升依法依规治校能力、提升民主决策水平至关重要。学校办公室作为会议的承办部门，要增强"身在兵位，胸为帅谋"的担当与能力，站在全局的高度，秉承改革创新的精神，采取行之有效的

措施提高议事决策效率。

（一）加强制度顶层设计

党委常委会会议和校长办公会议的议题安排工作是管党治党、办学治校的基础工作，也是推进依法治校、依章办学的一线窗口，必须坚持有法可依、有章可循。高校应结合学校实际，及时制定修订本校《党委领导下的校长负责制实施办法》《党政领导班子落实“三重一大”决策制度实施办法》《党委常委会会议议事规则》《校长办公会议议事规则》等，建立健全议事决策制度体系，明确议事决策的范围、原则、程序和执行等重要事项，为议题审核工作提供制度保障。

（二）健全议事协调机制

《党委常委会会议议事规则》《校长办公会议议事规则》明确规定了党委常委会会议、校长办公会议提议事项和决议事项等内容。制定相关沟通实施办法和工作规则，有利于领导班子成员在重大事项决策前充分沟通、达成共识。同时，健全与议事规则相衔接的规章制度体系，制定修订相应的章程、办法和各项管理规定，充分发挥议事协调机制在分层决策、前置审核等方面的作用，进一步加强学术委员会、学科建设委员会等组织机构的议事协调机制建设，确保各项议题酝酿成熟。

（三）严格落实“第一议题”制度

传达学习贯彻习近平总书记重要讲话、重要指示批示精神和党中央重大决策部署是学校党委、行政工作的重中之重。要把“第一议题”制度作为学习贯彻习近平新时代中国特色社会主义思想和党的二十大精神的重要抓手，高度重视，认真落实，严格执行。主动跟进学习习近平总书记有关教育、科技、人才等方面的重要讲话精神和党中央重大决策部署，并第一时间结合学校实际研究提出党委常委会集体学习建议。同时，聚焦管党治党、办学治校的重点领域，保障涉及学校建设发展的大事要事第一时间上会研究。

(四)及时高效督办落实会议决策决议

会议结束后,落实和督办工作是保障党委常委会、校长办公会决策贯彻执行落地生根的关键环节。加强对会议作出的决策决议的督查督办是学校办公室提升会议效果的极为重要的途径。学校办公室要落实督办相关制度要求,进一步制定完善的监督反馈机制。每次会议结束后,办公室必须及时向各有关部门传达会议精神和具体督查督办要求,并明确提出办理时限。办公室督办人员对会议决策决议的执行情况要进行全方位、全过程的跟踪检查,对无法在规定时限内完成会议决定的部门,及时下发催办单,限时完成。督促决策承办部门在规定时间内书面报告办理进展,在一定程度上可以有效减少“决而不行、行而无果”的情况。同时,还应定期将会议决定及其督办的落实情况向主要领导汇报,向会议报告。对因不可抗拒因素、意外情况导致原会议决策未能全部执行或无法执行的,办公室要向主要领导说明原因。对会议决定事项执行不力的,按学校有关规定处理。这样才能确保整个督办过程有始有终,真正做到议必决、决必行、行必果。

新形势下高校办公室如何加强督办工作

一、案例介绍

新时代高校办公室是高校党委和行政直接领导下的综合办事机构。我国高校实行党委领导下的校长负责制,在传统上,党委工作系统中的党委办公室和行政工作系统中的校长办公室,都是发挥其沟通内外、协调左右、联系上下的作用。进入新时代,绝大多数高校把党委办公室和校长办公室进行了合并或合署办公,合并后有的高校称为党政办公室,有的高校称为学校办公室,本文统称为高校办公室。高校办公室作为高校的综合管理机构,是完成高校日常基础性工作,保障高校决策实施、促进教学、科研、管理各项工作协调运行的重要部门,它在学校中处于中枢地位，是为领导决策和实施决策服务的综合办事机构。

高校办公室工作千头万绪，任务繁杂，既有事务性的工作，也有众多的政务工作，概括而言，具有统筹协调、参谋助手、督察督办、安全保密和服务保障等职能。其中督察督办工作是高校办公室的一项重要的管理工作，主要负责督促检查行政决策的落实情况，综合协调、规范日常行政事务，保障政令畅通；检查、督促上级指示、会议纪要、领导重要批示（决定）和重要工作的执行情况。近年来，我们采取了以下举措，保证了学校党委行政决策部署落地落实，实现了院士和博士授权单位的突破。

（一）明确督察督办职责范围

高校内部督察督办是一种领导管理行为，其根本目的是落实学校党政工作计划的各项目标和任务。为了保证高校核心使命的明确落实，高校办公室督察督办要找到正确的基点，确定基调。高校办公室督察督办有以下六方面工作内容：（1）上级主管部门重要方针政策、重大决策、重要工作部署以及批示、交办、转办事项的贯彻落实情况；（2）校党委、行政年度工作要点、重要文件、重要规章制度和重要决定事项的贯彻落实情况；（3）党委全委会、党委常委会、校长办公会、专题会的各项决议、决定及重要工作部署的完成落实情况；（4）学校领导交办事项的完成落实情况；（5）经学校领导批示的信访事件及师生员工反映强烈的热点、难点问题的解决落实情况；（6）校党委、行政其他工作的贯彻执行落实情况。

2023 年 3 月 1 日，学校党委常委会会议审定通过《关于成立推进学校重点改革任务工作小组的通知》，为加快推进学校全面深化改革，成立推进学校重点改革任务工作小组，设立职称改革、绩效分配改革、教师评价考核、资产整合优化配置、科技奖励制度、本科教育教学评价改革、后勤改革、继续教育改革、机构改革和职能调整、学科建设经费分配改革 10 个工作小组，明确 10 项年度重点改革任务，笔者将其列入 2023 年重点督办任务。

（二）完善督查督办“四项制度”

一是台账制。将学校党委确定的 2023 年 10 项重点改革任务分别列出任务清单，严格规范督查督办工作的立项、交办、承办、催办、反馈和归档的工作程序。在建立台账时，要对督办什么、怎么督办、督办到什么程度、达到什么成效作出较为统一、明确和可行的规定。

二是通报制。每季度定期在党委常委会会议上对 10 项年度重点改革任务各牵头单位的办理情况，在一定范围内进行通报。对落实好的予以表扬，加以推广；对不足之处，及时指出，督促改进；对落实差的进行通报。

三是问责制。被列入督查督办的事项，该项工作的落实单位应为第一责任单位。督查督办结果作为责任单位主要负责人及本单位年终考核的重要依据。对出现较大问题或落实较为不力的单位及单位负责人，由学校主要领导进行约谈和问责。

四是专人制。督查督办既要对学校领导负责，又要对二级单位和广大师生负责。不论是集中还是专项督查督办工作，都要实行专人负责，确保督查过程公开透明，督查结果公平公正，并主动接受监督。

（三）创新督查督办方法

传统的打电话、要材料、等结果等沿用多年的工作方式，很少深入实际，这种用老办法解决新问题的简单方式，往往难以奏效，很难起到为推进决策落实服务的参谋助手作用。改进督查督办方式，创新督查督办方法，丰富督查督办手段。在综合运用文件督办，下发督察督办通知书，实行定期督查，通报决策执行情况；会议督查，召开会议，限期落实，书面报告；现场督查，到现场督查，掌握真实情况，确保效果；跟踪督查，在过程中发现问题、解决问题，在服务中督查，在督查中服务；调研督查，围绕决策部署，深入决策落实过程，了解情况，检查进度，推动落实；还有在专项督查、联合督查等方法的基础上，做到“四个结合”：一是“明查”与“暗访”相结合，二是决策督查与专项督查相结合，三是部门自查与领导督查相结合，四是督查调研与综合协调相结合。对重大决策的落实情况、领导关注的重要问题以及师生反映的热难点问题，不能满足于或停留于会议布置、电话督促、报送汇报材料上。要在调研中推动督查、搞好协调，寻求解决问题的“灵丹妙药”，为学校完善决策和再决策提供科学依据。

2024 年 12 月 13 日，笔者在党委常委会会议上汇报了学校 2023 年

10项重点改革任务工作督办计划。截至2023年12月10日，10项工作任务已完成4项：职称改革工作、科技奖励制度改革工作、本科教育教学评价改革工作、机构改革和职能调整工作；5项任务在规定时间内未完成：绩效分配改革工作、资产整合优化配置工作、后勤改革工作、学科建设经费分配改革工作、继续教育改革工作；1项任务正在推进中：教师评价考核工作。会议强调，要严格按照年初制定的改革任务要求，以目标为导向，加大力度推进实施，对于今年未能完成的改革任务，要持续推进，坚持不懈。继续跟踪督办，确保到2025年1月中旬，所有工作基本完成。著名管理学家西蒙和马奇认为：任何管理实践活动都由决策和执行两部分构成，管理不仅是行为过程，也是决策过程。高等学校办公室的工作职能要求其必须为领导决策做好服务，而具体的信息工作、调研工作、督查督办工作都是发挥好办公室职能的具体体现。所以，高等学校办公室不能仅充当“收发员”和“传声筒”，要围绕学校重点工作和领导决策，做好深入的调查研究，落实督查督办，使办公室真正成为领导的“智囊团”和“思想库”，为领导决策做好服务。

二、分析与启示

督促检查工作是党的工作的重要组成部分，高校督查督办是督促检查工作在高等教育领域的具体落实方式。在新一轮“双一流”建设背景下，高校督查督办工作的重要性更加凸显。督查督办是推动高校党委行政决策部署贯彻落实的重要手段，对保障政令畅通、提高行政效能、促进全面依法治校、推进高校治理体系和治理能力现代化具有重要意义。为推动高校督查督办提质增效，更好适应高教改革发展，应从多方面做好督查督办工作。

（一）完善督查督办工作体制机制

加强高校督查督办工作顶层设计，夯基垒台。高校应高度重视督查督办工作，加强组织领导，成立督查督办工作领导小组，负责督查督办工作的领导和统筹协调。设置督查督办专门机构，实行逐级负责制，建立“领导小组—督查部门—职能部门—二级单位”协同的督查督办机制。以重点工作为例，会涉及多个职能部门，高校在督查督办时可增强其预见性、规划性和协同性,使各部门有机贯通,形成合力。在这样的体制机制下,高校构建了包括主办责任、定期报告、跟踪反馈、激励奖惩等在内的一系列工作制度,为规范化、科学化开展督查工作奠定基础。

(二)创新督办督查工作理念

高校督查督办要贯彻两个理念。一是围绕中心、服务大局。党委常委会、校长办公会议决议及校领导交办的专项任务构成了高校督查督办的范围,具体来说,人才培养、学科建设、科学研究与社会服务应作为高校督查督办的重中之重。二是深化改革评价。根据《深化新时代教育评价改革总体方案》要求,“既评估最终结果,也考核努力程度及进步发展”,高校督查督办在深化评价改革方面具有“头雁效应”,应遵循过程与结果评价相结合、目标与结果导向相结合的原则运用督查督办结果,为高校治理体系完善和治理水平提升赋能。

(三)完善督查督办工作制度

跟踪闭环是现代工业管理的基本精神,同样适用于高校督查督办,亟待完善督查督办通报、调研、回访制度。当前,高校已建立立项、交办、督办、催办、办结、反馈、归档等督查工作流程,但督查督办信息化建设滞后,应尽快建立信息平台,实现数据联通共享。要建立督查督办调研制度,除了发现和解决当前问题,还要有一定前瞻性和预见性,深入基层开展调研,查明症结并提出建议,为完善决策提供依据和参考。此外,督查督办回访制度必不可少,要定期“回头看”,多层面查验决策部署落实情况,巩固督查督办成效,切实发挥督查督办“利剑”威力。

(四)创新督办督查工作方式

为政之要,重在落实;落实之法,贵在督查。高校督查督办归根结底就是“抓落实”,将党委行政的决策部署转化为行动。“四个坚持”可作为高校督查督办的方法论。一是坚持把握规律,形成章法。高校督查应制度先行,立柱架梁,既要督任务、督进度、督成效,也要查认识、查责任、查作风。要把握先后时序、分清轻重缓急,将师生关切的难点、痛点优先列入督查范围。二是坚持持续跟进，保持定力。要发扬“钉钉子”精神，久久为功。运用“扫描”“透视”“对标”“对照”等方式方法，盯牢问题，采取销账式管理，确保事事有着落、件件有回音。三是坚持强化担当，较真碰硬。高校办公室督查督办人员应强化责任意识和使命担当，具备政治过硬、廉洁自律、恪尽职守等品质，直面矛盾、克难攻坚，真找问题、找真问题。四是坚持求真务实，确保实效。高校督查督办须按照认真研判、分类督办的原则，秉持实事求是的作风开展工作，务求实效，确保每项任务取得成效，最大限度惠及师生员工。

如何协助学校主要领导做好高校招生宣传

一、案例介绍

招生宣传是高校招生工作的重要环节，是提升生源质量的重要手段和有力保障，是学校人才培养质量提升的重要基础。学校办公室作为学校党委行政的综合办事机构，应在各项工作中充分发挥示范带头作用，主动融入中心大局，勇于担当大事要事。近年来，武汉纺织大学学校办公室从思想上和行动上重视招生宣传工作，做好统筹组织，积极融入“学校统筹协调、学院分区包片、招生代表压实、全校师生齐动”的大招生宣传工作格局，充分发挥综合协调工作职能，协助学校主要领导做好招生宣传，结合部门工作实际创新宣传方式，为学校招生工作贡献应有力量。

（一）加强沟通协调，重视招生宣传

作为招生工作的重中之重，宣传工作不仅是一项长期的工作，更是需要调动全员力量的工作。学校办公室作为中枢服务部门，每年将招生宣传列入学校年度工作要点，明确“发挥招生代表作用，提升招生宣传实效，提高生源质量”的具体要求，确保招生宣传工作任务高位推进。将招生宣传工作列入学校重点任务督办清单，根据党委常委会会议和

校长办公会议决策要求，开展专项督查，确保招生宣传工作任务高效完成。同时，积极协调学校主要负责同志参加每年的招生宣传动员会、工作推进会、表彰活动等，并起草好讲话稿，进一步提高学校各单位思想认识，形成工作合力。2022 年 6 月 23 日，学校召开 2022 年本科招生宣传动员培训会，校长徐卫林院士出席会议并做动员讲话，强调招生工作事关学校的生存发展，各二级院部要广泛发动师生员工积极参与招生宣传工作，讲好纺大故事，把学校、学院的办学特色、学科优势、办学成果、学生就业情况广泛地宣传给考生和家长，要让更多人认识纺大、了解纺大、向往纺大。2023 年 6 月 20 日，学校召开 2023 年本科招生宣传动员培训会，校党委书记田辉玉出席会议并作动员讲话。2024 年 6 月 17 日，学校召开 2024 年本科招生宣传动员培训会，校党委书记田辉玉作动员讲话，指出招生工作是学校的重大基础性工程，是推动学校高质量内涵式发展、建成一流大学的关键因素，可以说是学校的生存线、生命线。招生宣传工作作为学校招生工作的重要组成部分，不仅是学校扩大影响力、吸引优质生源的重要手段，更是学校履行社会责任、实现教育公平的重要途径。

（二）助力优质生源基地建设，扩大学校影响力

随着高校的生源竞争越来越激烈，学校积极与中学进行合作，建立高校招生宣传长效机制，建设生源基地。学校办公室协调学校主要领导、职能部门和各二级学院定期前往生源基地中学开展招生政策宣讲、学术交流、科普讲座等活动，通过长时间的互动提高学校声誉。2023 年 4 月 14 日，笔者和招就处、数理学院负责人陪同校党委书记田辉玉到浠水县、蕲春县开展优质生源基地建设活动。浠水县委副书记、县长陈正红，县委副书记、副县长时扬，县人大常委会副主任邓爱萍，县教育局局长周华雄，以及蕲春县委副书记、县长陈丹，副县长刘继开，县政府办主任黄银忠，县教育局局长潘华等领导参加了有关活动。招就处负责人向高三年级班主任宣讲了招生政策，数理学院教授向蕲春县一中 500 多名学子作了题为《纺织技术中的高科技》的科普讲座。田书记还深入到团风中学、赤壁一中开展优质生源基地建设。2024 年 6 月 26 日至 27 日，笔者陪同校党委书记田辉玉到潜江一中、南漳一中开展招生宣传。2023 年 11 月 24 日，校长徐卫林院士在武汉市第十五中以“纺织科技是

推动人类文明和社会进步的重要力量”为题，带领高中生领略纺织科技的魅力。2024 年 4 月 26 日，校长徐卫林院士到浠水一中为师生作科普讲座并开展招生宣传，带领高中生领略纺织科技的魅力。2023 年 5 月，协调组织服装学院服装表演队为蕲春一中带来一场赏心悦目的服装表演 T 台秀《向阳而生、逐光而行》，引得同学们的满堂喝彩。同时还邀请生源基地的学生和家长们到学校参观，真实地感受学校里的人文环境和氛围，拓宽学生们视野。2023 年 5 月 30 日，罗田县第一中学 300 余名师生到访我校开展研学活动，参观了国家重点实验室、纺织科技馆、电子电气学院实验室、9 号教学楼智慧教室、图书馆等场所。2024 年 5 月 24 日，罗田一中 200 余名师生再次来校开展研学活动。校长徐卫林院士会见了罗田一中师生。每到一处，同学们与场馆教师热情互动交流，仔细查看高精尖端的仪器设备，沉浸式感受大学文化科技氛围，开启了他们对未来世界认知的大门。2024 年 4 月 25 日下午，江夏一中 70 余名师生受邀到访我校开展研学活动。此外，在每年高考结束后，举办“校园开放日”活动，组织学校各专业的教授和招生办同志就专业实力与特色、往年录取分数等问题现解答考生咨询，帮助考生在更真实感受学校的同时直接和未来教师沟通交流。协调完善生源基地建设考核和激励制度，对生源基地建设有重大贡献的教师予以表彰，激励更多的个体或学院做好生源基地建设。协助其他校领导带队赴全省各地，与当地教育主管部门、生源中学座谈，共建武汉纺织大学优质生源基地并开展招生宣传。生源中学、考生及家长对我校认可度不断提升，2023 年，首次出现 3 所录取人数超过 50 人的中学。

（三）协助主要领导送通知书，发挥家校育人实效

为了向学生表示祝贺，并向新生及家长介绍学校情况，为学生带去关怀与慰问，学校党委书记和校长带头，其他校领导和各学院负责人共同参与，为本科新生代表送去录取通知书。2023 年 7 月 24 日，笔者和招生就业处、艺术与设计学院、机械学院主要负责人陪同校党委书记田辉玉赴武汉市第十五中学，与该校校长罗志毅共同为当年十五中首批考取武汉纺织大学的 14 名新生发放录取通知书，并为新生送上了独特的礼物——校长徐卫林院士编著的书籍《航空航天纺织品探秘》、校徽、毕业生设计作品画册等，双方表示将进一步加强合作与交流，为我校输

送更多的优质生源。2023 年 8 月 2 日至 4 日，校党委书记田辉玉带队赴十堰市郧西县开展校地合作交流，校党委副书记黄国辅、笔者和学工部、材料学院主要负责人陪同。调研期间，田辉玉一行还深入我校 2023 级新生家庭，亲自送去录取通知书，赠送徐卫林院士编著的《航空航天纺织品探秘》书籍，并鼓励学生珍惜时光、踔厉奋发。同时，还走访了郧西籍学生，了解学生暑期学习生活情况，充分发挥了家校育人实效。校领导为新生送上录取通知书，不仅是对学子们刻苦拼搏的肯定，也是对家长悉心培养的感谢，为新生上了一堂生动的“开学第一课”，为家校协同育人工作奠定坚实基础。

（四）主动谋划协调领导行程，把握招生宣传的有效时机

高校招生宣传也要注重在关键时间点开展宣传，这样既可以节省宣传成本，又能做到高效宣传，更好地达到预期的招生计划。招生宣传计划通常于当年的 11 月启动，在这段时间内，学校办公室会同招生部门根据来年的计划招生人数，制定好招生宣传工作的具体方案。高考前夕的中间阶段，可以协调学校领导和专家去高中进行适当的宣讲，学生如果学业繁忙，可以让家长来听宣讲会，这样更好地做到提前传递高校信息。最后阶段，是高考成绩出来后填报志愿的时期，这段时间是招生工作中的关键时期，避免在前期过度宣传却未能充分利用这一段填报志愿的关键时段，否则，最后的招生效果也不理想。在这段关键时期内，学校充分调动一切有效资源，使招生宣传工作效果达到最大化。2024 年，学校进一步明确了校领导负责招生宣传的县市区，6 月 25 日前后，学校办公室主动与校领导对接，做好各项服务和保障工作。学校领导纷纷走出校门，走进省内外中学，介绍了我校的办学情况和招生政策。

（五）创新招生宣传方式，提升招生宣传成效

学校办公室协调校领导“出镜”，宣传部门拍摄了《走进“不一样”的武汉纺织大学》《来纺大 创未来》《美在纺大》《前沿纺大》《纤维轮》等招生宣传片，利用各大网络平台进行宣传，打破了传统的地域与时间的局限，满足了家长和考生的多样化需求，使学校的影响范围更广。创新设置“校长答疑课”，以公共选修课的形式，探索实践直面学生办实

事，着力解决学生生活、学习上的困难以及学业、职业生涯中的困惑。课程涵盖学校学科专业介绍、校园设施建设、未来发展规划等方面内容，以全新的视角向社会展示学校以生为本的办学理念和综合办学实力。相继受到《人民日报》、新华网、《湖北日报》、《长江日报》等多家国内主流媒体报道，也为在校学生回到高中母校进行招生宣传提供了素材。同时，在高考前夕，充分发挥学校重大活动影响力和关注度，创新形式举办毕业典礼，将“校长答疑课”引入典礼，替代以往“校长讲话”环节，通过一种全新的方式，引导、教育学生，得到师生一致好评和校外媒体广泛关注，进一步提升学校在社会上的知名度和影响力。

二、分析与启示

如何吸引优质生源、提高生源质量是高校招生面临的重大课题。通过招生宣传，有效建立起考生和学校之间的互信桥梁，最大程度上方便考生了解学校，减少考生报考的中间环节，降低考生的报考成本。高校招生宣传是展示学校形象的重要手段，是广大考生、家长和社会了解学校的重要途径，学校同时也通过招生宣传向考生积极传达最新的招生资讯，用积极的姿态向社会传达着一种积极的信号。实践证明，招生宣传是提高生源质量的有效途径，是联络社会资源的重要纽带。学校吸引优质生源越多，就越能引起社会的关注，引起更多的社会关注，就有可能吸引到更多的优质生源，二者是相辅相成，良性循环。因此，招生宣传工作在其中承担了重要的纽带作用的同时也联络起了社会资源，让社会资源能够得以更加良性的运转。

（一）领导高度重视，部门积极参与

招生工作是学校发展的核心要素，也是重要表征。招生不是个人的事情，而是全校的大事。学校领导应亲自挂帅、亲赴一线，做好示范、当好榜样，带头引导全体教职工都把招生工作当成自己的工作，使全体教职工充分感受到自身参与其中，提升大家的使命感和责任感，形成人人都参与、人人做贡献的浓厚招生宣传氛围。学校办公室应全力做好协调服务，招生就业处要抓好具体工作统筹，其他职能部门分工协作，如宣传部要组织好宣传报道等，各二级教学单位要密切配合，协同发力，打

好招生宣传“组合拳”。

(二)建强学科专业,突出办学特色

人才培养是学校根本任务,学科水平是学校核心竞争力的集中体现。要抓住学校发展的根本和核心,准确把握国家深入推进“双一流”建设的新形势、国家重大战略和区域经济社会发展的新需求,以及学校自身建设加快推进的新方位,高质量推进学科建设,对标对表、精准发力,不断加强高层次人才引进,提升人才培养质量,加快产出重大科技成果。同时,也要突出特色学科发展,建设好与本校办学定位和办学特色相匹配的学科群,压缩“平原”多建“高峰”,以“高峰”打响品牌,提升影响,推动发展。

(三)加强政策培训,提升队伍素质

招生宣传具有较强的政策性,涉及面广泛,只有不断提高招生宣传队伍的能力水平,才能适应当前形势不断改变、招生压力不断加大的招生环境。招生部门要加强对招生宣传人员的培训,明确招生宣传队伍的工作性质,加强对招生的宣传力度。招生宣传人员要及时了解当前最新的招生政策、法律及规范,对学校的基本情况、招生需求及未来人才培养的方向等各方面都要有充分的了解,并制定出基于学校实际、凸显学校内涵的招生宣传内容。同时,在进行招生宣传时,涉及的宣传内容也要符合教育部、省教育厅等部门的明文规定,不能存在任何虚假行为,更不允许出现恶意竞争的状况。

(四)开展系列活动,营造浓厚氛围

坚持“抓住重点,以点带面”的宣传策略,提炼“学校、学院、专业”三级招生宣传亮点,拍摄突出学校特色的宣传片,积极宣传学校办学治校、教育教学、人才培养的理念,体现学校的价值追求和文化引领,用真情实意打动家长和考生;各二级学院要擦亮自己的名片,打造独具特色的优势专业,要通过“院士代言”“院长代言”“专家讲专业”等专栏突出宣传重点,吸引优质生源关注学校、报考学校。学工部门要组织开展

“我为学校代言”“我的专业我代言”“专业优秀代言人”“优秀生源基地送祝福活动”等系列活动，在切实为高中带来帮助的同时，正面展示学校形象，激发师生爱校荣校的热情。

如何发挥二级学院党组织作用

一、案例介绍

在高等学校，学校党委的领导核心作用要通过学院（系）党组织来贯彻落实，党支部的战斗堡垒作用和党员的先锋模范作用要通过学院（系）党组织来领导与监督。学院（系）党组织“做什么”“如何做”，都直接关系学校党的执政能力建设。因此，高校学院（系）党组织必须全面贯彻落实科学发展观，紧紧围绕提升学院核心竞争力，各项工作要体现时代性、把握规律性、富于创造性，充分发挥分党委的政治保障作用、班子成员的示范带头作用、党支部的战斗堡垒作用、共产党员的先锋模范作用、群众的民主监督作用这“五个作用”，构建和谐学院。

2007 年 3 月，笔者从武汉科技学院党委办公室主任调任为环境与城建学院党委书记。环境与城建学院组建于 2005 年，是一个新成立的学院，有环境工程、生物工程、建筑环境与设备工程、给排水工程四个本科专业。到学院工作以后，作为一名院（系）党委书记，笔者深感责任重大。从机关到院系，笔者虚心向大家学习，在领导的关心和同事们的帮助下，较快地实现了角色转变。笔者的体会是，二级院（系）党建工作要“围绕中心抓党建，抓好党建促发展”，做到“三个度”，即开展思想政治工作有高度，参与行政工作有深度，抓凝聚力工程有力度。所以，笔者紧紧围绕中心工作明责定位、练好内功，不断提高基层党组织工作能力，构建和谐学院，实现“领导班子好、党员队伍好、工作机制好、工作业绩好、群众反映好”的“五好”总体目标。笔者主要开展了以下工作。

（一）大力加强学院（系）领导班子建设，不断提高学院（系）领导班子的执政能力

思想是行动的先导，思路决定出路。笔者团结带领二级院系领导班子成员以理论学习为先导，带头树立科学的发展观和正确的政绩观，在平时的工作中，凡是要求教职工解放思想的，班子成员首先要解放思想；凡是要求教职工团结奉献的，班子成员要率先垂范。努力营造一个一心一意谋发展、聚精会神搞建设、齐心协力抓落实的干事环境。二级院系领导班子，是院系发展、学科建设的决策者、领导者、组织者、执行者，任重而道远，因此必须增强政治责任感和历史使命感，不断提高按照教育规律办学的自觉性、主动性、前瞻性。当时校机关在南湖校区办公，对学院领导没有强调坐班，有的学院到阳光校区上班的领导不多，笔者健全机制、压实责任，加强学院领导班子理论学习，建立健全了党政联席会议制度等学院党政干部廉政、勤政建设十项制度，完善中心组学习教育制度，以提高学习质量和效果为重点，不断提高引领和推动学院改革发展的能力和水平，汇集人才，凝聚人心，使广大党员自觉地将思想与行动统一到为学院发展作贡献中来，使基层党组织真正成为干事业、谋发展的领导核心、政治核心。

（二）积极推进基层党支部建设，充分发挥党支部的战斗堡垒作用

加强学院（系）党组织建设，重在更好地发挥党支部的战斗堡垒作用。结合学院实际，笔者提出了创建“领导班子好、党员队伍好、工作机制好、工作业绩好、群众反映好”的“五好”党组织总体目标和“在党员中培养专家，在专家中发展党员”的工作理念，并认真落实。首先，科学合理地设置党支部。高校党支部是高校党组织的基石，是高校党组织联系广大党员群众的桥梁，也是高校党组织全部工作和战斗力的基础。笔者按专业系别、学术组织党员数量灵活设置教工党支部，学生支部的设置也不固守一种模式。教工党支部在服务教师方面，要想方设法帮助他们实现事业发展的愿望，帮助他们达到促进学科发展和个人发展相统一，助力他们更好更快地成长和发展。事业上有前途有奔头就能激发其斗志，党组织的凝聚力、战斗力才有扎实的思想基础。学生党支部要发

挥引领作用，带动学生志存高远，树立正气，形成良好的成才氛围。其次，建立健全基层党组织建设的长效机制。在严格执行党的组织生活会、民主生活会制度的前提下，积极探索创新基层党组织的活动方式和工作方法，推进党内民主建设。经过精心组织、认真学习，院分党委和教工党支部的思想、组织和作风建设得到进一步加强，党员整体素质有了新的提高，党组织的战斗堡垒、政治核心作用得到充分发挥，在群众中形成了较强凝聚力和感召力。学院教工党支部被学校党委授予“2007年先进基层党组织”称号，2 名党员受到学校表彰。

（三）不断创新党员教育管理方式，更好地发挥共产党员的先锋模范作用

党员是党组织的细胞，党员的素质和作用决定着党组织的整体素质，制约着党组织作用的发挥。

一是建立健全党员学习教育与监督管理的长效机制。建立完善党员干部联系基层和接待师生、党员联系贫困大学生、党内通报、征求党员意见、党员理论学习等制度，提高党员学习教育效果。党员只有进一步解放思想，始终保持思想的先进性、思维的超前性，才能开辟新思路、创造新办法，以奋发有为、勇于创新、甘于奉献的精神干事创业，发挥共产党员的先锋模范作用。

二是重视网络手段。建立党员信息网络化管理系统和党建网站，实现党员的异地登录，在线教育。设置适合高校师生特点、可读性强的栏目，对党员进行跨越时空障碍、平等互动的宣传教育和服务。在高等教育竞争激烈的形势下，要提高学校的核心竞争力，实现跨越式发展，不仅要有危机意识，还要善于抓住机遇，要清醒地意识到，等待观望没有出路。广大党员干部要发扬艰苦创业精神，从本职岗位做起，用科学的态度，奉献的精神，务实的作风，过硬的本领，在各自岗位上创造一流的业绩，以实际行动影响群众，凝聚人心，鼓舞斗志，形成强大合力，推动学校事业发展。

（四）积极参与学院（系）行政重大决策，确保两级管理体制科学、民主、高效运行

学院（系）党组织应该始终遵循“围绕中心抓党建、抓好党建促中心、检验党建看中心”的工作思路，解放思想、实事求是、与时俱进，带领学院全体教职工紧紧围绕学院中心工作，办一流的专业、建一流学科、创一流业绩，为推动学院事业进步与发展而共同努力。

一是建立健全制度，形成决策民主的长效工作机制。坚持以制度管事，对事不对人。建立院务工作集体决策、报告制度，对于学院的一些重大事项，或涉及教职工切身利益的工作，坚持通过党政联席会议集体研究、共同决策，并坚持院务公开，接受教职工监督，赢得教职工的支持与理解。

二是积极为行政工作排忧解难。坚持党管人才原则，主动为知识分子服务，使学院领导和组织学院建设的活力不断增强，能力不断提高。坚持党管人才原则，积极推进人才战略，大力加强教师队伍、支撑服务队伍和管理干部队伍建设。健全以品德、能力和业绩为重点的人才评价机制，深化管理体制和分配制度改革，建立有利于培养人才、留住人才和吸引人才的激励保障机制。增强服务人才意识，加大人才工作宣传力度，建立专家决策咨询制度，定期走访、慰问杰出人才，加强联系和沟通，听取他们的意见和建议，努力帮助他们解决工作生活中的实际困难，营造拴心留人、干事创业的良好环境。

（五）关心群众、凝聚力量，构建和谐学院

面对新形势，学院（系）党组织应该高度重视做好广大教职员工的思想政治工作，紧紧围绕学院改革与发展，坚持密切联系、服务教职工和广大学生，积极主动解决教职工教学、科研、生活中存在的困难和出现的问题。

一是建立全方位的思想政治教育网络体系。实行学院领导联系教研室制度，要求每一位院领导联系一个教研室。笔者具体负责联系给排水教研室，与教研室主任汤老师多次交流沟通。以支部为结点，开展干部联系党员的结对活动。以工会、团委为结点，发挥党员联系群众的桥

梁作用，丰富师生文化生活。

二是健全党建工作责任体系。根据高校工作的特点，强化责任分解，理顺工作关系，形成一级抓一级、一级带一级、层层抓落实、一级对一级负责的工作格局。

三是创新活动载体。环境与城建学院是新成立的学院，需要凝聚人心、汇聚力量，营造干事创业氛围。面对新形势，笔者和班子成员一起紧紧围绕学院改革与发展，坚持密切联系、服务教职工和广大学生，建立了环城学院教师QQ群，积极主动解决教职工教学、科研、生活中存在的困难和出现的问题，努力营造宽松、和谐、有序的工作环境。

四是构建和谐学院。坚持以人为本，努力营造尊重劳动、尊重知识、尊重人才、尊重创造的舆论环境，人尽其才、才尽其用、人才辈出、干事创业的制度环境，鼓励竞争、宽容失败、勇于创新、团结协作的学术环境，民主平等、积极进取、相互关爱、和睦共处的人际环境。笔者在教职工中开展“五星教职工”（党建星、科研星、教学星、管理星、宣传星）评选活动，建设一个多元统一、兼容共存、协调有序、充满活力且师生共享的民主和谐学院。倡导人与环境友好的理念，创建节约型校园和绿色校园。

（六）全面推进“树魂立根”工程，实现学生党建和德育工作创新

培养什么人、怎样培养人的问题，不仅关系到教育的成败，更关系到中国特色社会主义建设事业的成败。笔者注重政工干部队伍培养：一要加强学习，不断提高政治理论水平。充分学习国情、省情、校情，并及时跟进学；二要创新工作，形成学生工作特色。精心打造环保文化节系列活动，形成品牌；三要争取支持，构建高效运作模式。争取职能部门支持、任课教师支持、专业教师支持；四要扩大宣传，提升学生工作亮点。必须牢牢把握“树魂立根”的关键点，从为党培养可靠接班人的高度做好大学生党员发展工作，以促进学生全面发展为宗旨，进一步发挥思想政治教育主渠道、主阵地作用，构建切实有效的大学德育体系，着力实现学生党建与学生思想政治工作的创新。应大力开展学生党建主题实践活动，不断赋予学生党建工作新内容。同时，要注重文化品位、科技含量和娱乐要素，围绕丰富见识、增长才干、服务社会，既开展面向社会，又组织面向校园的主题实践活动，以此增强高校学生党员的社会责

任感，增强其提高自身本领的紧迫感。学生党支部要围绕促进学生思想政治素质、科学文化素质和身心健康素质协调发展，引导广大学生勤于学习、勇于创新、甘于奉献，努力成为理想远大、信念坚定的新一代，品德高尚、意志顽强的新一代，视野开阔、知识丰富的新一代，开拓进取、艰苦创业的新一代。

二、分析与启示

习近平总书记在 2018 年全国组织工作会议上指出：在高校，党委领导下的校长负责制是明确的，但把党的领导贯穿办学治校、教书育人全过程则存在较大差距。① 高校二级学院党组织是整个学校党组织的基本单位，是党建工作的直接承担者和具体实施者，具有承上启下的作用，发挥着整体功能价值和桥梁纽带作用，对于推动学院创新发展、学校高质量内涵式发展具有重要的现实意义。

高校基层党组织要坚持社会主义办学方向，为党育人、为国育才，遵循高等教育发展规律，刀刃向内、自我革命，进一步强化二级学院“准办学实体”作用、党组织政治核心作用和党总支书记主力军作用，努力实现党的领导贯穿办学治校、教书育人全过程、各环节、各领域。

（一）选优配强党政领导班子

选优配强领导班子是加强二级学院党组织建设的重中之重，是确保学校党委决策部署落实落地的关键环节。要坚持拓宽选人视野，打破论资排辈，从优化年龄、专业、来源和经历结构入手，以事择人、以岗选人，好中选优、优中选强，建设梯次配备、优势互补、充满活力的学院党政领导班子，为引领学院高质量发展提供坚强的组织保证。坚持政治素质和业务能力“双过硬”标准，选配二级学院党组织书记，既坚持政治过硬，又突出专业化导向，优先考虑把具有相应领域专业素养或工作经历的干部选拔到二级学院党组织书记岗位；选配院长，既注重业务能力，又注重党务工作经历，同等条件下优先把曾担任过党支部书记的人员选拔到

① 习近平．习近平在全国组织工作会议上的讲话[EB/OL].(2018-09-17)[2024-6-15].https://www.12371.cn/2018/09/17/ARTI1537150840597467.shtml.

院长岗位，形成党建共管、业务共抓、责任共担的工作机制。

（二）建立健全院（系）党政联席会议制度

要充分发挥党政联席会议制度的作用，就要有一套行之有效的规章制度和运行机制，实现规范化管理。要进一步明确院（系）党政领导的岗位职责。党政领导分工要明确、职责要清晰，各司其职，不越权、不推诿，相互补位、共同负责。要进一步明确院（系）党政联席会议的议事范围。凡涉及院（系）“三重一大”事项的，必须经党政联席会议讨论决定，同时细化重要事项包含的具体内容，使政策在院（系）层面更具操作性。要进一步明确院（系）党政联席会议的议事规则。党政联席会议一般每周召开一次，遇特殊情况可随时召开。会议主持人由党政主要负责人商定，不同主要事项分别由书记或院长主持。会议由全体党政领导班子正副职参加，同时可根据讨论议题由党政主要负责人研究商定邀请与会议议题有核心利益关系的人员列席。

（三）实行集体领导下的党政分工负责制

院（系）实行党政联席会议制度，院长（主任）是本单位行政工作的领导者和组织者，党总支书记是思想政治工作和党务工作的领导者和组织者。党总支要参与院（系）行政重大问题的讨论决策，保证和监督党的路线、方针、政策和校党委、行政的决定在本单位的贯彻执行。党政既要明确分工，各司其职，又要密切配合，互相支持，做到补台不拆台、到位不越位。党总支书记要支持院长（主任）在其职责范围内独立负责地开展工作。院长（主任）也应尊重党总支书记的意见和建议。院长（主任）和总支书记对本单位的全面工作负总责。推动二级学院党政主要负责人沟通协调经常化，书记、院长每周固定时间至少碰头见面一次，梳理总结上周工作，商讨安排当周工作。实行重大事项会前沟通，对需提交党组织会议和党政联席会议研究的议题，书记、院长会前按照“谁提议、谁主动、谁负责”的原则进行充分沟通后，再上会研究；未能形成一致意见的，坚决不上会。

（四）坚持改革创新

改革创新是破解制约二级学院党组织作用发挥的突出问题，摆脱运行乏力、激发办学活力的重要手段。要坚持问题导向、目标导向，在深化体制改革、完善治理结构、加强宏观管理、健全责任追究机制、筹措办学资源等方面锐意改革创新，切实打通堵点、释放潜能，有力促进二级学院党组织焕发生机，不断推进大学治理体系和治理能力现代化。高校二级学院作为“准办学实体”，推行“学院办大学”模式，深化“放管服”改革，下放人权、财权、物权，强化自主办学意识，提高“独立作战”能力，构建以二级学院为主体的管理模式。落实人才引进权，改变过去由学校人事处统一负责的做法，把人才引进的指标任务分解到二级学院，由二级学院党组织主导人才招聘公告设计发布，全程跟踪服务、精准组织试讲，促进人才引进方式更加自主、多元。落实薪酬分配权，积极推进教师薪酬体系改革，将薪酬绩效总量切块划拨给二级学院，由二级学院结合实际自主制定教学工作量化核算办法、教学酬金分配办法和奖惩分配标准，经党组织会议和党政联席会议研究通过后组织实施，让二级学院党组织工作有抓手、推进有力度、措施见成效。

第二篇

学科建设与人才培养篇

地方行业高校如何特色办学

一、案例介绍

高校办学特色不是一个新词，它由来已久，内涵非常明晰，是指高校在长期办学过程中形成并表现出来的比较稳定的发展方式，以及被社会公认的独具个性、优良的办学风格与办学特征，主要体现在办学思想、目标定位、学科专业、人才培养、科学研究、社会服务、校园文化等方面。它是一所高校明显区别于其他高校的办学特征，是赖以生存与发展的生命力和优势所在。从学界来看，通常认为办学特色有三种，一种是“优而特”，就是以优势为特色；一种是“独而特”，人家没有，我有，就是特色；还有一种是“新而特”。这三种形态基本包含当前绝大部分高校的办学特色。办学特色的形成不是一蹴而就的，而是一个长期累积的过程，特色的培育并不是全面铺开、广种薄收的，要从局部着手，凸显局部的亮点。

习近平总书记强调：我们要在国家发展进程中办好高等教育，办出世界一流大学，首先要在体现中国特色上下功夫。走特色化发展道路，是经济社会发展对高校提出的客观要求，更是地方行业高校生存与发展的必由之路，打好特色牌，以特色求发展，是地方行业高校必须直面的现实课题。作为全国唯一一所以“纺织”命名的高校，武汉纺织大学以“纺织”而立，因“纺织”而兴，始终坚守纺织、厚植纺织、引领纺织创新发展。回顾66载办学历程，学校始终坚守“纺织”初心不改，着力于“现代纺织、超纺织、大纺织和未来纺织”，服务经济社会和纺织行业，走出了一条独有的特色发展之路，是地方行业高校道路曲折、前途光明的具体写照。

(一)在坚守“纺织”初心中保持特色发展定力

地方行业高校应国家战略、社会发展和行业生产需要而生，是高等教育体系的重要组成部分，是服务国家创新驱动发展战略和建设创新型国家的重要主体，在我国经济建设和社会发展过程中发挥着不可替代的作用。

第一，依托纺织一路走来。武汉纺织大学(原武汉纺织工学院)始建于1958年，1999年更名武汉科技学院，2010年更名为武汉纺织大学。一直以来，学校坚持社会主义办学方向，全面贯彻党的教育方针，落实立德树人根本任务，以服务国家战略需求、纺织行业转型升级和区域经济社会发展为己任，明确了“一元领先、多元并进、突出特色、协同发展”的学科建设思路，形成了“现代纺织、大纺织、超纺织”的特色发展方向，在人才培养、科学研究、社会服务、文化传承创新和国际交流合作等方面持续深化改革、推动发展。

第二，纺织基因融入血脉。学校坚持将纺织文化底蕴和行业价值追求融入学校精神文化，围绕新时代纺织行业“科技、时尚、绿色”的新定位、新标签，进一步突出创新驱动、文化引领和责任导向，凝练形成了“崇真尚美”校训和“自强不息、经天纬地”大学精神。学校积极发挥学科资源优势，在纺织非物质文化遗产研究、传承、创新和非遗传承人培养等方面积极作为，在“汉绣”等领域开展理论研究和创新实践，在将传承性保护融入教学、融入产业方面做了许多有益的尝试，为推动中华优秀传统文化创造性转化和创新性发展贡献了力量。同时，学校依托武汉设计之都建设、中国国际时装周、武汉时装周，持续擦亮“纺织”特色名片。

第三，织就蓝图引领未来。2021年，学校立足新的历史方位和发展阶段，着眼于新时代党的教育方针、高等教育发展规律、纺织行业转型升级需求和学校自身发展逻辑，进一步丰富办学内涵，确立了建设学术实力强、培养质量高、育人环境美、文化氛围浓、办学声誉好的"美好纺大"奋斗目标。学校深入贯彻新发展理念，主动融入新发展格局，积极参与制定湖北纺织工业"十四五"发展规划，科学编制学校"十四五"发展规划、纺织学科建设规划和行动方案，做大做强做优学校特色学科，不断推动纺织行业和区域经济社会高质量发展。

（二）在厚植"纺织"优势中激发特色发展活力

地方行业高校要实现高质量发展，保持特色发展定力是基础，厚植特色优势是关键。学校坚持以"纺织"为牵引，不断完善学科专业布局，着力优化人才培养体系，积极拓展服务面向，厚植特色优势。

第一，完善以纺织学科为牵引的学科专业布局。学校坚持以纺织学科为依托，构建"国内一流学科、省级优势特色学科（群）、校级培育学科（群）"三级学科建设体系。紧跟学科发展前沿，主动对接湖北现代产业集群，着力打造纺织新材料与绿色制造、纺织装备与智能制造、创意设计与精美制造、智慧管理与效益制造四大学科专业群，促进学科专业融合发展，打造纺织行业科技创新高层次人才聚集高地、行业技术创新发源地和拔尖人才培养基地。大力开展"新工科、新文科"建设，促进专业深度融合、协同发展。学校建有 8 个湖北省一级重点学科，5 个省优势和特色学科；3 个学科群列入湖北省"十四五"省属高校优势特色学科群重点建设名单；纺织科学与工程学科入选湖北省首批"一流学科重点建设学科"；纺织科学与工程、设计学获批博士学位授权点；材料科学、化学、工程学等 3 个学科进入 ESI 全球排名前 1%。

第二，优化以行业需求为导向的人才培养体系。学校强化"五育并举"，创新"五个思政"。以培养德、智、体、美、劳全面发展的复合型、应用型创新人才为目标，强化"产出导向"培养理念，探索学科交叉融通培养新机制，构建多样化、个性化人才培养体系。近年来，先后获批国家级一流专业建设点 17 个、省级一流专业建设点 16 个，国家级一流课程 12 门、省级一流课程 53 门；荣获国家级教学成果奖 2 项，获省部级教学成果特等奖和一等奖 31 项；获第 17 届"挑战杯"全国特等奖 1 项、二等奖 4 项；获评全国"三下乡"暑期社会实践团中央优秀团队 4 个、团中央社会实践先进个人3个；获全国青年志愿服务项目大赛金奖2项，团中央“中国大学生自强之星”10人。毕业生就业率稳定在92%以上，众多毕业生已成为所在领域的骨干和中坚力量。

第三，构建以“一带一路”为主线的开放办学机制。学校加速推进教育国际化进程，举办第89届世界纺织大会，获批湖北省首个本科层次中外合作办学机构“伯明翰时尚创意学院”。发起组建“一带一路”纺织高等教育联盟，连续承担中国政府与欧盟委员会的大型人力资源培训项目和商务部援外培训任务，与35个国家和地区的150余所大学、科研机构建立了良好的合作关系。与教育部共建全国纺织行业首个中外人文交流研究院，为服务“一带一路”沿线国家纺织行业发展提供人才智库和交流平台，向世界传播纺大声音，展示中国形象。2022年，学校在“中国公办大学国际化竞争力评级500强”排行榜中位列第87名，居全省高校第6位。

（三）在引领“纺织”创新中释放特色发展潜力

面对百年未有之大变局中世界经贸关系的深刻演变，以及国内社会主要矛盾的显著变化，纺织行业积极推进供给侧结构性改革，始终保持着稳中有进的发展态势，加速由中国制造向中国创造、中国速度向中国质量、中国产品向中国品牌转变。现代纺织业的竞争不仅在于规模，更在于生产制造的科技含量。纺织产业每一次的大飞跃大发展，都是因技术而强、因科技而盛。唯有创新是引领发展的第一动力。学校充分发挥自身学科、人才、平台优势，按照“抓前沿、上水平、入主流、显特色”的思路，着力构建创新要素集聚、创新特征凸显、创新活力勃发的现代科研体系，服务科技高水平自立自强。

第一，坚持以创新体制机制为支撑。学校持续深化科研体制机制改革，不断创新管理体制，紧扣产业技术前沿方向，组建五大学部，打造技术研究院、管理与经济研究院、设计创新与纤维科学研究院“三大引擎”，优化科研资源配置，加快培育新的学科增长点，带动学科水平和科研能力“双提升”；不断优化评价体系，引导科研向原创性、突破性、引领性的创新型研究转变，由“单兵作战”向“群体科研”的组织性研究转变，强化对科研成果的科学价值、学术水平、社会效益等多维度分类评价；着力优化保障机制，持续深化科研“放管服”改革，优化科研成果奖励制度，不断激发科技创新活力。近年来，学校荣获国家科学技术进步奖一等奖 1 项、二等奖 3 项，国家技术发明奖二等奖 2 项，相继承担国家基金项目、国家重点研发计划等国家和省部级科研课题 600 余项，在先进纺织技术与智能化绿色纺织技术、高性能纤维等领域的研究处于国际领先地位；智能纺纱、有机溶剂染色聚苯硫醚纤维、彩色碳纤维等多项成果突破瓶颈，领跑世界。

第二，坚持以建设高水平科技创新平台为基础。学校积极参与国家创新体系建设，举全校之力整合优质资源，组建了高水平领军人才科研队伍，承担了一批国家重大研发项目，取得了一系列原创性的科研成果。学校相继建成省部共建纺织新材料与先进加工技术国家重点实验室、国家地方联合工程实验室、教育部重点实验室、教育部工程研究中心、全国普通高校中华优秀传统文化传承基地等一批高水平科技平台，学校“高端纺织装备先进制造学科创新引智基地”入选地方高校“高等学校学科创新引智计划”。学校充分发挥平台集聚效应，加快推进高水平创新人才引育，自主培养中国工程院院士 1 人、俄罗斯自然科学院院士 1 人，聘用俄罗斯自然科学院院士 8 人；获批国家级人才 30 余人次，省级各类人才 260 余人次。学校成为首批“湖北省海外高层次人才创新创业基地”，拥有一批具有海外学习背景的“阳光学者”。

第三，坚持以“四个面向”为指引。学校自觉履行高水平科技自立自强的使命担当，充分发挥学校在纺织领域基础科学研究、前沿技术研究和应用研究的重要作用。近年来，学校积极服务国家重大战略需求，在“嫦娥五号”“嫦娥六号”月面国旗、“天问一号”火星探测着陆发动机柔性隔热组件、特殊双卫星特种连接绳索等方面实现重要突破，原始创新能力不断提升。学校瞄准湖北“51020”现代产业体系，主动对接企业需求、服务企业生产、解决企业“卡脖子”难题，与省内地方政府、企业共建联合创新中心 30 余个，助力仙桃市打造世界级防护物资产业集聚区，推动人造血管“江夏造”，不断提升服务经济社会发展的能力水平。学校积极面向未来“纺织 +”，围绕纺织在航空航天、生物医药、人工智能等多领域应用，优化调整学科专业结构，组建生物工程与健康学院，加快建设“前沿、特色、高峰”多学科交叉融合的优势学科，布局建设对接纺织行业需求的战略新兴学科，着力用高科技成果激发纺织行业发展新动能。

二、分析与启示

在国家战略深刻调整、行业企业转型升级、高等教育改革深化三重叠加影响下，地方行业高校要实现高质量发展，不仅要具备一流水平的高质量之“形”，更要兼具勇担使命、追求卓越的高质量之“神”。

（一）以特色赋能学校高质量发展

特色发展是高质量发展的内在要求，强调贡献是高质量发展的应有之义。对于地方行业高校而言，特色发展既是独特优势，也是必然选择，只有坚持并不断凝练、丰富特色，才能做大做强做优，进而作出更大贡献。

一是要把特色发展融入服务国家重大战略需求之中，将特色优势转化为实际贡献。如嫦娥六号着陆器携带的一面由玄武岩纤维制成的“石头版”五星红旗在月球背面成功展开，这是中国首次在月球背面独立动态展示国旗，也是继 2020 年 12 月 3 日嫦娥五号“织物版”五星红旗在月球成功展示后，中国探测器在月球上再次打上“中国标识”。两面国旗均由我校徐卫林院士团队研发。要发挥教育评价改革的导向作用，在特色发展中更加突出质量与贡献。例如，在科技评价中不能简单看项目数量及层次，更重要的是要看在发现科学理论、解决关键共性科技难题等方面的实际贡献。

二是要构建良好发展生态，通过在“高原”上建“高峰”，实现更高质量的特色发展。地方行业高校要因时而动、因势而变，动态调整学科专业，优化布局结构，形成共生共进的学科生态体系。

三是要在坚持行业特色的同时，注重在服务中强化引领。要注重培养高素质优秀人才、打造引领行业的“拳头”科学技术、解决行业发展“卡脖子”技术难题，不断提升服务的层次和质量，从“服务发展”走向“引领发展”。

（二）推动供给与需求精准匹配

供给与需求是高等教育作为公共服务产品的一体两面，地方行业高校要实现高质量发展，必须全面提升人才培养质量，统筹兼顾供给与需求。一是在人才培养定位上，以服务经济社会高质量发展为导向，想国家之所想、急国家之所急、应国家之所需，建好建强国家战略和区域发展急需的学科专业。二是在人才培养体系上，突出优势特色。以新工科、新文科建设为引领，做强优势学科专业，形成人才培养高地；做优特色学科专业，实现分类发展、特色发展。三是在人才培养模式上，强化协同联动。加强与行业部门联动，在人才需求预测、预警、培养、评价等方面协同，实现学科专业与产业链、创新链、人才链相互匹配、相互促进，加强校企协同育人，切实培养出行业企业发展实际所需的优秀人才。

（三）坚持在传承中创新

传承为创新提供根基，创新是对传承的突破和发展。地方行业高校应统筹传承与创新，在破立并举中实现高质量发展。一是要更新发展理念，重塑思想观念。要系统、全面地把握党中央对新发展阶段高等教育的战略部署，把党的创新理论成果融合到学校的发展规划、发展战略、发展思路等各方面，以先进观念理念引领发展。二是要拓展发展格局，增强发展动力。地方行业高校既要突破学科单一的局限，适度向多科性、综合性发展，同时也要坚持有所为有所不为，避免盲目贪大求全，应从传统优势学科向外拓展，形成具有持久生命力的学科专业体系。三是要弘扬行业文化，打造精神高地。不同行业在其发展过程中都积淀形成了独特的精神文化，如纺织行业的劳模精神、工匠精神等，都是学校打造特色、形成风格的独特优势，也是新时期攻坚克难的重要法宝。要把优秀行业文化纳入大学文化建设体系，充分发挥其情感激发和情怀熏陶的作用，不断赋予其新内涵、进行新诠释，为师生奋发进取提供强大精神动力。

地方行业高校要立足党和国家发展大局，在行业产业和高等教育的深刻变革中，准确把握高质量发展的历史方位，主动肩负起服务中国式现代化和推动高等教育现代化的双重使命。立足行业，服务地方，走特色办学之路，既要发挥行业优势，更要在服务地方中谋求发展创新；既要突出学科专业与人才培养的特色，更要在办学理念、学校管理、校园文化等各方面进行提炼升华；既要加强内涵提升，更要推进开放办学。坚持走特色办学之路是高校发展的必然选择，任重而道远。

地方高校如何推进学部制改革

一、案例介绍

近年来，学部制改革成为高校内部治理改革的热点。我国高校一般设有校、院、系三级单位，实施校院二级管理。学部制改革即在高校现有的校院二级管理之间增设学部一级的组织架构，目的是力求实现资源整合，促进学科交叉融合并提高科研质量，培养复合创新型人才，探索如何以高质量发展适应并引领知识创新、人才培养新趋势，满足国家战略及经济社会发展的新需要。1999 年，北京大学率先在国内进行学部制改革探索，在学院基础上成立了学部。此后北京师范大学、浙江大学、武汉大学、中山大学、深圳大学等众多高校相继推行了学部制改革。

为适应新时代高等教育发展的新特点和新要求，加强体制机制创新，激发学术组织活力，推动学术力量整合，打破学科壁垒，促进交叉融合，提高人才培养质量，增强自主创新能力，进一步提升学校综合实力与核心竞争力，加快创建国家一流学科建设高校的步伐，经 2022 年 10 月 26 日武汉纺织大学党委常委会会议审议通过，2022 年 11 月 3 日，武汉纺织大学印发了《武汉纺织大学学部制实施方案（暂行）》，标志着武汉纺织大学正式在全校积极推进学部制建设。

（一）加强顶层设计，制订高校学部制改革方案

学校党委高度重视学部制改革，专题召开党委常委会会议，明确了学部制改革的四项基本原则。一是有利于学校统筹学科发展。按学科群组建学部，统筹学部内的学术规划和学术评价，优化治理体系，提高学科建设效率。二是有利于实现学术资源优化配置。打破学院间学术资源的壁垒，让图书文献资料、信息资源、仪器设备、教学硬件、软件等有限的资源在学部内流动起来，既能够集中力量“攻坚克难”，又能够提

高使用效率，还可实现各种资源的共建共享。三是有利于激发教师科研活力。规范和完善学术机构及其功能，激发基层学术组织的创新活力，以重大综合性科研任务为纽带，提高科学研究的整体效益和水平。四是有利于推进创新人才培养。推进跨学科教学，整合教育教学资源，改革人才培养机制，实现学校培养复合型创新人才的目标。要求学部制改革紧紧围绕学科实力整体提升的奋斗目标，密切追踪学科发展前沿，紧密结合国家和区域经济社会发展战略需求，着力推进基层学术组织创新，完善治理结构，优化资源配置，激发办学活力，提升办学水平，积极探索建立独具特色的现代大学制度，努力开创学校高质量发展的新局面。

（二）科学设置五大学部

学部是超越学院层次具有更高起点和更高要求的开放式跨学科组织形态，是受学校委托、组织协调所辖学院（研究院）工作的学术机构。武汉纺织大学规划建设五大学部，具体构成如下。

（1）纺织新材料与绿色制造学部。由纺织科学与工程学院、化学与化工学院、材料科学与工程学院、环境学院、技术研究院五个学院（研究院）组成。

（2）纺织装备与智能制造学部。由机械工程与自动化学院、计算机与人工智能学院、电子与电气工程学院、数理科学学院四个学院组成。

（3）创意设计与精美制造学部。由艺术与设计学院、服装学院、传媒学院、伯明翰时尚创意学院、设计创新与纤维科学研究院五个学院组成。

（4）智慧管理与效益制造学部。由管理学院、会计学院、经济学院、管理与经济研究院四个学院组成。

（5）人文社科学部。由马克思主义学院、体育部、外国语学院三个院部组成。

（三）稳步推进学部制改革

学部不设行政建制，不配备专职人员，不承担具体管理职能，只承担学术评价、职称评定、人才培养统筹、学科建设与发展等学术管理功能，相当于一个基于学术事务的松散联合体。学部所属各学院党政管理体制维持不变,保持现有学院总体框架,定位为学校的教学行政单位,在学术规划、平台建设、学术评价、师资发展、人才培养等方面接受学部的协调与指导。根据发展的需要,学部下可以组建教育教学委员会、师资队伍建设协调小组、专业技术职称评聘协调小组等专门性学术机构,分别承担相关领域的专门学术职责。

学部设立委员会,设主任 1 名,常务副主任 1 名,副主任 2 ~ 3 名,委员若干名,共同组成学部委员会。主任由校领导兼任,常务副主任由学部内某一学院院长兼任,副主任由学部内学院院长、研究院院长、学科负责人或者团队负责人兼任,委员由学院中具有专业学术背景和一定学术声望的人员组成。学部主任人选由校长提名推荐,报学校党委常委会通过并任命;学部常务副主任、副主任和委员由学部主任提名推荐,由学校校长聘任。学部委员会成员实行任期制,一届 3 年,可以连任,常务副主任可试行按年度轮换制。设立学部委员会办公室,作为常设机构,配置办公室主任 1 人,负责处理学部日常事务,在学部初创期,学部委员会办公室主任可由学部常务副主任所在学院办公室主任兼任。

学部主要有五大功能。一是学术规划。制定本学部的发展规划,以学术为中心制定学科建设、科学研究发展规划,统筹学部内各学院的学术发展规划。初期,主要聚焦于博士点、一级学科硕士点、专业学位硕士点等的申报工作。二是平台建设。整合相关资源,凝练研究方向,搭建学科综合交叉平台,统筹学部层面的重大科研项目,推进跨学院科研平台建设。三是学术评价。制定本学部学科领域内的学术评价标准和师资评价标准,确定专业技术职务和岗位评聘条件,并组织评聘工作。学校按学部对二级学院进行分类考核。四是师资发展。协调学部内各学院制定人才规划和年度进人计划,审核报批人才引进项目,推进学部内师资队伍建设。五是人才培养。根据学校人才培养整体规划,提出专业设置与调整方案,推动跨学院按大类人才培养方案的实施,实现学部内跨学院办专业,或同一专业在不同的学院有不同的专业方向。统筹本学部研究生培养方案。

学部委员会实行例会制度,每学期至少召开 1 次全体会议。根据工作需要,经校长、学部主任或者 1/3 以上学部委员联名提议,可以临时召开学部委员会全体会议,商讨、决定相关事项。学部委员会全体会议应有 2/3 以上委员出席方可举行。学部委员会全体会议应当提前确定议题并通知与会委员,经与会 1/3 以上委员同意,可以临时增加议题。学部委员会议事决策实行少数服从多数的原则，重大事项应当获得与会委员的 2/3 以上同意，方可通过。

通过学部制改革，取得了预期的成效。首先，学部制实现了资源的优化配置与共享，为学术研究提供了开放的平台。实行学部制后，所有资源实现整合，鼓励教师多领域、跨学科开展研究工作。其次，学部制实现了扁平化管理模式，高校管理更加高效。有助于提高治理效能，落实教授治学，调动大多数师生的积极性和主动性。最后，学部制有利于提高人才培养与科学研究的质量。相对于一个个独立的学院而言，以学术管理为核心职能的学部，通过资源优化整合，促进学科分化集成，使原有学科在保持传统优势基础上，进一步增强竞争力。同时，完善了学术机构及其功能，激发了基层学术组织自我创新活力和发展能力，有利于厚基础、宽专业的复合型创新人才的培养，有助于高水平合作办学和服务经济社会发展，切实推进产教融合、科教融汇。

二、分析与启示

学部制改革具有鲜明的价值导向与目标导向，是为了解决学院设置与学科发展之间的矛盾，使教学科研单位的组织建制尽可能契合知识创新的步伐和学科建设的要求，实现教学科研组织与学科发展之间的有效匹配。地方高校现行“校一院一系”的组织架构，已经不能满足集人才培养、学科建设、科学研究及社会服务各项职能相综合的大学发展的要求，表现为学科组织碎片化、同一学科分散于不同的学院且彼此割裂，导致教学、科研机构设置数量过多，资源、权力太过分散，队伍建设受制于组织编制、缺员难补，学生因固化于特定专业，发展路径窄化。针对地方高校学科组织发展的诸多问题，地方高校可以积极推进学部制改革工作，将学部制的要求落到实处。

（一）摸清本校学科现有情况，科学制订学部制改革方案

任何高校的学部制改革都不可能有完全效仿的模式与经验，每一所学校都有不同的学科发展历史和现况。进行学部制改革必须摸清情况，整体建构改革思路，适时适地，改必改之处，瞄准成效，不虎头蛇尾，不因人而变。首先，要梳理学校现有教学科研机构的种类与数量。其次，

要分析现有教学科研机构设置对学科发展的影响。随着学科发展和社会需求的变化，大学的职能已从只注重人才的培养转变为产学研结合的协同发展，其服务社会的能力不断增强。然而，大学目前依然实行的是“校—院—系”三级管理体制，这些机构兼具学术组织与行政组织的双重属性，若对学术与行政功能等方面处理不当，会直接削弱学术组织的作用，进而弱化学科在大学建设中的重要地位。与此同时，学科建设从单一学科向交叉学科发展的现实呼唤，也使围绕单一本科生人才培养任务而展开运行的“院—系”的组织架构不再适应发展的需求。最后要提出具有可操作性的针对性策略。一是要明确设置学部的范围，是全校所有学科均纳入相应学部还是部分纳入？依据和基本原则需要清晰明了。二是学部的治理框架要完整、明确，即实体还是虚体？基本单位有哪些？基本的运行方式怎样？基本的制度安排如何？应该承担的责权是什么？这些均需要有“法”可依，要防止学部制改革带来的“管理真空”。三是要制定相关配套政策措施，保证人事、科研、学科、组织、群团等部门协同配合。

（二）密切关注实施过程，做好全程追踪研究

首先，要做好宣传工作、引导教师调整认识、明确观念。虽然学部制改革是学校的一项重大举措，但一般教师往往难以理解其独有的价值与意义，“折腾”也许是教师们对改革的普遍看法。一般而言，高校的改革通常是自上而下地进行的。面对专注学术、淡漠管理的大学教师，任何变化都会让他们感到麻烦，阻力也会自然产生。因此，在学部制改革之初，高校首先应向广大教师讲明改革的必要性和改革带来的实效，宣传到位，解决疑惑，引发重视，特别是要阐明学部制改革对作为学科人的教师发展的重要意义。

其次，要把握关键环节的工作。学部制改革意味着组织重组，旧的组织被打破，新的组织建立起来，所以学部制改革的关键环节主要表现在对新的组织结构的认知和对部门与人员的整合衔接上。从认知新的组织结构上看，高校需要明确学部在学校的位置、学部与学校各职能部门的关系，以及学部下属机构的构成及其关系，厘清学部学术权力与行政权力的边界，解释组织人、财、物整合后的制度安排和运行方式，帮助教师建构新的组织结构框架，使其尽快适应新的组织运行特点。

（三）明确学部的职责，理顺学部与学院的关系

能否理顺学校与学部、学院的关系，建立起科学的管理体制与运行机制是影响学部制改革成败的关键因素。由于改革目的不同，自然而然，学部制表现形态和建设结果也不尽相同。目前，高校学部制大体分为实体型学部、虚体型学部、虚实结合型学部三种类型。实体型学部与虚体型学部的区别主要是有无行政建制和管理职能：对于实体型学部而言，党务、行政、教学、科研等管理职能及相应建制完备，学部领导都是实质管理岗位。虚体型学部没有行政建制，没有专职人员，不承担具体管理功能，只承担学术评价、职称评定、人才培养统筹、学科建设与发展等学术管理功能，相当于一个基于学术事务的松散联合体。虚实结合型学部则介于二者之间，有专职人员编制，有实职的学部领导，但只是承担部分管理职责。学部制改革并没有统一的模式，但要把握住大方向，从学理上梳理清晰如何超学科、跨学科培养人才，真正发挥建立学部的效益。从管理理论与运行实践看，初期，学部定位为一级学术组织比较可行。学部是一级学术组织，只具有学术权力，不具有行政权力。学部的功能和职责主要定位于学术管理，没有人事权和财务权等行政权力。增加学部后，利用学部拥有的学术权力，可以更有效地激发基层学术组织的创新活力和开展学部内各学院或学科的交流与合作。同时，由于没有增加一级行政管理层次，不会增加大量管理人员，不会导致组织结构高耸化。但其缺点是：由于学部不具有行政权力，容易导致学部对学院的影响力下降，改革不能达到预期目的。

（四）先试点后推进，边实施边完善

学部制改革是涉及学校基础层面的改革，其实施往往会先试点、后推进。对地方高校而言，学校规模较大、人员较多、且存在传统学科优势明显、学科门类丰富、学科分布广而散的特点，学部制改革所要求的学科整合观念往往会与传统学科的优势地位及学科长期以来在人才培养、科学研究及社会服务等方面的功能惯性形成冲突，出现学部制改革非常棘手的问题。一般而言，一个学校的传统优势学科影响力大、分布广且散，会牵一发而动全身，如果以此为改革推进的首发试点学科，则前期

的充分调研就显得尤为重要，在决策前可以充分运用德尔菲法等方法，采用合理的决策模式，并在改革推进的过程中进行密切、动态的考察与研究。通常情况，试点会从次级传统优势学科入手，这些学科在学校和行业中也有较大的影响力，但在学校内部其学科布局较散乱，在学科功能的发挥上运行机制已显不足，急需调整、形成学科合力。所以，学部制改革应该遵循目的性原则适时推进，同时要加强研究的全过程参与，为决策提供依据，为改革的有序推进提供成功经验。在一些推进学部制改革的学校中，发展规划部门和高等教育研究机构承担着相关研究工作，发挥着理论支持作用。

学部制改革要守正创新，循序渐进。学部制改革不是单纯设置一个学部，而是需要站在高等教育战略的高度来理解学部制，结合高校自身具体情况，借鉴国内外高校实行学部制的先进经验，科学规划学校的教学科研组织体系，作出整体的系统性改革，重新设计学校的治理体系，通过制度设计明确学部的权力和职责。

地方高校如何做好一流学科建设工作

一、案例介绍

2015 年 11 月，国务院发布“双一流”建设方案。2020 年 12 月，教育部、财政部、国家发展改革委联合印发《“双一流”建设成效评价办法（试行）》，强调评价要突出中国特色，探索分类评价，以培养一流人才、产出一流成果为重要导向，服务国家发展战略。2021 年 12 月，中央全面深化改革委员会第二十三次会议审议通过《关于深入推进世界一流大学和一流学科建设的若干意见》，进一步为建设世界一流大学和一流学科指明了方向。2022 年 1 月，财政部、教育部发文要求“支持地方推进一流大学和一流学科建设”。2022 年 12 月 10 日，湖北省人民政府办公厅印发《关于加快推进省属高校一流学科建设若干措施》（鄂政办发〔2022〕51 号，以下简称《若干措施》），首批确定 4 个重点建设学科、7 个培育建设学科为省属高校一流学科建设学科，以“赛马”制建立动态调整机制。武汉纺织大学的纺织科学与工程学科被确定为省属高校一流学科重点建设学科。2022 年 12 月 29 日召开的省属高校一流学科建设工作推进会上，省教育厅与 11 所高校签订了《湖北省属高校一流学科建设责任书》。在此背景下，作为我国高等教育体系重要力量的地方高校，既拥有发展机遇，同时也面临诸多挑战。

武汉纺织大学以《若干措施》为指引，以建成世界一流纺织学科为核心目标，以人才为第一资源，打造高层次领军人才聚集园地，形成“院士 + 长江 + 杰青”的战略科学家成长梯队；以创新为第一动力，聚焦国家战略高精尖特领域，在纺织加工技术前沿、航天航空特种纺织制品、生物医用材料、纤维基传感器、智能穿戴等领域强化高质量原始科技创新和前沿基础研究；继续坚持立足湖北、服务湖北、服务纺织行业，继续加强对产业共性关键技术的集智攻关，推动我省现代纺织产业高质量发展。

（一）加强顶层设计，压实主体责任

学校成立学科建设领导小组和工作组，优化调整学科布局，制订《学科建设行动计划（2023—2025）》，探索建立“学术特区”，着力提升一流学科建设水平。2023 年 2 月 26 日，新学期伊始，学校召开一流学科建设推进会，部署加快纺织科学与工程学科建设工作，王焰新院士等 13 名专家受聘为一流学科建设专家咨询委员会委员。会议旨在群策群力，共同研讨学校一流学科建设的战略定位与建设路径，推进学科建设水平整体提升，力争实现省属高校国内一流学科建设新突破。校长徐卫林院士以《武汉纺织大学纺织科学与工程学科建设规划》为题，围绕一流学科建设基础、建设目标、建设任务与预期成效和保障措施四个方面进行汇报。他表示，学校将依托“1+5+N”建设体系，聚焦一流学科建设目标，着力完成提升人才培养质量、加强师资队伍建设、提高科学研究水平、增强服务社会能力和推进对外开放合作五个方面建设任务，推进落实 N 个具体措施，通过加强协调推进、资源配置、经费保障、对口支持和激励约束机制等保障措施，全力以赴推进学科建设水平整体提升，率先实现湖北省属高校国内一流学科建设突破。学校党委书记田辉玉指出，要准确把握党中央深入推进“双一流”建设的新形势、国家重大战略和区域经济社会发展的新需求、“美好纺大”建设加快推进的新方位，

肩负起新一轮“双一流”建设的历史重任。一要提高政治站位,增强使命自觉;二要坚持特色一流,深化内涵发展;三强化顶层设计,压实主体责任。举全校之力,凝聚精气神,汇集人财物,以高度的责任感和使命感,以“钉钉子”精神扎实推进一流学科建设,为湖北加快建设教育强省、建设全国构建新发展格局先行区作出新的更大的贡献。

(二)优化人才评价体系,促进人才引育取得更好成绩

深入实施“人才强校”战略,构建完善“引才、聚才、用才、服务人才”体系,完善“投入—产出”成果评价体系。实施高层次人才“3553”培育工程,在大力引进高端人才的同时,进一步加大高层次人才自主培养力度。以每月一次的国家级高层次人才引育推进会为抓手,围绕一流学科建设需求,协同院部主动出击,持续推进国家级人才引进工作,力争做到“周周有进展、月月有成效”。创新“学术大师 + 创新团队”的人才引育模式,人才引育成效明显。2023 年,全职引进国家杰青、万人计划等国家级人才团队 4 个,引进领军人才、学科带头人、骨干人才 13 人,全年引进各类人才 95 人。1 个教师团队入选全国高校黄大年式教师团队,1 人获评“桑麻学者”,14 位学者入选“全球前 2% 顶尖科学家榜单”,获批省级以上人才项目 23 项。

(三)加强科研团队建设,实现科技创新成果突破

加快推进交叉学科研究团队建设,依托团队资助学术带头人;围绕一流学科建设,强化学科统筹,开展自上而下的有组织科研。持续加大科研团队建设,突破学校、学院以及学科之间的壁垒,形成“信息共享、知识共享、协同攻关”的科技工作新格局,向着高水平科技创新成果产出继续不懈努力。对标国家、湖北省发展战略,围绕湖北 9 大支柱产业、6 大新兴产业、5 大未来产业,在智能穿戴等多个交叉领域开展深入研究。全面推广校地合作模式,在纺织服装产业集群发达地区建立研究院及具有稳定研发任务的校企合作平台,积极组织专业教师到地方、企业一线开展深度合作。2023 年,获批国家自科基金 41 项、国家社科基金 5 项、教育部人文社科项目 10 项(获批数居省属高校第 2 位);到账科研经费 2.35 亿元;全年发表高水平学术论文 1100 余篇,其中国际顶级

期刊发表论文 70 余篇，位居全国自然指数排名第 178 位、省属高校第 2 位。以问题为导向，加强与政府、企业之间的沟通合作，持续提升服务湖北经济发展和国家战略需求的能力，与稳健医疗共同研发的人造血管项目产业化在江夏落地，在襄阳、宜昌、十堰、荆州、黄石、仙桃、天门、孝感等地共建校地产业技术研究院、校企联合创新中心 7 个，合同金额 200 万以上的横向项目达到 52 项。积极选派 180 余名专业教师参加院士专家企业行、科技副总、科技特派员、博士服务团等，服务地方发展。9 项科技成果获湖北省科学技术奖，1 项成果获中国纺织工业联合会科技进步奖一等奖，4 项发明专利获中纺联优秀专利奖。深度参与嫦娥六号、七号等航空航天领域科技合作攻关项目；与航天科工四院合作，部分成果已应用于特种军工飞行装备。获国防科工委项目子课题 1 项、国防科工局项目 1 项。服务国家重大需求的能力进一步彰显。

（四）优化专业布局，努力培养国家、行业急需人才

积极发展具有核心竞争力的优势特色学科。在学科评估、博士点申报等方面集中资源和力量，精心部署，寻求突破，继而带动辐射相关学科发展。以“新工科”“新文科”建设为引领，以推动工程教育类专业认证工作、本科教育教学审核评估整改工作为着力点，优化专业布局，深化科教融汇、产教融合，稳步推进专业、院系设置优化调整工作。着力强化“学科、专业、课程”牵引，落实立德树人根本任务，在国家一流课程建设、教师教学能力提升、学生创新能力培养等方面取得了可喜成绩。2023 年，获 9 门国家一流课程，位居省属高校前三。1 名教师荣获第三届全国高校教师教学创新大赛国赛一等奖（省属高校唯一）。在 2023 年全国普通高校大学生竞赛榜单（本科，TOP100）中，学校晋级至第 50 名，位居省属高校第 3。在第十八届“挑战杯”全国大学生课外学术科技作品竞赛中荣获全国特等奖 2 项、最高奖 1 项，以第 31 名的成绩捧得“优胜杯”，这也是湖北省属高校首次获此殊荣。在考研、升学方面，学校 2023 届普本考研录取率为 26.2%，较上年提升 2.54%。作为尚未获得保研资格的省属高校，取得这样的成绩，更体现出学校着力提升人才培养质量的坚定意志和决心。

（五）加快推进“一流开放办学”品牌建设，国际化竞争力持续凸显

2023年，学校加快推进“一流开放办学”品牌建设，新增1个国家“111计划”学科创新引智基地，连续三年蝉联“中国公办大学国际化竞争力排行榜”百强。积极申报各类国际合作项目，获批商务部援外项目10个，多渠道获批国际合作经费1139万元。与欧洲第三大研究机构——西班牙国家研究委员会食品科学研究所签订共建联合实验室协议，与法国电子与计算机通用工程师学院联合申报中外合作办学本科项目。举办“时尚与可持续发展国际会议”等高端国际学术论坛19场，获“世界著名科学家来鄂讲学计划”6项。派出25批次因公出访团组，新增优质境外教育合作伙伴14个。全年有近500名优秀学生赴世界顶尖高校交流、深造，国际化人才培养迈上新台阶。

2023年，高等教育评价专业机构软科正式发布2023“软科世界一流学科排名”，在首次发布的纺织科学与工程学科中，武汉纺织大学名列世界第三，化学工程排名全球第310位，材料科学与工程排名全球第337位，纳米科学与技术排名全球第300位，较去年在排名上均有一定的提升。2024年7月31日，国务院学位委员会办公室发布《新增博士硕士学位授权审核专家核查及评议结果公示》，武汉纺织大学纺织科学与工程、设计学新增为博士学位授权点，标志着学校办学层次和办学水平跃上新台阶。

二、分析与启示

武汉纺织大学纺织科学与工程学科入选湖北省属高校一流学科重点建设学科，纺织科学与工程、设计学新增为博士学位授权点，为学校带来了前所未有的内涵发展和跨越发展机遇。如何构建一流特色学科体系，实现引领区域及行业发展、提升学科水平、增强科研实力、服务社会及国家战略的目标，也成为地方高校“双一流”发展进程中必须面对的重大问题。地方高校必须进一步明确办学定位和建设目标，以一流学科体系建设为核心，以提高人才培养质量为根本，以打造高水平师资队伍为关键，以强化办学特色、解决行业转型升级困境和提供原创性科研成果为目标，以服务国家战略和区域经济社会发展为使命，积极应对

"双一流"建设带给地方高校的机遇和挑战，做出适合自身"双一流"发展的战略选择。

（一）明确学科定位，对接地方发展需求

地方高校必须围绕"双一流"建设提出的总体要求和目标任务，在正确审视自身的基础上，进一步明确办学定位和建设目标，做好顶层设计。地方高校应当承担自己的责任和使命，转变单一学术逻辑为主导的建设思维，注重社会逻辑的引领作用，针对不同学科的属性特征采取不同发展策略。应充分认识学科价值属性，明确学科定位，利用学科知识服务社会，并在服务社会中促进知识创新。在应用性较强的学科领域，要积极对接区域经济发展战略和产业结构，立足区域发展现状，以问题为导向，坚持自主创新，加强政产学研合作，力争突破关键技术难题，加快研究成果转化，促进区域产业转型升级，解决区域社会发展中的矛盾问题。

（二）立足一流学科，发挥辐射带动作用

相较之部属高校，地方高校一般只能在某个点上寻求突破，并进一步以点带面，渐进实现整体提升。为此，地方高校要形成高质量的战略发展格局，就要在强化优势特色学科建设方面积极探索，既不能贪大求全，四面出击、全面开花，也要避免一流学科建设的"独立王国"效应，割裂与学校兄弟学科的联系。一是要形成学科建设"特区"意识。举全校之力为该学科的发展注入所需办学资源，以建设一流学科为目标，着力打造高峰、高原学科，以重点学科引领其他学科发展。二是要推进特色学科群建设。要形成学科建设协同意识，以一流学科建设为抓手，整合协同其他相关学科融入一流学科建设体系，从而助力学校办学实力整体跃升。

（三）创新人才引育机制，建设高水平的师资队伍

一方面，地方高校应因地制宜出台各类吸引人才的政策，根据自身学科发展实际情况有针对性地引进急需紧缺人才，不仅要考察人才的真

实专业水平，还要重视师德师风考评，提高人才引进的质量。另一方面，应立足长远，重视存量管理，对引进人才和现有师资一视同仁，建立和完善本校优秀师资的选拔、资助、交流、激励、保障的体制机制，完善学科带头人的遴选培养机制，制定激励措施，充分调动带头人的积极性，组建研究方向明确、研究力量集中、研究成果有分量的科研创新团队，引领和提升学科建设水平。要以国家基金申报为抓手，鼓励研究方向相近的教师共同申报项目，开展联合攻关，吸纳更多优秀的青年人才进入团队，逐步壮大研究队伍。

（四）深化科教融合，加快提升人才培养质量

地方高校要始终把人才培养作为学校发展的首要任务，始终把教学作为学校发展的核心工作。强调科研与教学的相互配合，突出学科与专业的一体化建设，以一流的科研支撑高素质创新人才的培养。将科研成果融入课堂和教材，丰富和更新教学内容，使学生掌握研究前沿；把科学研究作为人才培养的重要方式，让学生成为教师科研工作的合作伙伴，将研究项目作为第二课堂，在研究中促进学生自觉学习专业知识，掌握研究方法，实现探究式学习，培养学生创新意识和科研能力，提高人才专业素养；加强创新创业教育，培养学生的批判性思维、创造能力、组织协调能力和实践能力，关注社会所需人才的必备素质。

（五）完善科研评价机制，加快产出重大科技成果

一流学科建设不仅要服务区域经济发展，更要为行业的转型升级排忧解难，并在满足社会及行业发展重大需求的过程中实现“弯道超越”。这就要求地方高校要不断完善和创新科研管理与奖励制度，进一步推进产学研用深度融合，不仅要以国家重点研发计划为抓手，提升自主创新和集成创新能力，突破一批共性关键技术，形成一批自主知识产权和标准；还要以科技成果转移转化为抓手，依托技术转移中心、协同创新中心、产业研究院等产学研合作平台，提升科技服务社会经济发展能力；打通基础研究、应用开发、成果转化与产业化链条，加强行业亟须的新技术、新装备、新材料、新工艺研发应用，将关键技术突破和重大科学创新转变为先进生产力，为行业的转型升级提供必要的人才与智力支持。

地方高校如何提升大学生学科竞赛水平

一、案例介绍

学科竞赛发展至今，经过了多次改革，也从一开始单一的竞赛慢慢演变到现在涵盖学科广、种类多样的竞赛体系。学科竞赛不仅激发了大学生的探索精神和学习兴趣，让学生通过参赛提升自己的综合能力，也促进了高校学科交叉和教学改革，促使高校借助学科竞赛提升教学水平。通过各类竞赛，能促进不同专业学生互助共赢，实现学科交叉，培养学生的团队精神；还能促进教师之间能相互交流，加强教师队伍建设，为人才培养提供坚实的基础，提高教师的综合指导能力，使其在指导学生、与学生共同参赛的过程中，提高实践水平和理论指导水平。学科竞赛和创新创业水平也成为衡量一所高校办学水平的重要指标，尤其是有一定企业背景的学科竞赛成为连接学生、高校、企业和地方的新桥梁。

近年来，武汉纺织大学落实立德树人根本任务，聚焦“五育”融合创新创业教育实践，立足实际，始终坚持以培养具有复合型、应用型创新人才为目标导向，通过组织学科竞赛打通实践育人“最后一公里”，以学科竞赛为突破口，有效推行学科竞赛提质增效工程，通过“七有”举措促进学生创新能力提升，带动学校人才培养质量提升，形成了良好的“以赛促教、以赛促学、以赛促创”文化氛围。通过开展学科竞赛，激发了学生参加学科竞赛的热情，促进学生和教师的双向交流，组建并培养了一批高质量、具有创新能力的师生团队，学校人才培养质量稳步提升，在学科竞赛中取得了明显突破。在全国普通高校大学生竞赛榜单（本科）排名中连续三年大幅提升，2023 年以 486 项获奖总数、77.96 分的成绩，位列全国高校第 50 位，居省属高校前列。

(一)学校领导高度重视,学科竞赛有体系

学校将人才培养作为中心工作目标之一,成立由校长担任组长、分管副校长担任副组长、相关职能部门和二级学院负责人担任成员的创新创业工作领导小组。学科竞赛作为创新创业的重要组成部分,学校创新创业领导小组高度重视学科竞赛的开展,构建起学校—学院—班级—教师—学生五级联动机制,多次召开专题会议,积极推进学科竞赛工作,就赛事组织与激励政策提出具体指导要求,确保竞赛工作有序高效进行。

学校强化职能部门职责,合力搭建竞赛项目平台,为竞赛创造条件和保障,协调竞赛组织工作,支持跨学科、跨学院、跨专业组建学科竞赛团队。支持以学科竞赛推动教改和课程建设,不断提高教学质量,引导创新训练活动,培养学生综合素质;以教改和课程建设的成果提升学科竞赛成绩,充实创新活动的内涵,逐步形成“教学改革—课程建设—创新训练—学科竞赛”四位一体的互动模式。

各二级学院积极落实学科竞赛责任主体职责,加强组织领导,建设好创新创业苗圃,承办竞赛项目的组织实施,并利用教学、科研师资资源,将教师项目转化为师生共创、将科研项目转化为竞赛项目,科学制订竞赛工作方案,精心打造团队。

(二)建立健全学科竞赛管理制度,学科竞赛有保障

完善制度对学科竞赛具有重要作用,不仅能够提升竞赛的水平和影响力,还能够推动学校的教育教学改革和人才培养质量。学校高度重视制度的建设和完善工作,为学科竞赛的顺利开展提供有力保障,教务处(创新创业学院)、研究生院、团委等部门联合出台了《大学生学科竞赛管理办法》《大学生课外科技管理办法》等文件,为学科竞赛提供有力的制度保障。学工部、研工部完善并改进学生综合测评、研究生奖学金评定办法等评优评先体系,对竞赛成绩优异的学生,在评奖评优等方面予以倾斜。人事处修订职称评审文件,拓宽竞赛指导教师职称评审晋升的绿色通道,充分认可教师团队在学科竞赛中所发挥的综合作用,采用指导教师量化得分评价其贡献值。

（三）加强创新平台建设，学科竞赛有平台和项目

学校加强创新平台建设，依托国家重点实验室、国家级教学示范中心等平台，加强与企业共建实践教学基地、创新联合实验室等，鼓励联合行业企业举办竞赛活动，充分挖掘具有纺大特色的项目，将教学、科研资源转化为竞赛项目，科学制订竞赛工作方案，精心打造团队，着力打造学科交叉融合创新聚集区。近年来，依托这些平台，学校取得了一批重要的学科竞赛成果，如依托国家重点实验室平台，我校学生的《月面国旗研制技术及衍生功能化制品的开发》项目荣获第十七届“挑战杯”全国大学生课外学术科技作品竞赛特等奖。

（四）推进学科竞赛与教学改革相结合的教学模式变革，竞赛有团队

学校从各学院遴选一批优秀竞赛指导教师，成立竞赛教练团。依托教练团导师做好引导、指导和辅导“三个服务”，形成一人带一群、一群带动一片的“头雁效应”。鼓励教师把课程教学活动与学科竞赛活动紧密结合起来，逐渐探索“课内教学—课外实训—竞赛实战”的一体化组织模式。打造竞赛指导标杆团队。

（五）重视创新基地建设，学科竞赛有场地

学校采取“1+N”的建设模式，建设工程实践能力与创新中心、创新创业孵化器等总面积达5000多平方米的校级场地，用于学生创新实践活动，各学院开辟学生创新创业分园区，用于学生竞赛和创新实践，保障竞赛活动有序开展。

（六）增加学科竞赛资金投入，学科竞赛有经费

学校推行“一专业一赛事”，设立学科竞赛建设经费，优先保障学科竞赛工作。鼓励学院承办省级、国家级赛事，并给予立项资助，二级学院逐步形成稳定的“品牌竞赛项目”。同时，进一步明确排行榜赛事的归口单位，加大投入力度，以“保障重点、鼓励先进”为原则，进行分类分层

资助，鼓励竞赛承办单位以多种渠道筹措经费支持学科竞赛。

（七）营造浓厚氛围，学科竞赛有实践活动

鼓励学生更多参与实践活动，能够让学生在实践中深化对学科知识的理解，增强问题解决能力，从而有效提升学科竞赛成绩。学校定期举办学术论坛、竞赛学习荟、创新创业训练营、创新创业大讲堂等实践活动，扩大竞赛覆盖面，调动和激发更多学生参与创新实践。

通过推进“七有”举措，各类学科竞赛交相辉映，极大地促进了学生创新创业能力的提升，学生不仅增强了动手能力，还对专业知识有了更深层次的认识和理解，对于较难的专业课也可以更快地接受，在课堂上与教师的互动更加频繁。同时，教师探索学科知识的过程中，对于人才培养方案的修订也有了新的灵感，极大地促进了学科的发展，带动了整个教师团队专业水平的提升。一批批学生通过学科竞赛的磨砺，成长为学术达人和创新标兵，环境学院环境工程 12003 班丁艺琛同学就是其中的佼佼者。她大一就通过学院“本科生导师制”加入专业课题组，在准备竞赛的过程中，深入钻研学科知识，拓宽学术视野，不断提升研究能力和创新思维，荣获第十八届“挑战杯”全国大学生课外学术科技作品竞赛特等奖、“累进创新专项奖”，从科创竞赛中成长为直博生，已拟录取为浙江大学—西湖大学联培项目环境科学与工程专业本科直博生。

二、分析与启示

随着社会的不断发展，经济的不断进步，国家所需的人才也逐步发生变化，具有创新创业能力的人才成为社会需求热点。《国务院办公厅关于深化高等学校创新创业教育改革的实施意见》指出，要深化创新创业教育改革。在这一导向下，高校要支持举办各类以科技创新、创新创业、创新设计为导向的学科竞赛，以发展学科竞赛为途径，以促进教学模式改革为目的，积极举办各类学科竞赛活动。

（一）明确人才培养目标定位

我校在学科竞赛中始终坚持以培养方案中设定的复合型、应用型创新人才为目标定位，围绕这一目标开展学科竞赛工作，注重理论与实践相结合，确保竞赛活动能够服务于人才培养和建设的总体目标。

（二）建立健全完善的竞赛体系

我校在学科竞赛中形成了包括校级、省级、国家级等多个层次的竞赛体系，并按照竞赛等级 A+、A、A-、B、C、D 进行分类管理，这种体系有助于明确竞赛价值与目标、优化资源配置、完善激励与约束机制、提升竞赛质量与水平等。针对不同等级的竞赛，学校可以设定不同的目标，如 A+ 类竞赛旨在培养顶尖创新人才，其他类别竞赛则注重提升学生的综合素质等，这种体系为学科竞赛工作的顺利开展提供了有力保障。

（三）加强指导教师队伍建设

我校高度注重培养具有丰富经验和高度责任心的竞赛指导教师队伍，成立了竞赛教练团，这些教师在竞赛过程中能够为学生提供有效的指导和支持。因此，加强师资队伍建设对学科竞赛具有重要的作用，通过提升教师的专业素养和指导水平，优化竞赛培训模式，激发学生的参与热情，加强竞赛团队的建设，提高竞赛成绩和影响力，为学校的学科竞赛工作注入新的活力。

（四）注重学生创新能力培养

我校在学科竞赛中注重培养学生的创新意识和实践能力，通过组织学生参与各类科研项目和实践活动，提高学生的综合素质和创新能力。注重学生创新能力的培养对学科竞赛具有重要意义，它可以提高竞赛成绩与竞争力、促进学科发展与创新、培养学生的综合素质，因此应将创新能力的培养贯穿于学科竞赛的全过程。

（五）强化校企合作

学校积极与企业合作，共同开展学科竞赛和人才培养工作。这种合作模式有助于将企业的实际需求引入校园，提高学生的实践能力和就业竞争力。通过校企合作，可以提升竞赛题目与实际需求的契合度、优化竞赛经费和资源配置、提升高校教师的工程应用能力、增强学生的实践能力和创新精神，以及促进产教融合和人才培养。因此，要加强与企业的合作，共同推动学科竞赛和人才培养工作。

（六）完善激励机制

学校建立了较为完善的激励机制，不仅对在学科竞赛中取得优异成绩的学生和教师给予表彰和奖励，还在教师职称评定和学生评优评先中予以倾斜。这种激励机制有助于激发师生的参与热情，提高竞赛水平。

学科竞赛不仅是对学生个人能力的检验，更是教育成果的集中展示，是对高校创新人才培养模式的有效探索。对高校而言，学科竞赛是一个系统工程，需要统一思想，凝聚共识，实现全员、全过程、全方位参与。

如何培养大学生创新精神与创业能力

一、案例介绍

高水平创新创业人才培养是新质生产力发展的基础。将创新创业教育融入人才培养全过程，实现系统化、多样化的大学生创新创业能力培养，营造高校创新创业文化，是高校人才培养改革和质量提升的关键。

2008 年 9 月至 2013 年 4 月，笔者担任武汉科技学院（2010 年更名武汉纺织大学）学生工作部（处）部（处）长、团委书记，是武汉科技学院最后一任学工部部长，也是武汉纺织大学的首任学工部部长，以至于现在还有人称呼笔者“高部”，这些都是当年在“学院”时期的老同事和毕业的校友，听着也挺亲切的。笔者和同事们在大学生中实施阳光素质拓展工程，大力培养大学生创新精神、创业能力。

2009 年 6 月 2 日，湖北省教育厅《湖北教育简报》第 11 期以“武汉科技学院着力培养大学生创新精神与创业能力”为题，专题报道了具有武汉科技学院特色的学生创新、创业之路。该文于 2009 年 6 月 19 日在教育部门户网站主页进行了刊发推广，一所省属高校学生工作经验登上教育部网站，充分表明了上级主管部门对武汉科技学院大学生创新精神创业能力培养工作的肯定。在此，把全文转载如下。

武汉科技学院在推进学校科学发展的进程中，顺应学生创新创业需求，坚持在培养学生创新精神和创业能力上下功夫，坚持创新创业活动与专业学习相结合、与第二课堂活动相结合、与社会实践相结合，营造全校“人人关心创新，人人促进创业”的良好氛围，走出了一条具有科技学院特色的学生创新创业之路。

(一)大学生创业教育及早规划

2008 年，学校在新生入学通知书里附寄《告新生书》，建议准大学生们在冷静地思考后，制定一个人生规划，包括大学四年的学业规划、社交能力培养规划和职业规划等。这是学校在总结长期就业工作经验基础上推出的一项新举措，旨在进一步增强职业规划的指导性，提高学生的职业规划意识。学生进校后，牢牢抓住“规划、创业、就业”这一主线，以“职业生涯规划”“创业教育”“就业指导”为主要内容，以“职业生涯规划大赛”“创业设计大赛”“就业服务月”为载体，依托主课堂、网络课堂和专家讲坛等阵地，形成了一年级“适应与规划”、二年级“实践与学习”、三年级“创新与创业”、四年级“就业与发展”的就业培训网络。

(二)搭建大学生创业实战平台

学校探索多种途径满足学生的创新创业需求，成立了“大学生创业联盟”。在校团委的引导下，一批学有余力、有创业意识的学生自主创新，组成分为公关部、实践部、人力资源部和创业小组的团队，参加“挑战杯”大学生创业计划竞赛、大学生创业典型事迹报告会、社会调查等创业实践活动。学校根据“大学生创业联盟”的发展需要，成立由招生就业处、教务处、团委及各二级学院负责人组成的“大学生创业指导委员会”，负责对创业联盟的全面规划和指导工作。同时，出资 10 万元举办“赢在校园”大学生创业模拟商战计划大赛，以小组为单位报名参赛，通过聘请校内外专家指导、查询相关行业资料、深入企业市场调研等途径，制订一份模拟商战计划，学校组织专家对其进行评估打分，对最后进入决赛的团队进行专业培训，鼓励其创业实践。到目前为止，全校已有 1000 多个学生班级、60 余家学生社团报名参加比赛。

（三）构建创新人才培养模式

学校提出了“1+N”特色人才培养模式：“1”要求学生学业合格，“N”要求学生发展个性和特长，强调因材施教，培养综合能力强、个性特点突出的特色人才。为积极做好人才培养工作，支持大学生参与创业活动，学校拨付 100 万元专款设立“大学生创业基金”，为学生创业提供启动资金，表彰优秀创业学生。同时，制订《武汉科技学院大学生创业基金管理办法》，明确大学生创业基金的使用方向，对大学生创业立项范围、申请立项及审批流程、基金的管理使用等作明确规定。

近四年来，学校每年出资 20 万元奖励在大学生校园科技创新活动中表现突出的集体和个人。2009 年，学校又拿出 10 万元鼓励学生开展科技创新活动，已有 160 余项科研课题脱颖而出。通过学校优惠政策的引导，学生参与创新、创业的热情进一步高涨，不断有创业团队和个人脱颖而出。2009 届毕业生中先后涌现出了多个创业典型：身残志坚、面对求职困境的何志雄，毅然创办“创思”电脑维修点，如今已经发展到 3 家分店、5 家加盟店，并成立“武汉创思科技有限责任公司”；结合专业特长，与同学合伙投资开办“辣阿婆”艺术主题餐厅的向凯，以其高品位、高人气的装修吸引了众多食客前往，被武汉多家美食专刊推荐；脚踏实地一点一滴做小店的边智飞，利用大学三年校外兼职、网上炒股作为开店资金，稳扎稳打，如今拥有三家奶茶店、两家快餐店。在 2009 年 5 月“赢在起点”首届湖北省大学生创意企业未来之星选拔赛中，学校服装学院的“时尚生活体验馆”“T 度康健服装开发”和“Draw Cross 终端形象创意工作室”三支创意团队，跻身全省参赛高校创业团队 20 强。

二、分析与启示

新时代，我们迎来了巨大的社会变革和科技进步，进入了一个充满机遇与挑战的时期。纵深推进大众创业万众创新是深入实施创新驱动发展战略的重要支撑，大学生是大众创业万众创新的生力军，因此支持大学生创新创业具有重要意义。高校应当积极响应新时代的号召，着力构建创新创业教育的需求体系和机制，主动担负起塑造创新创业人才的重要使命，成为培育创新创业人才的主要阵地。

（一）强化顶层设计，打造创新创业人才培养一盘棋格局

高校应对创新创业教育的重要性有清晰认知，将创新创业人才培养作为重要目标，并将其纳入学校发展的整体规划，加大对创新创业人才培养工作的支持力度，通过政策制定和资源投入等方式，为师生提供必要的支持和保障。由高校主要领导挂帅，招生、培养、就业、创业相关部门成立创新创业教育工作委员会，建立协同合作机制，整合利用各方资源，定期召开会议，协调解决相关问题，形成高位推动、统筹推进的全校创新创业教育局面。同时，高校还应与企业、政府等外部组织建立合作关系，共享资源、信息和经验，形成良好合作机制，以此打造一个统一协调、资源共享和信息互通的创新创业人才培养一盘棋格局，为塑造创新创业人才提供强有力支撑。

（二）把创新创业教育贯穿人才培养全过程，构建“全过程、全方位、全链条”的创新创业教育生态系统

高校应将创新创业元素融入招生、培养、就业、创业工作中，在招生环节，让每一个准大学生都能接触创新创业知识，初步形成创新创业意识，具备一定的创新创业精神。同时，深化高校创新创业教育改革，健全课堂教学、自主学习、实践锻炼、指导帮扶、文化引领融为一体的高校创新创业教育体系，增强大学生的创新精神、创业意识和创新创业能力。建立以创新创业为导向的新型人才培养模式，健全校校、校企、校地、校所协同的创新创业人才培养机制。此外，高校应该建立成效反馈机制，追踪了解毕业生的就业或创业情况，包括就业率、就业领域和创业项目的成功与否等，掌握毕业生在创新创业能力方面的实际表现，从而不断优化课程设置，深化校企合作和加强就业创业支持等，为招生、培养、就业、创业联动培养创新创业人才提供有力保障。

（三）加强大学生创新创业培训，提升大学生创新创业能力

打造一批高校创新创业培训活动品牌，创新培训模式，面向大学生开展高质量、有针对性的创新创业培训，提升大学生创新创业能力。对于有创业意愿的学生，高校要积极扶持学生的创新创业项目，在资金上、技术上给予大学生创新创业最大的支持。学校还要丰富大学生创新创业活动，建设创新实验室等实践平台。应组织双创导师深入校园举办创业大讲堂，进行创业政策解读、经验分享、实践指导等活动，并支持各类创新创业大赛，对大学生创业者给予倾斜。

（四）建强学校创新创业教学团队

创新创业教师是推动高校创新创业教育改革的重要力量，目前，创新创业师资队伍尚缺乏具有行业和创业经验、跨学科、跨领域的创业教师，高校应着力优化整合校内外资源，建立由校内专业带头人、具有行业企业经验的校外导师、技术专家组成的师资队伍，加强对专职教师的实践技能培训，形成专兼师资协同开展创新创业教育的合力。建立创新创业教育师资队伍发展的保障机制，实施个性化管理，充分重视教师在创新创业教育方面的能力和贡献，优化创新创业教师的考核机制，注重对创新创业教师的过程性评价，将教师在创新创业教育方面的能力和贡献作为职称评聘、绩效考核的重要指标，激发教师参与创新创业教育的热情，加强“双师型”教师队伍建设。

（五）充分发挥大学科学园作为学生创业孵化器的作用

客观地讲，大学生的创新精神和创业精神具有创造性、易变性、不可预测性和风险性。当前，大学生创新创业的主要问题是创新意识高、实际创新成果少、创业技能转换率低等，大学生的创新创业活动需要学校和社会的共同指导和支持。利用大学科学园作为学生创新和创业的孵化器，面向在校大学生免费开放，开展专业化孵化服务。结合学校学科专业特色优势，联合有关行业企业建设一批校外大学生双创实践教学基地，深入实施大学生创新创业训练计划，为大学生提供全面的创新和

创业指导,帮助大学生迅速摆脱迷茫和困惑,并增强其创新能力和创业能力。

地方高校如何营造浓郁的学术氛围

一、案例介绍

办大学就是要办一种氛围,浓郁的学术氛围是大学的生命和灵魂,是培养学术人才的重要条件,对于高校的发展具有重要的推动作用,也是衡量一所高校办学水平、科研水平和综合实力的重要标志。从荀子的“蓬生麻中,不扶而直”,到“办大学就是办一个氛围”,再到涂又光先生的“泡菜理论”等,诸多教育家都对学术氛围在培养人才中的重要作用给予了肯定。高校学术氛围主要是高校内部追求相关系统科学研究的群体,借助高校多年累积的软硬件环境,在开展学术活动时对本校师生心理和行为产生影响的氛围或感知。这里的硬件环境主要是高校师生开展学术活动所需要的设施设备、器材场所;软件环境是指学术活动中长期积淀下来的文化内涵,它是区别于其他高校的独有特质。

影响大学学术氛围的因素是多元和复合的,以氛围因素的表现形式为标准,可分为物质氛围、精神氛围和制度氛围。

第一,物质层面的学术氛围。物质是事物的载体,是大学学术氛围的表现形式。就氛围形成的方式来说,学校的学术期刊、学术交流、学术沙龙、学术讲座等各种形式的活动都是学术氛围得以形成的载体。就静止的物态方面来说,物力资源设备等学术性固定资产、信息资源如图书馆资料网络等,甚至学校的标志、校徽等都能在无形中触发学者的灵感,具有宣示、渲染的功能。就活动的主体来说,学术主体包括教师研究者和学生。

第二,精神层面的学术氛围。精神层面主要是相对于物质层面而言的。大学的学术传统、学术责任、教风和学风是大学学术氛围精神层面的主要方面,而校训则是它们凝练而集中的表达。

第三,制度层面的学术氛围。大学学术制度是大学学术的组织结构与制度规范，相当于大学组织的结构分系统，处于大学组织的“制度”层面，是影响大学学术活动和发展的关键性因素。好的制度也是重要的学术资源，这些制度会通过一定时间的历史积淀，形成一种良好的运行机制进而转化为一种制度文化，对大学学术发展起推进作用。反之，大学制度若缺乏科学性、合理性、有效性，则会形成畸形的制度文化，挫伤全体学术人员的积极性，阻碍大学学术发展。

近年来，武汉纺织大学重视学术氛围营造，每年由学校办公室牵头制定学术生态建设计划，科发院、教务处、研究生院、学工部、团委、人事处、组织部、资产处等职能部门分工协作，以“千场论坛”为抓手，以“建章立制”为导向，以“校长答疑课”为特色，以“院长答疑课”为延伸点，在全校营造了浓郁的学术氛围。例如，2023 年，校内各单位主办各类学术活动、论坛 1296 场，比 2022 年提高 48.1%，学校学术生态环境逐渐优化，更加尊重学者、更加注重学术、更加热爱科研。

（一）学校各级领导率先示范，畅通师生交流沟通的平台

由学校办公室负责，每年面向学生举办 6 场校长答疑课，学院每年举办院长答疑课 90 场，通过校长、院长与学生面对面答疑解惑，提升学生在教育教学中的主体地位，形成“开学典礼大思政课 + 院士走进学生 + 毕业典礼的‘最后一问’”全新育人机制，增强学生对学校教育的认同感，实现有效的教育引导。

（二）弘扬“科学家精神”，搭建多元平台，在专业教师中间营造良好学术氛围

一是在校级层面举办阳光论坛。由科发院面向教师举办阳光学术论坛，按照“固定时间、固定地点、院部承办、面向全校”原则，按照五大学部分类，紧紧围绕所在学科研究领域的国内外最新进展、发展趋势，聚焦专题开展学术沙龙。促进学科交叉、加强科研合作，做到周周有论坛，让学术交流成为日常工作常态。二是在学院举办院级阳光论坛。由科发院指导各二级学院每月主办院级教师阳光论坛 1 场，每期论坛邀请院内知名教授（专家）担任点评专家，为论坛报告人提出指导性意见和建议，论坛教师参与率不低于 70%，助力学院凝练学科方向、聚焦学术

团队、做实科研平台。三是举办校级“高端人才”论坛。由人事处负责举办“高端人才”论坛，推动不同学术背景的知识观点与学术思想的相互碰撞与融合。邀请校内各团队负责人、聘期满2年及以上的高层次人才、工作时间满2年的年薪制专任教师、上一年度新晋教授、副教授、新进教师等参与。

（三）深入推进研究生高层次拔尖创新人才培养工作，加强学术交流，在研究生中间营造良好学术氛围

一是围绕高层次拔尖创新人才培养目标，持续优化研究生学术生态。打破学科、学院壁垒，鼓励不同学科研究生一起开展学术沙龙，促进具有相似研究方向的研究生深入交流、开展深度合作。由研究生院负责，每年计划举办高水平研究生论坛200场，支持各学院邀请校内外著名专家学者为研究生讲授专题学术报告8场。开展学术道德与学术规范教育15场（含分会场）、“导师论坛”“导学咖啡吧”等活动20场。支持师生积极参加国际高水平学术会议60人次。

二是扎实推进学科竞赛、鼓励发明创造，全面激发研究生学术创新活力。每年选树优秀典型，奖励研究生优秀标兵10名。鼓励支持研究生参加各级各类研究生学科竞赛不少于200项。持续资助研究生创新计划项目60项（其中重点项目20项）；继续支持合作培养博士和读博深造的研究生，计划每年资助10人，把最优秀的研究生“送出去”再“扶一把”。

（四）坚持以赛促学，提升创新能力，在本科生中间营造良好学术氛围

一是坚持营造“以赛促教、以赛促学、以赛促创”的文化氛围，打通实践育人“最后一公里”。由教务处负责以学科竞赛推动教学改革和课程建设，不断提高教学质量，引导创新训练活动，培养学生综合素质。每年立项大学生创新创业训练项目150项以上，确保在校本科生竞赛参与率接近100%，在全国普通高校大学生竞赛排行榜榜单赛事中获得省级以上奖励1000项以上。

二是持续开展学术讲座、论坛和大讲堂等多样化活动，全面激发和

提升本科生的创新创业潜能。鼓励学科交叉融合和创新，每年举办本科生学术论坛90场，其中学校主论坛5场，学院论坛85场。邀请专家学者、学科领军人物以及企业界导师开展学术讲座和创新创业大讲堂。专题开展小型多样化的学术研讨交流活动，各学院每学期举办不少于2场。

三是广开对外交流渠道，着力推进学生对外交流。由国际处全年组织200人次学生赴海外或通过线上方式参加各级各类交流活动；联合院部，鼓励学生积极参加国际会议及竞赛；努力推进学校与海外合作院校的学分互认工作，为学生提供各类出国渠道。

四是围绕实践育人，丰富“第二课堂”，推进学校共青团学术生态建设。由团委全力做好“科创杯”大学生创业计划竞赛组织工作，每年遴选不少于300件作品进入项目库跟踪管理，推荐高质量作品参加省赛、国赛。举办学术科技节，加强对院部竞赛活动、科普活动的整合。全面加强大学生艺术教育中心建设，做好美育实践活动、普及课程、高雅艺术进校园等工作。开展演讲赛、辩论赛、话剧节等活动。各学院（含联合办学学院）每年举办不少于1场学生大型文艺活动。

（五）注重事业导向，突出分层分类，在管理干部和实验室人员中间营造良好学术氛围

一是对标对表完成上级有关调训任务，分层分类做好非党员干部和党员干部教育培训工作。由组织部负责分层分类开展干部年度集中培训和日常培训，中层干部每年参训实现全覆盖且每人不少于110学时、科级干部不少于90学时。确保办好“一把手”示范培训等4类重点培训班次，积极推荐干部参加上级各类调训、培训。做实做好“美好纺大党旗红”党建论坛，常态化开展“基层党建好经验”交流、“主题党日好活动”示范、“精品示范好党课”比赛、“先锋模范好故事”展示等10期（次）活动。分层分类开展基层党组织书记4次以上专题培训，提升党务工作队伍水平。

二是凝练育人品牌，围绕立德树人，推进学工系统学术生态建设。以科学研究的视角为突破口，着力提升学工队伍的知识储备和业务能力。每年组织4次校级辅导员工作论坛；以学生工作中的难点为切入点，组织10次校级辅导员沙龙，开展4次辅导员心理健康工作坊；强化对外联络，积极推荐30人次学校学生工作人员参与校际、省级及以上学

生工作交流培训活动。

三是构建研究性平台，夯实安全防线，推进实验室系统学术生态建设。各学院、科研平台每学期开展1次全员安全教育培训活动；资产处组织2次实验室论坛；举办1次实验室安全月（周）活动。细化安全准入考核举措，确保新生参与率达到100%。邀请知名学者来校开展实验室管理工作论坛4次；选派实验人员参加省级以上实验室专题培训等10人次，参与操作能力培训、实验手段创新等方面交流学习20人次，积极申报课题。

二、分析与启示

高等学校履行着培养人才、科学研究和服务社会的三大重要职能。学术氛围影响教育氛围，教育氛围进一步影响社会生态。良好的学术氛围是繁荣学术文化和促进高等教育健康可持续发展的重要保障。因此，加强高校的学术氛围对整个社会的学术精神和科技发展的引领均具有极其重要的现实意义。

（一）加强顶层设计，保持良好学术氛围

要加强制度建设，以目标考核为导向，推动各二级单位营造良好的学术氛围，实现持续高质量发展。各牵头部门要制定并落实好激励制度，激发学院潜能，让“要我做”变为“我要做”，变被动为主动，以一流的学术氛围服务一流的学科建设。

（二）强化内涵建设，持续打造优质学术论坛

有组织地策划一些议题和内容，打破学科壁垒，激发学术创新，鼓励把分布在不同学院、不同部门，从事相似研究的专家学者汇聚在一起开展学术沙龙，分享学术成果，服务行业需求。通过对专家学者的学术背景、研究成果和学术声望进行评估，以挑选出高水平的专家学者参与论坛。同时，避免部分学院仅为完成任务而举办论坛，注重质量而非数量。

（三）广开交流渠道，不断拓宽师生学术视野

积极推进“请进来，走出去”的政策，积极主办或承办高水平国内、国际学术会议与讲座，支持师生积极参与，并发表主旨演讲和学术报告；鼓励中青年教师赴世界知名大学研修深造；组织中外教师广泛参与国际化教学团队建设；增强师生与国内外知名高校学者的交流合作，开阔眼界、提升能力。

（四）重视宣传推广，及时传播高质量学术成果

采用“互联网＋论文”的形式，多渠道、及时地传播最新学术成果。随着大数据时代的来临，学术期刊发表以及学术论坛的开展应以“互联网＋”为载体，通过校园网“学术聚焦”栏目、学术生态网、微信官方订阅号等传媒形式，实时推送学者们的最新研究成果，为广大师生传递全面、深入、有价值的学术内容。

如何做好本科教育教学审核评估工作

一、案例介绍

武汉纺织大学自 2016 年全面启动上一轮评估整改工作，通过学校党代会、两代会以及“十三五”和“十四五”的整体规划与部署实施，针对师资队伍、实践教学环节、专业建设、学生学业管理、校园文化和基础设施等方面存在的不完善问题，分阶段予以解决，始终贯彻落实“学生中心、产出导向、持续改进”的教育理念，坚持“以评促建、以评促改、以评促管、以评促强”的工作方针，持续深化本科教育教学改革，不断完善本科教育教学质量工程建设，本科教育教学质量稳步提升，学校各项办学指标条件和人才培养质量得到明显改善。

2022 年 9 月，依据教育部《普通高等学校本科教育教学审核评估实

施方案（2021—2025年）》和湖北省教育厅《关于申报“十四五”期间高校本科教育教学审核评估计划的通知》（鄂教高办函〔2022〕2号）要求，结合学校建设发展的实际情况，武汉纺织大学党委常委会会议研究，决定学校向湖北省教育厅申请在2023年下半年以第二类第一种类型高校（B1类高校）参加新一轮本科教育教学审核评估。为此，我们积极准备，笔者时任学校办公室主任，全程参与了以下工作。

（一）加强组织领导，明确任务分工

学校制订《武汉纺织大学本科教育教学审核评估工作实施方案》，成立审核评估领导小组、评建工作专班和审核评估工作督查组。审核评估领导小组以校党委书记、校长为组长，全体校领导为成员，下设评建办公室，牵头单位为教学评估中心。评建工作专班按照审核评估工作内容组成七个专项工作组及审核评估工作督查组，由牵头单位分管校领导主要负责，协同合作，推进审核评估评建工作顺利开展。按指标将评建工作分解到各二级单位，落实主体责任。

（二）部署动员培训，推动全员参与

学校于2022年10月召开本科教育教学审核评估工作会，校党委书记田辉玉对迎接新一轮本科教育教学审核评估工作进行研究部署；2023年2月，学校召开新一轮本科教育教学审核评估动员大会，校党委书记田辉玉作动员讲话，校长徐卫林作工作部署，号召全体教师干部要以高昂的工作状态、扎实的工作作风、有力的工作举措，积蓄稳中向好的磅礴力量，高质高效推进审核评估各项准备工作。自评工作开展以来，评建办公室多次邀请校外专家开展专题研修班、辅导报告，多次召开审核评估工作政策学习会；在评估中心主页开设审核评估专题栏，宣传评估政策并发布评估工作动态；走访17个学院进行审核评估知识宣讲和重点、难点、疑点问题交流，实现审核评估学习培训全覆盖，形成全校上下统一思想、坚定信心、凝心聚力、全力以赴开展好审核评估评建工作的良好氛围。

（三）坚持以评促建，突出工作实效

学校以自评自建推进教学规范化建设。校院两级领导、校院两级督导开展听课看课，强化教风学风建设；开展全校自评自建工作；各学院全面开展评建工作检查，自查自纠教学档案，及时将检查结果反馈相关部门及教师，形成整改责任清单，细化任务、明确责任、落实整改。完善2022版人才培养方案，各学院依据培养方案修订课程体系、教学大纲及课程目标。各学院聚焦审核评估重点内容，撰写自评报告、收集支撑材料。学校党委多次听取专题汇报，多次召开自评报告研讨会和评估推进会，不断修改完善报告内容，突出学校本科教育教学综合改革成效，统筹推进评建工作。

（四）梳理管理文件，强化以评促管

学校加强教学制度建设，修订文件100余个，不断完善《武汉纺织大学本科教育教学管理制度汇编》；全面梳理校级层面制度文件，确定废、改、立文件600余个；制订《武汉纺织大学学生手册（2023版）》；结合自评自建工作，提交教学基本状态数据、教学质量报告和毕业生就业质量报告等案头材料，在做好迎评工作的同时，进一步优化本科教育教学管理体系。

（五）加强文化建设，营造迎评氛围

学校多部门联动，营造浓厚的校园迎评氛围。通过学校官网及时宣传审核评估工作方针、内涵要求，编发《武汉纺织大学本科教育教学审核评估工作材料》《本科教育教学审核评估知识要点》《本科教育教学审核评估应知应会》白皮书，组织师生全面学习、准确把握《普通高等学校本科教育教学审核评估实施方案（2021—2025年）》（以下简称《方案》）的精髓要义、指标内涵及主要变化点、创新点，深入了解领会《方案》背后的大局大势及指标背后的用意。学校树立全校一盘棋思想，将审核评估与学校“双一流”建设、“十四五”规划建设紧密结合，通过开展全校自评自建，总结教学经验、彰显办学特色亮点，使全校师生的主人翁精神进一步强化，推进教育教学改革、加强课程资源建设、完善质量评价体系，本科教育教学质量工程建设进一步完善，有效提升全校师生的质量文化意识，营造学校优质育人氛围，有力调动全校师生参与高质量本科教育教学工作的积极性、主动性和创造性。

（六）完善流程预案，做好线上线下评估

发布《关于做好迎接本科教育教学审核评估专家入校评估考察工作的通知》等校级规范性文件，设置线上评估、入校考察阶段工作组，绘制工作流程图，制定应急预案，细化工作方案。通过校内预评估对方案、流程等进行打磨演练，不断完善规划设计和细节处置，做到方案能落地、易实施、有实效。学校组织教学评估中心、信息化办公室建设“校内审核评估系统”，将审核评估工作情况、资料清单、线上听课、指令收发等多项功能整合，系统设计信息传递准确、功能清晰、操作简便、实时更新，方便了专家组全面、准确地掌握学校审核评估工作状况。经过审核评估阶段的实战检验，“校内审核评估系统”极大地提高了审核评估工作期间省教育评估院、专家组和校方的工作效率，受到了各方面的一致好评。审核评估线上评估阶段共收发 101 条指令、414 项条目，专家入校考察阶段共接收 95 条指令，无一失误，顺利完成各项评估工作。

2023 年 9 月 25 日上午，武汉纺织大学召开新一轮本科教育教学审核评估线上评估启动会。11 月 1 日，以中国石油大学（华东）原党委副书记、副校长刘华东为组长，武汉大学原副校长李斐为副组长，邱高、陈莉、陈建勇、戴鸿、李卫东、邓磊、孙伟锋为成员的专家组进校考察。笔者作为秘书会务组组长，全程参与了专家的接待服务工作，并负责专家入校见面会、意见交流会的会务工作，感受到专家的专业敬业，与组长结下了工作情谊。临别时，笔者写下了“评估组长是华东，言谈举止性情中。意见中肯真感动，同心共筑纺大梦。”赠送给刘华东教授。专家组团队在线上全面考察的基础上，对学校进行了两天半集中考察，通过听取汇报、实地考察、听课看课、调阅材料、访谈座谈、走访校外实习实践基地、开展广泛调研、交流讨论考察意见等，对学校本科教育教学工作形成了集体意见。

2024 年，学校认真落实《审核评估整改方案》，以审核评估整改工作为重要抓手，按照“以评促建、以评促改、以评促管、以评促强”的方针，完善教育教学质量保障体系和质量综合评价体系，以教育部审核评估专家组总结报告中的问题清单为依据，优化学科专业结构，强化师资队伍建设，加强教学资源保障，完善质量监控体系，健全整改长效机制，积极推进审核评估整改工作。

二、分析与启示

为深入贯彻落实中共中央、国务院印发的《深化新时代教育评价改革总体方案》，教育部印发《普通高等学校本科教育教学审核评估实施方案（2021—2025 年）》，对“十四五”新发展阶段普通高等学校本科教育教学审核评估工作作出整体部署和制度安排。新一轮审核评估对象为经国家正式批准独立设置的普通本科高校，其中，新建普通本科高校应先参加合格评估获得“通过”结论，5 年后方可参加新一轮审核评估。高校要深入研究，充分认识审核评估的意义，做好评估准备。

（一）学校党委高度重视

新一轮审核评估在名称上从“本科教学评估”变为“本科教育教学评估”，其内涵和外延都发生了变化，目的是全面落实立德树人根本任务、构建“三全育人”工作新格局以及“培养什么人、怎样培养人、为谁培养人”。从聚焦教学工作转向了全方位育人工作，强调人才培养不仅是分管校领导和教务部门主抓的工作，更应当是高校党委重视、校长主抓、院长落实、全员参与的全校性工作。这种重大变化绝非仅是分管教学校长、教务处统筹执行层面的事，而应该是党政领导班子要决策的大事，关系到学校“十四五”期间发展目标和办学定位的重大选择。因此，高校要将这次评估纳入“十四五”规划，要通过评估总结现状找到离学校未来发展目标的差距以及下一步整改的方向，整个过程要与学校“十四五”规划和建设发展结合起来，以此推动学校高质量内涵式发展。

（二）突出立德树人

此次评估，一方面强调立德树人的统领地位，高校应明确“立什么德”“树什么人”，坚定社会主义办学方向，践行价值塑造、能力培养、知识传授"三位一体"的教育理念，强化教育教学内涵建设和质量文化建设，"五育并举"培育时代新人。另一方面，此次评估构建了以立德树人成效为根本标准的评估体系，将立德树人"软目标"转化成评估"硬指标"，新一轮审核评估通过专设党的领导、思政教育等评估指标，以及教师、学生、教材等立德树人"负面清单"观测点，强化立德树人统领地位。高校应构建"三全育人"大格局，真正让立德树人在学校的各项工作中落地生根。

（三）合理选择评估类型

高校要为评估做准备，首先不是技术层面的准备，而是战略层面的准备。高校首先需要选择自己的归类。如何选择归类，绝不是教学副校长和教务处随便商量就能确定的，而必须是学校党政班子集体决定的结果，因为这涉及学校未来的发展以及学校的全面工作，非常关键。新一轮审核评估从适应高等教育多样化发展的需求出发，为所有类型的高校设置了一套大方案，大方案里包含了"两类四种"评估方案。"两类四种"的基本设计观念，是设置了四个分类归属，由学校来自主选择哪一个分类归属更适合自己。高校通过自我选择"站队"，能够更加明确自身的办学定位和方向。一方面可以参照对外发布的大学章程，另一方面可以结合学校的"十四五"规划，慎重思考自己的办学定位和方向。

（四）切实落实以评促建

建设高质量教育体系是当前我国教育面临的重要任务。高校不能仅仅局限于评估本身，应该将评估看作对学校本科教育教学工作的一次深度研究，对本科教育教学工作的一次全面体检，是专家组为学校本科教育教学高质量发展把脉问诊、开方定向的一次宝贵机遇。新一轮审核评估坚持问题导向、目标导向和效果导向。学校要以平常心、正常态对待评估，克服"应试"迎评心态，把评建改工作全过程当作是一个与专家组、评估机构形成"质量共同体"，围绕本科教育教学质量建设对话交流、研究反思、同题共答的过程，把评估作为促进学校内涵发展、特色发展、创新发展的契机。

院系如何做好工程教育专业认证工作

一、案例介绍

专业认证是高等教育质量保障体系的重要组成部分。为了促进工程教育国际化和注册工程师的国际互认，1989 年由美国、澳大利亚、爱尔兰、新西兰、英国和加拿大 6 个国家发起并共同签署了《华盛顿协议》（*Washington Accord*），旨在实现缔约国之间的学士学位互认。2006 年，我国由教育部组织开展以提高教学质量、加入《华盛顿协议》为宗旨的工程教育专业认证试点工作；2013 年 6 月，我国加入《华盛顿协议》临时缔约国；2016 年 6 月，我国结束了 10 年认证试点，正式加入《华盛顿协议》，开启了以评促建的工程教育专业认证工作新篇章。总体而言，专业认证是一件非常繁琐的事情，一个专业从申请到通过认证涉及很多的环节，且每个环节都不能疏忽，如果每个环节都顺利的话，一个专业从开始启动到通过认证大约要 2 年的时间。

武汉纺织大学材料学院于 2016 年开始启动专业认证工作，这既是机遇也是挑战，机遇在于启动时间较早，很多专业还没有启动认证。2016 年 6 月，在学校的统一部署下，材料学院启动了高分子材料专业认证工作；挑战在于当时可以借鉴的案例很少，仅有纺织工程专业的自评材料可以参考，并且大家对认证指标体系理解也不透彻，可以说难度很大，只能边学边用，一个一个问题去攻克。2017 年 9 月，向中国工程教育专业认证协会提交了认证申请，2018 年 1 月，协会正式受理了高分子材料与工程专业认证申请，2018 年 10 月，协会专家组进校考察，2019 年 6 月，协会公布了《关于公布北京工业大学机械工程等 460 个专业认证结论的通知》，高分子材料与工程专业通过专业认证并获得 6 年有效期。

（一）加强组织领导，凝聚核心力量，强化典型引领

为了高效地推进认证工作，学院在认证工作之初，便成立了专业认证工作专班，由学院院长、党委书记担任组长，同时邀请学校督导组成员刘晓洪教授担任执行组长，与副组长一起全面协调推进认证工作，按照自评报告的体系组建6个小组，虽然这些年来工作专班人员有所变动，但是整个组织架构一直保持稳定，逐步形成了院长、书记指导、执行组长（副院长）执行、专业负责人落实、教师参与的良好工作局面，为认证工作的顺利开展提供了强有力的保障。

（二）紧盯目标挂图作战 倒排工期全力推进

为确保高质量地完成自评工作，我们按照专班的分工安排和自评报告提交时间节点，明确工作任务，制定了详细的路线图按照工期精心汇总自评材料，并定期召开自评报告撰写和支撑材料准备推进会，确保自评工作有序推进。

（三）注重学习培训，强化认识提升

为了更好地理解吃透专业认证的核心理念，提高自评报告质量，专班人员认真研读标准指南，对标自评报告指导书提纲，在认真研读、深入领会标准的内涵与要求的基础上，对专业进行系统全面的自评梳理。同时采用“走出去”培训和“请进来”指导相结合的方式，不断提升教师认证知识和专业自评能力。学院领导和专业负责人及专班人员，先后赴昆明理工大学、广东工业大学、东华大学等高校培训、学习和参观。对于工程认证协会组织的学习培训，我们基本一次也没落下，通过学习，不断深化对专业认证理念的认识和理解。在走出去交流学习的同时，学院还邀请校内外专家前来进行辅导，让相关教师悟透学习内容。先后邀请了张尚勇、赵长生、张超灿、谢峻林等教授来学院讲解和辅导自评报告。2018年6月25日，就是在高分子材料专业自评报告修改的最后冲刺阶段，我们邀请到专业认证资深专家谢峻林教授来校辅导，谢老师给我们指出了很多问题。学院领导当场决定从第二天起，所有在

场的人员从早上8点到晚上9点集中起来修改自评报告和整理相关支撑材料,专班人员对照问题,克服困难逐一修改。经过20天的齐心协力,在截止时间前顺利地完成了所有材料的上传,最终自评报告通过了审核。

（四）强化示范引领,以点带面促落实

为了提升教师们上交材料的质量,并及时的解答教师在材料整理过程中遇到的问题,我们积极发挥“传帮带”作用,开展副院长和专业负责人集中讲解,同时请老教师开展“一对一”辅导等方式提升专业教师对工程教育认证理念的理解,促进各教学环节完成质量的提升。比如,面向产出的教学大纲的制定和修改,在如何体现以学生为中心的表述转变方面,我们就经历了多次修改。

（五）制定归档要求、规范归档流程,提升材料质量

为了让教师高效、高质量地完成考核材料的归档,减少工作量,我们规范材料归档流程,印发《材料学院课程考核材料归档管理办法》,规定纸质档和电子档的考核材料的归档清单和流程,提升材料归档效率和质量,在日常工作中坚持认证标准,为后续认证工作的开展做好支撑。同时,我们也规范非试卷考核标准,为考核的合理性审核提供制度保障。此外为了更好地提升课程目标达成评价的合理性,有效地支撑毕业要求能力的达成,我们改革考核内容,从过去的填空、选择考查知识记忆占比多,向针对课程目标的能力考核的简答题、分析题和计算题转变。

（六）提前准备,细化分工,各司其职

通过了自评报告的审核后,就是专家入校考查过程,为了能够更好地配合专家组的工作,我们提前准备,从进校前的对接、材料准备和传送,到进校考查期间的访谈、座谈和实验室考查,我们都做了详细的分工,制定了详细的清单,对每一项工作责任到人,做到各司其职,真正保证了工作的顺利进行。

二、分析与启示

新建普通本科专业要想在资深专业、职业教育的双重竞争压力下脱颖而出，获得充足的高质量生源，必须积极推进工程教育认证，提升办学能力。

（一）领导重视是关键

专业是高校的最小组成单元，优秀的学校才能成就优秀的专业。工程教育认证关乎到学校长远发展，专业认证工作并非一个专业、一个学院能够独立完成，认证涉及学生培养全过程的相关部门，学生使用的图书馆、实验室、跨院系学习场所、各职能部门等，需要获得这些部门和院系的支持，并与之形成持续默契的合作，必须在学校最高决策层的统筹安排和具体指导下逐级全力有序进行。工程教育认证是一个系统工程，专业认证成功不单纯取决于专业自身的建设，更多的是依靠学校全体力量的支持。各级决策层都必须建立健全强有力的组织领导小组，全面负责工程教育认证工作。制定既有宏观规划又有近期具体实施方案，分解任务、责任到人，全面有序稳步推进工程教育认证工作。认证工作更应该被列为学院的重点工作，需要学院领导、专业负责人、专业教师的齐心协力才能有效推进。

（二）教师日常教学工作是基础

认证工作是对过去工作的总结和评估，具有写实性，所以需要规范日常教学工作，而不是仅仅在于材料的撰写。教师队伍建设主要体现在两个方面：一是教师队伍对工程教育认证认识的一致性、坚定性。工程教育认证是一个需要教师团队付出大量的脑力、体力劳动的工作，是一个需要众多教师团结协作完成的庞大工程。只有坚定地认可工程教育认证，并团结一致朝着工程教育认证成功的目标积极奋斗，才能做好工程教育认证工作。二是教师个人素质的提升，主要体现在教师工程实践能力的提升。新建普通本科专业教师队伍中一般具有丰富工程实践经验的教师占比较少，具有丰富授课经验的教师占比较多。这需要丰富现有教师的工程实践经验，引进有企业工作经历的新教师，积极聘请企业高技能人才担任兼职教师。

（三）发挥好学生的建设作用

认证是手段，内涵建设是关键，提高质量、让学生受益是目的。因此，要充分发挥学生的作用。工程教育认证的主体是学生，充分发挥学生的作用需要从两方面做起。一是端正学风。高质量的教学离不开优良的学风。经过中学的高强度、鞭策式学习，很多大学生进入课业轻松、学习更自由的大学后，难以做到良好的自律。在现今诱惑颇多的环境下，这些学生不能高质量地完成学业。优良的学风是一条无形的导轨，引导学生自律地完成高质量的高等教育。二是积极发动学生参与工程教育认证工作。学生是工程教育认证成功的直接受益者。提高学生对工程教育认证的重视程度，提升学生参与工程教育认证的意识，强化学生参与工程教育认证的主人翁精神。这对学生高质量地完成学业具有促进作用，进而助力工程教育认证工作的快速稳步开展。

（四）真抓实干是路径

专业必须定期开展课程体系设置优化和教学质量评价工作，需要真真切切抓，实实在在做。在业务方面，要明确所培养学生应具备的11种能力，制定可实际衡量的培养目标，探索如何提高学生解决问题、沟通交流、团队合作等能力；在语言方面，要提升英语水平，深入理解国外认证标准、认证体系以及实现“以成果为导向、以学生为中心”的人才培养目标。所以，学校和院系相关人员只有自身不断地学习，不仅能科学、完整地理解专业认证中人才培养的规范标准，也有效促进专业认证顺利通过。

综上所述，加入华盛顿体系后，我国工程教育专业认证体系和工程教育人才培养方面实现了国际等效性，工程教育专业认证为我国提升人才培养质量提供了可参照的标准，只要我们不断地坚持持续改进，定会实现人才培养质量的整体提升。作为高校的院系教学管理人员，应以工程专业认证为契机，不断学习，遵循工程教育理念，贯彻工程教育方式方法，提高业务能力，积极参与到教育教学改革中，促进工程教育迈上新台阶。

如何办好校长答疑课

一、案例介绍

“能不能将没安装空调的教室都安装上空调？”“如何用一句话介绍学校？”2021年4月12日，武汉纺织大学首次面向本科生开设特别公共选修课程“校长答疑课”，一开课就受到大学生的热捧。“校长答疑课”是由武汉纺织大学校长徐卫林院士于2021年4月指导、相关职能部门共同参与主办、以公共选修课形式在实践层面直面学生办实事的课程，旨在强化学生在办学治校中的主体地位，畅通和完善学校与学生之间的沟通、互动、反馈机制，倾听学生声音，提升学校管理育人、服务育人的针对性与实效性。该课程不设学分，不做强制要求，所有在校学生均可自愿选课，与校长面对面交流答疑。课堂主要由“生呼我应”“你问我答”“解你所惑”三个环节组成，其中，“生呼我应”环节通过提前收集学生问题，邀请职能部门反馈或在现场集中回答，解决大学生们在生活、学习上遇到的困难。学校办公室前期收集到学生对学校各方面的意见后，根据问题类型，及时分发到相关职能部门进行整改，学校办公室负责对所有问题进行跟踪处理，切实解决学生的困惑，引导学生成长成才。

校长徐卫林表示：“校长答疑课”是学校育人方式的一种创新形式，也是一堂特殊的思政课，其目的不是单纯解决学生提出的客观问题，“校长答疑课”能帮助职能部门提高服务意识，改进服务质量，提高服务效率；更重要的是在大学治理中真正发挥学生主体作用，畅通和完善学校和学生之间的沟通、互动、反馈机制，最终是围绕立德树人根本任务，引导学生学会学习、学会生活，真正做到以生为本、生呼我应。

(一)课程前期广泛收集问题,扩大学生参与范围

在每次举办“校长答疑课”前,学校办公室根据校长拟定的主题,依托职能部门面向相关学生广泛收集问题。校团委、学生工作处、研究生处以及各二级院部根据主题向广大学生征集问题,并上报给学校办公室。学校办公室对广大学生反映的问题进行整理归类,把学生反映强烈的问题进行排序,并将问题反馈给职能部门,校内各职能部门针对学生反映的情况提出整改措施或作出解释。每期参与学生总人数为100 ~ 150人。全校学生均可通过“学习通”App自愿选修“校长答疑课”,每次选课人数为50人;同时还将遴选一批学生代表参加,校、院两级学生会负责在各自单位公开征集问题、意见和建议,并推荐学生参加课程,校级学生组织可推荐15 ~ 20名,各学院学生会推荐1 ~ 2名,这些学生均有机会与校长面对面交流。

(二)课堂随机回答师生提问,解答热点难点问题

课堂答疑不仅有校长亲自解答,还有相关职能部门负责同志参加。涉及答疑的职能部门根据前期收集的学生意见建议,以解决师生合理诉求为基本要求,提前做好现场解答准备。对于能当场回复的问题,当场予以答复;符合政策但暂时难以解决的问题,现场说明政策依据和现实困难,并说明解决方案;政策范围内难以解决的,则现场说明相关政策,引导学生正确认识和理解。在课堂上,学生反映较多的问题集中在学校的后勤教辅部门,特别是涉及与广大学生利益相关的图书馆、寝室、食堂等领域,对学校办学条件提出了更高的要求。针对学生反映强烈的问题,校长徐卫林院士要求职能部门现场给予承诺,限时解决;对于一些思想方面的问题,他则从自己个人的人生经验、社会的发展趋势、国家的发展要求等角度提出相关建议。

(三)课中积极回应社会关切,充分体现时代价值

在开学典礼或毕业典礼这些意义非凡的答疑课上,校长除回答学生问题外,还会引领广大学子对世界发展趋势和科学技术走向进行深刻思

考，回应大学生的时代关注点，让青年学生坚定理想信念，以真诚的话语修正和完善他们自身发展认知。如在第 13 期校长答疑课（2023 年毕业典礼）上回答学生“面对日益激烈的就业竞争压力，很多人都倾向于寻求体制内相对稳定的职业发展。请问您是如何看待这种现象的？在未来学习工作中，我们如何像您一样，能够让自己脱颖而出？”这一问题时，徐校长结合自身求学、工作经验以及学校优秀毕业生的发展等案例，鼓励学生坚守初心、砥砺奋进，激发青年学生的社会责任与时代担当，从而引导学生深刻学习领悟社会主义核心价值观。坚持不懈用党的创新理论武装头脑、指导实践、推动工作，帮助学生在投身中华民族伟大复兴的征程中明确方向，更好地为全面建设社会主义现代化国家贡献自己的青春力量。

（四）课程后期追踪落实情况，解决庸懒散拖问题

课堂上，在校长开讲前，主持人通报师生反映的问题及职能部门的反馈情况。校长对前期收集的问题进行点评，并当场了解相关问题的解决措施和进度。对于师生当场提出的新问题，则由工作人员在课程结束后反馈至职能部门，追踪该问题的落实情况，并在下一期课堂中公布问题解决的进度。一些部门也因此创新了工作方式方法，如后勤管理处每周编辑“后勤新干线”视频节目，对一周内的工作进行总结，并在网页显著位置和企业微信等平台发布。以学生为中心，公开向广大师生承诺，倒逼职能部门做好工作，解决庸懒散拖问题。

从开学典礼上的第一堂答疑课到毕业典礼时的最后一场答疑课，校长徐卫林院士回答学生现场提出的关于学业、科研以及生活等方面的问题，学校办公室负责对所有问题进行跟踪处理，在解决学生问题的同时，增强学生的情感归属感，打通了广大师生从获得感迈向幸福感的“最后一公里”，切实达到“以文化人”的效果。

二、分析与启示

思想政治教育不仅要传授书本上的理论知识，还要解决实际问题，在解决实际问题的过程中推进思想政治教育的发展。通过“校长答疑课”，进一步畅通了学生的诉求通道，发挥学生参与治学办校的主体作

用，直面学生的所思、所想、所需，广大学生对校情有了更深层次的认识；学校各职能部门也在这个过程中发现了工作存在的问题，推动了相关问题的解决。

（一）坚持以学生为中心的教育理念

学生的诉求是学校工作的出发点和落脚点，要确保满足学生的基本需求，力争创造更好的条件，教学单位要围绕学生成长成才下功夫，教辅部门和后勤部门要及时更新、更换相应的硬件设施。各部门要从学生成长的角度开展工作，积极融入这一角色中，不断创新工作方式方法，把工作做在前头，切实提升学校培养人才的质量。身处教育一线的单位要切实贯彻这一教育理念，让学生在校期间学有所得、学有所获，提升其教育获得感。

（二）创新对全校各部门的有效管理

各教学单位要切实履行教育职责，考核管理要以学生为出发点，不断激发广大教师有效参与学生的成长成才过程，从人生规划、学习计划、课余活动等方面推进相关工作的改革，让学生在校期间有所得，不断增强其获得感，职能部门的考核要围绕这一目标展开；各教辅单位要为教育教学提供良好的硬件设施，优化管理过程，及时解决学生遇到的实际问题，如寝室维修、校园照明等；对于学生更高标准的期盼，则应纳入未来的工作计划与目标以逐步解决，不断提升学生的满意度。

（三）推进思政元素融入课程全过程

解决思想问题要以解决实际问题为切入点，思想政治教育是“校长答疑课”的核心内容。在本课程的组织过程中，不仅要加强学生的思想政治教育，也要加强对教职工的职业道德教育和党性教育。通过这一课程，学生对学校的认识更加深刻，对学校的优势与困难也有了更多理解，进而引导广大学生克服困难、用好优势全身心投入学习，全面提升思想政治素养。同时，各职能部门要在这一过程中加强对教职员工的职业道德教育和党性教育，牢固树立为师生服务的理念，特别是学生反映强烈的宿舍、食堂、体育馆、图书馆等单位，要提高工作效率，提供更加优质的服务。

（四）深挖校园文化增进文化价值认同

校长答疑课具有文化属性。校长徐卫林院士是武汉纺织大学自主培养的院士，院士亲自走进学生课堂，为大学生开展多场答疑课，解决学生在学习、就业、生活等诸多方面的问题，这在全国高校中较为少见。通过这一课程，让学生在课堂上增进文化体验。如在开学典礼、毕业典礼这种大型活动上，引导学生更深层次地了解学校的发展历史、文化内涵。有效的互动仪式是有节奏性和同步性的。在校长答疑课上的你问我答环节，犹如常人对话，一问一答、有来有往。有节奏的同步互动使答疑课的参与者能够感受到一种和谐的状态，易产生情感共鸣。在答疑课上，徐校长通过讲述为学校发展作出重要贡献的师生、优秀校友等故事，让身在其中的同学们感受到校园文化所蕴含的强大力量，徐校长有时还会将自己签名的书籍作为礼物送给主动提问或给予学校好的建议的同学，赋予真实情感，让学生铭记母校、感恩母校，将来为反哺母校提供情感基础，借此激发学生的爱校情感、增强集体凝聚力，提高学生对母校的认同感和归属感。

（五）推动校长答疑课长效机制建设

思政育人是一项长期工程，其教育成效需要通过多次开展相关活动逐渐强化。完善校长答疑课的相关制度建设、建立长效机制，才能更好地保障答疑课效果实现最大限度的发挥，形成持久的育人效果。持续加强顶层设计，完善答疑课后的评估反馈机制，为每场答疑课的顺利进行提供物质和制度保障。要探索建立校长答疑课反馈机制，反馈机制应涵盖组织者、参与师生和各职能部门等相关人员，学校办公室要全面搜集信息，及时分类整理，不仅有助于学校更加科学地了解学生的所想、所感及活动的优劣得失，同时也有助于学生更好地理解、认同学校举办的校长答疑课，使学生在校期间参加校长答疑课能发挥育人的长效性。

第三篇

思政教育与学生工作篇

实施阳光素质学分，探索大学生非专业素质培养的新模式

一、案例介绍

大学生素质是指通过不断学习和实践，发展形成的内在的、相对稳定的、有利于可持续发展的主体特性和品质，一般包括专业素质和非专业素质两方面。专业素质是指学生应该掌握的专业基本理论知识和基本技能。非专业素质包括思想道德素质、科学人文素质、实践创新素质、社会责任意识和身心素质等。大学生综合素质培养是党的教育方针的具体要求，是人才培养模式的重要组成部分，是改善大学生素质现状的有效途径，推进大学生综合素质培养是满足社会对人才素质需求的有效手段。大学生素质教育经过多年的推行，在传统教育观念和人才培养模式的束缚下，还存在着重理论轻实践、重专业因素培养轻非专业因素培养等方面的不足，大学生素质培养缺乏行之有效的操作模式。因此，构建行之有效的大学生素质培养模式是推进大学生素质教育的客观要求。

素质学分制度是对传统综合素质评价制度的改革和超越，它通过学

分量化学生在思想品德、智力、科学人文精神、专业素养、创新实践能力等方面的外显成果或行为活动过程，将提升学生综合素质由弹性指标变为学生和学校双方的硬性任务要求，促进学生个性多样、自由全面发展和整体综合素质提升，优化学校综合素质教育体系，推动学分制改革向纵深方向发展，提高学校人才培养质量。笔者于 2008 年 8 月调任武汉纺织大学（原武汉科技学院）党委学生工作部部长、团委书记，2010 年 9 月，我们提出并在 2010 级新生中实施阳光素质学分计划，旨在探索大学生素质培养的新模式，培养综合素质全面发展的新一代大学生。计划实施四年来，通过不断的探索和总结，形成了基于阳光素质学分的大学生素质培养模式，并在实践中取得了明显成效。

（一）加强顶层设计，构建基于阳光素质学分的大学生素质培养模式的基本理念和创新机制

武汉纺织大学在构建基于阳光素质学分的大学生素质培养模式中，树立以“全员教育 + 社会需求导向”为基础的多元价值观，坚持“为了一切学生发展”的教育理念，构建以“通识教育 + 个性化培养”为核心的多样化培养模式，以开发大学生“非智力因素”为着力点，实现素质教育与思想道德教育、专业教育、创新教育的有机融合，致力于培养具有“阳光责任、阳光修养、阳光习惯、阳光心态、阳光实践”特质的大学生，使学生常怀“感恩之心、进取之心、善良之心、宽容之心、快乐之心”，做一个“真情、真诚、真实、真正、真学”的人。

基于阳光素质学分的大学生素质培养模式的内容包括：（1）培养阳光责任，提高学生品德素质，做一个真情的人；（2）提升阳光修养，培养学生人文素质，做一个真诚的人；（3）培养阳光习惯，增强学生身体素质，做一个真实的人；（4）培养阳光心态，提高学生心理素质，做一个真正的人；（5）加强阳光实践，提高学生实践创新素质，做一个真学的人。

基于阳光素质学分的大学生素质培养模式以阳光素质学分制度为规范，以阳光素质学分超市为载体，以素质学分认定系统为平台。学生根据自身特点和兴趣，开展不同类别的素质学分的申报及认定，构建提高大学生综合素质的新机制和新模式，实现素质教育的具体化、有形化、科学化，为大学生的全面成长成才提供有效途径。

第一，实行阳光素质学分，完善素质培养评价体系。阳光素质学分

制度通过创建培养项目、跟踪学生参与项目的动态和有效性、审核学生参与项目后达到的目标和效果，实现对学生素质培养的全面监控和管理。学生从阳光素质学分超市中自主选择培养项目，以学分的形式量化在校期间完成素质培养项目的情况，分学年推进和实施，这是一种旨在培养学生综合素质的一种学分制度。根据大学四年不同的教学及课程安排，对阳光素质学分在制度安排上进行精心设计，大一到大二每学期必须完成 2 个素质学分，大三和大四每学年必须完成 1 个学分，总学分不设上限，但要求在校期间必须修满 10 个学分，并将其作为学生正常毕业的必要条件。阳光素质学分的推行克服了当前大学生素质教育培养操作性缺失的瓶颈，促进了对大学生素质教育培养的有效管理和有效评价，并与学生教学考评体系互为补充，实现了整个人才培养模式评价体系的完整性。

第二，建立素质学分超市，保障阳光素质学分的运行。在阳光素质学分制度下，创建素质学分超市，旨在将提高学生各方面素质的培养项目进行整合，分主题、分专业、分项目陈列，以超市自选的方式提供给广大学生，通过自下而上的自主选择，让学生结合自身特点有意识地申请相应的学分项目。素质学分项目分为学校项目、学院项目（学生自主设计项目）120 余项，分为推荐项目、学院特色项目，每项活动 0.1 ~ 0.5 学分不等。通过感恩诚信主题教育、阳光人文讲坛、阳光大舞台、心理健康月、科技创新节等具体形式，提高了学生的道德素养、人文素养、文化素养、心理素质和创新能力等综合素质。

第三，构建四位一体的学分认定体系，保障学分考评认定的客观真实。根据阳光素质学分推荐项目、学院特色项目、参考项目和学生自选项目四大类别的特点，构建了学校、学院、班级（社团）、寝室四位一体的学分认定体系。项目根据实施的难易程度及对学生教育培养的实际效果等具体情况设定不同学分，由不同层级的认定主体进行认定，并开发设计了大学生素质学分认定系统软件。从素质培养项目的设计、学生学分项目的申报、学分项目实施过程信息的记录、到项目完成后学分的逐级认定，全部通过系统来记录、汇总和分析，使学生清晰地了解自己每学期完成的学分情况，及时对计划书进行调整和完善。学校为每个学生建立了素质拓展档案，归口各二级学院管理，所有认定学生获得学分的原始材料或复印件均须装入“大学生素质拓展档案”。

第四，形成了科学全面的人才培养评价体系。专业教育评价体系和素质教育评价体系构成了完整的人才培养评价体系。学生综合测评是对课堂教学和专业教育成果的有效评价，以学生各门课程考试成绩为主、在校期间参与各类学生组织的项目表现为辅，测评以百分制的形式对每一个学生每一学年德、智、体三方面表现按 25∶60∶15 的比例进行综合考核评分，考核总分作为校内各项奖学金评定和评先评优的重要依据。阳光素质学分测评是对素质教育成果的有效评价，以学生参与阳光素质学分项目成绩为主，综合考虑素质培养过程中专业知识的实践效果，以阳光素质学分认定系统为平台，以《阳光素质学分汇总表》为表现形式，详细记录参与素质学分项目的过程和完成情况。综合测评和阳光素质学分测评共同形成了对大学生培养全面、科学的评价体系。两张成绩单直观反映了大学生在校期间各方面的表现。

（二）加强组织领导，多方组织实施，取得较好成效

第一，成立校院两级组织领导机构。一级机构为“武汉纺织大学阳光素质学分指导委员会”，由主管学生工作、教学工作的校领导牵头，学工部、校团委、组织部、教务处、体育课部、马克思主义学院等相关部门负责人共同组成；二级机构为“学院大学生阳光素质学分领导小组”，由各二级学院书记、副书记和分管教学的副院长担任组长，组员为办公室主任、辅导员、教学秘书、班主任。

第二，学生个人制订素质培养计划书。学生在教师指导下，以《武汉纺织大学阳光素质学分超市》和《阳光素质学分计划书模板》为参考，根据自己的实际情况，自主拟订个性化的素质学分计划书。按完成情况分项目在阳光素质学分认定系统中填写相关内容，最后生成《阳光素质学分汇总表》。学生可以在《武汉纺织大学阳光素质学分超市》中选择相应的项目，也可自行设计或几位同学一起设计项目，报各学院认可；既可以每个模块选择两个及以上的项目，也可以只选择一项需要长期坚持的项目。

第三，完成学分认定。在学校、学院、班级、寝室四位一体的学分认定体系中，项目的学分认定主体与项目设计主体保持一致。学分认定程序如下：学校直接认定。由学校相关部门或校级学生组织、社团认定学分。相关机构根据学生参与情况，直接认定学分，一般在项目结束后两周内完成。学院认定。学院设计的特色项目，由学院自行制定学分认定

标准，直接认定学分，一般每学期末认定相应学分。学生所在班级(社团)和寝室认定。学生自己设计的项目，自行设计实施步骤，学分认定须经班级和寝室认可、班主任同意，报学院审核。

武汉纺织大学基于阳光素质学分的大学生素质培养模式采用“项目＋载体＋阵地＋实践”的运行模式。每个模式都有重点培养素质、参考选项和考核依据，鼓励学生自主设计实施素质学分计划，具有鲜明的特点。具体特点表现为“一体四化”。

一是主体性。学生的素质培养计划由学生根据自身情况，自主制定素质培养计划书、申报具体学分项目、提供学分认定需要的相关材料。在学分考评认定方面，鼓励支持学生组织自主认定，并在每学期根据实际完成情况，对计划书进行调整和完善。

二是有形化。通过阳光素质学分超市，将素质教育实施项目分门别类展示，方便学生选择感兴趣的项目；通过阳光素质学分认定操作系统，将素质学分的认定具体化，实现素质教育效果的量化考核。

三是科学化。素质培养计划以10个学分为基本学分，并构建寝室—班级—学院—学校的四级学分认定组织，以阳光素质学分认定系统为平台，充分发挥学生主体的主观能动性，实现素质学分认定的科学化。

四是个性化。学生可根据自己的专业特点，选择与专业相近、可依托专业知识开展的学分项目；选择能够展现自己特长的学分项目；或是选择能够满足个人兴趣、弥补某些方面不足的项目。

五是系统化。通过制订计划书—申报学分项目—填写学分参与描述—提供实施学分项目的相关证明材料—认定学分—调整修改计划书的流程，促进阳光素质学分培养的系统化。

在近5年的实施过程中，以学校统一部署和着力打造的一批高质量、高水平且形式新颖活泼的品牌项目为主要载体，结合专业教育进行素质教育，实现了素质教育的具体化、有形化、科学化、系统化，为大学生全面成长成才和适应社会需求开拓了有效途径。阳光人文讲坛等一系列品牌文化项目培养了学生良好的人文素质。近3年，举办了阳光人文讲坛100余期，参加的学生23200余人，首创“纺大拉拉操”集体舞风靡校内外。“感恩 励志 诚信 责任”系列素质教育项目，提高了学生思想道德素质。四年来，已经有26600余人参与到系列项目中来。丰富的社会实践和科技创新活动使学生打牢了专业基础，拓展了能力与视野，提高了学生实践创新的素质。四年来，学生在国家及省重大比赛中获各类奖项2100余项,科研立项1100余项。学生通过参加心理健康月系列项目,培养了积极健康的心理素质。社会影响广泛,成果获得多方肯定。自2008年以来,浙江理工大学、西安工程大学、湖北文理学院(原襄樊学院)等高校先后来校考察学习;2009年3月,教育部专家组在对我校大学生思想政治教育工作进行试评估时,对我校大学生素质培养模式给予充分肯定和高度评价;2011年,我校在湖北省高校教职工思想政治工作研究会年会、中国纺织职工思想政治工作研究会年会上交流经验做法;2013年,该项目荣获“纺织之光”2013年度中国纺织工业联合会纺织教育教学成果二等奖。

二、分析与启示

提高人才培养质量是高等教育永恒的主题,而人才培养质量的提升有赖于完善的人才培养体系。武汉纺织大学基于阳光素质学分的大学生素质培养模式旨在探索高校实施大学生素质教育的有效模式。这种模式能够有效弥补课堂教学和专业教育的不足,与课堂教学及专业教育共同构成完整的人才培养体系,对于构建大学生素质培养的评价体系,在实践中有效实施素质培养工作,促进大学生素质教育的科学化具有重要的现实意义。

(一)与时俱进,创新综合素质学分观念

创新素质学分制要充分体现当下的时代特征,以新时代教育改革思想为指导,以培养学生创新能力和创新精神为导向,深化“能力本位”理念,摒弃“成绩本位”。综合素质不仅是人才培养目标,而且是指导高校学分制改革的重要理念,体现的是系统设计、统筹推进的学分制改革思路。高校素质学分制改革要在传统课程学分评分和综合素质评价间寻求适宜的定位和平衡,既要发挥素质学分制度本身的评价功能,又要发挥制度在人才培养上的引导作用,使其成为人才培养的“指挥棒”。综合素质学分体系构建需遵循基本原则:一是强调面向全体与尊重学生的个体差异相结合,即坚持面向全体学生,对全体学生的综合素质培养有统一的要求,充分重视学生素质共性的提升,使每个学生都能够得到发展,同时应对学生按照学科类型、专业特长、兴趣爱好等标准进行分

类，在理解尊重学生差异的基础上创造学生发展的条件，制定不同群体学生的综合素质培养目标，促进全体学生各尽所能、各施才华、各有所长。二是强调学生的全面发展与个性发展相结合，即应将综合素质教育全面融入人才培养体系，纳入各专业人才培养方案，贯穿人才培养全过程，在各专业人才培养目标、培养规格、毕业要求中明确规定综合素质学分，鼓励各专业按照自身特色，规划和设计综合素质教育的内容和体系，形成具有专业特色亮点的综合素质教育活动，为学生个性发展打造平台。

（二）科学评价，注重综合素质学分内容体系完整

贯彻落实党的教育方针的核心是解决好培养什么人、怎样培养人的重大问题，重点是面向全体学生、促进学生全面发展，因此综合素质学分体系应包含各类影响学生发展的因素，对学生的思想道德素质、人文科学素质、科技创新素质、职业素质、身心素质等指标进行科学评价，并赋予相应学分。学校在设置综合素质学分内容体系时，要充分挖掘上述指标的深刻内涵、基本要求和评价方式，确保内容体系的全面性、系统性和完整性。

首先，教育的根本任务是立德树人，综合素质学分体系要突出学生道德素质的重要性，体现学生以爱国主义为核心的民族精神、以改革创新为核心的时代精神，以为国家、为社会、为人民服务为核心的敬业奉献精神。

其次，坚持能力为重，以丰富的社会实践活动为载体，加强对学生在德、智、体、美等方面的能力培养，注重评价学生参加道德实践活动和各类社会工作的能力；注重评价学生组织、协调、管理各类校园文化活动、校外实践活动、身心健康主题活动的能力；注重评价学生科技创新、学术研究、创业就业的能力；注重评价学生专业知识技能的实践运用能力；注重评价学生发现问题、分析问题、解决问题的能力，教育学生学会知识技能，学会手脑并用，学会生存生活，学会做人做事。

（三）深化改革，构建维度多样的综合素质学分测评

高校应完善综合素质学分评定体系，统一学分评定标准，明确学分

认定的具体要求和程序。

首先，综合素质学分应成为各专业人才培养的毕业要求和硬性条件，遵循发挥学生优势特长、弥补不足的原则，合理设置学生应完成的综合素质学分总体要求和分项指标要求。

其次，制定综合素质学分评定实施细则，统一规定综合素质学分每项指标的评价维度、评价要素和赋分标准，并体现层次性和差异性。根据学生综合素质表现形式的差异性，设置合理的转换标准：如综合素质表现为职业证书、获奖证书、论文、专利、作品等标志性成果的，可以直接赋分；表现为学习、活动过程的，如听取报告、参观纪念活动、专题讨论、学习党课、参加志愿活动和社团活动等，可以用统一的时间标准衡量成果，转换成学。根据学生活动或标志性成果的获得难易程度赋予不同的分值，有效反映成果的层次差异和质量差异，并与全体学生的获得情况相匹配，扩大受益面。各类竞赛奖项可分为专业级、系级、校级、市级、省级和国家级等级别，分别赋分，体现梯度，激励优秀学生争取省级、国家级等难度较大的奖项，但也兼顾大多数学生的实际水平，让他们能通过努力获得专业级、系级、校级奖项，取得一定的学分数，实现“跳一跳能摘到桃子”。实行多维度、多层次、多元主体评价，坚持过程性与终结性评价相结合、定性与定量评价相结合，注重学生参与过程和情绪情感体验，注重学生能力素质的提升，使素质教育学分惠及全体学生。

（四）规范管理，确保综合素质学分管理机制运行顺畅

规范管理是一项制度顺利推行、实施并充分发挥应有作用的重要保障。高校要进一步完善学生综合素质评价体系，建立健全综合素质学分管理机制。

一是完善管理体制。应做好学校顶层设计，科学制定综合素质学分认定工作的总体计划和要求。在全校范围内整合各部门资源，统一领导，加强学校职能部门间、部门与学院间的交流和协作，明确素质学分的管理认定权责。坚持以学生为中心，不断创新综合素质学分管理制度，修订完善综合素质学分认定实施细则，明确各类成果转换为综合素质学分的范围、权重、标准和程序，按照实质等效原则，逐步拓宽综合素质成果转换范围，丰富综合素质学分内容。

二是加快素质学分管理信息化建设。可以将素质学分管理的信息化平台建设作为学校教学管理信息化的重要举措,创新管理方式,提高素质学分的管理认定效率。学生可随时随地利用手机、电脑终端查询综合素质学分的审批进展情况、获批情况以及在本专业和全校学生中的位次,提高综合素质学分认定工作的便捷性、高效性、公开度和透明度。

三是加强校地校企交流与合作。应广泛吸收社会人力资源开发部门以及用人单位的专家,开展综合素质学分认定和转换工作的评估与论证,提高综合素质学分认定工作的科学性和规范性。

附:

设计 120 多个项目 修不满学分不予毕业
武汉纺织大学素质教育有了硬指标

2012 年考入武汉纺织大学机电系的李刚进校后不久,学校就发给他一本《阳光素质学分计划手册》,要求他从中选择素质项目,填写阳光素质学分计划书。"新鲜! 素质教育成了必修课,还算学分!"他有点不解。

在一些地方,素质教育常常喊得响,做得少,大学里的素质教育如何抓才能不走过场? 武汉纺织大学进行了一系列探索。他们首先从加强学生社团活动入手,在机电学院"铁人班"的带动下,服装学院成立服装设计师协会,外贸学院举办成才感恩节等活动,大学素质教育在武汉纺织大学开展起来。

两年下来,学生社团活动越来越多,但深层次问题也逐渐显露。项目杂乱,内容单调,学生自愿参加,受益者只是少数,多数人处于观望状态。活动缺乏管理,学生参加不参加一个样,好与差一个样。对此,通过开展大学素质教育现状与发展的大讨论,学校形成素质教育的实施办法。学工处处长高建勋说:"学校素质教育以'阳光'命名,以培养学生责任、修养、健康心理等为目标,共设计 120 多个项目,每个项目给一定学分,学生修不满不予毕业。"自此,武汉纺织大学的阳光素质教育成为必修课。

如今,学生们不仅可以选择学校制定的项目,也可以自创项目,报院系审定后执行。2010 级化工系学生蔡兴旺喜欢打篮球,他针对班上男、女同学交流较少的情况,自创"3+1 篮球赛",即三个男生加一个女生进行比赛,每周三场,并组织全班同学观看。赛场上,在加油助威声中,男女同学忘记了性别,丢掉了烦恼,增进了友谊,起初的胆怯、羞涩渐渐消失了。两个月下来,同学们争着加入篮球队。看到活动深受学生欢迎,化工系为该项目加上素质学分。

如今，阳光素质教育已在全校深入开展，学生广泛参与，学生精神面貌发生很大变化。法学专业学生王方（化名）在读高中时患有轻度抑郁症，进大学后心理问题更加严重，封闭自卑，不与人交流。辅导员发现问题后，耐心细致地做他的思想工作，引导他参与素质教育活动。起初，辅导员建议他参加最简单的跑步社，并每天早晨陪着他跑。一个月下来，王方的情绪有了积极变化。第二学年，他选择了两个素质教育项目。在丰富多彩的活动中，在与同学和教师们的共同相处中，他重新找回了自信。2012 年，他以优异成绩通过国家司法考试，获得湖北地方选调生资格。谈起这一段经历，王方深有感触地说："是学校的阳光素质教育拯救了我，把我从灰暗、悲观的生活中拉了出来。没有素质教育，就没有我的今天！"

据统计，阳光素质教育开展以来，全校学生参与早锻炼的人数比例由 38% 提高到 75%，各类学术讲座参与率、入党积极分子人数和志愿者人数不断增加。学校心理问题重点关注学生人数比例由 0.8% 下降到 0.3%，学生考试作弊人数比例由 1% 下降到 0.3%，体检不合格率几乎为零。

（原载 2013 年 2 月 1 日《中国教育报》，作者黄兴国，实习生任秦玉、李若婕）

打造"阳光大舞台"文化品牌 繁荣发展校园文化

一、案例介绍

随着高等教育改革的不断深化，社会对人才素质的要求也不断提高，如何更好地发挥大学育人功能，培养社会需求的人才，成为大学的首要任务。而在大学育人过程中，校园文化对人才培养和学生成长起到不可忽视的作用，建设优良的校园文化，对于引导大学生提高思想道德素质，完善高尚人格，开发学生的智力，增强学生的身体素质，丰富文化生活，培养学生良好的审美观，建立和谐的人际关系，促进大学生全面发展具有重要意义。

2008 年 9 月至 2013 年 4 月，笔者担任武汉纺织大学学生工作部部长、团委书记，为了深入贯彻落实中共中央、国务院《关于进一步加强和改进大学生思想政治教育的意见》的精神，建设体现社会主义特点、时代精神和学校特色的校园文化，营造学生健康成长的良好文化氛围，我们在学校党委的正确领导下，依靠二级院部积极创新工作思路，拓展工作空间，积极探索，以阳光大舞台为载体，以阳光素质学分为抓手，加强大学生素质教育，丰富校园文化，在促进学生成长成才方面取得显著的成效。

（一）注重理念创新，积极探索新时期校园文化建设新内涵

我们把打造优良校园文化、营造良好育人校园氛围作为学校人才培养的重要工作，经过不断探索创新，凝练出具有本校特色的“1234”校园文化建设新方案。“1”就是校园文化建设一个目标，营造有利于学生培养的良好校园文化氛围。“2”就是校园文化建设的两个目的，利用优良的校园文化促进学生的“成长”与“成才”。“3”就是校园文化建设三个标准，打造“高质量、高品位、高水准”的校园文化。“4”就是校园文化建设体现的四原则，体现社会主义特征、展现时代特色，具有学校特点、深受学生喜爱。

（二）完善保障体系，为校园文化建设营造良好氛围

第一，领导高度重视，成立专门领导和指导机构。学校成立了以校党委书记、校长为组长，分管校领导为副组长，党委宣传部、组织部、学工部、教务处、研究生处、团委等部门领导为成员的校园文化建设领导小组，办公室设在学生工作部。聘任学校知名专家、学者组成校园文化建设专家指导委员会，指导学校校园文化建设。同时，学校还设立校园文化建设联席会议制度，用于总结、研究和部署校园文化建设工作。

第二，加强制度建设，确保校园文化建设方向。学校先后制定了《武汉科技学院校园文化建设实施意见》《武汉科技学院阳光素质学分制度实施办法》《武汉科技学院校园活动管理规定》等一系列规章制度，为校园文化建设提供了坚实的制度保证，确保了校园文化建设的方向。

第三,完善配套建设,确保经费到位。校园文化建设工作是一项艰巨的系统工程,需要加强软硬件建设,学校每年划拨 500 万元专款用于校园文化建设。同时,重点建设了以大学生活动中心为主阵地的诸多校园文化活动平台。为素质拓展提供足够的时间和空间,充分保证素质拓展各项经费的投入。

第四,选配专业导师,确保校园文化活动质量。校园文化活动开展品位的高低、质量的好坏,教师指导是关键,学校聘请有人格魅力、人生经验丰富、关心爱护学生的教师担任校园文化活动的指导教师,并将教师参与学生活动的情况计算为教学工作量,与年度考核、职称评定等挂钩。同时,加强管理人员队伍建设,配备足够且能力较强的管理人员,充分保证校园文化活动的顺利开展。

第五,开发测评软件,建立评价体系。通过开发校园文化活动认定软件,对学生参与校园文化活动过程中的素质成长经历进行评价,给学生和社会提供一个评价的参考依据。同时,将大学生参加校园文化活动情况与奖学金评定、就业推荐挂钩,对大学生参与素质拓展工程的效果实行学分制管理,规定学生修够相应学分后,才能毕业,增强学生参加素质拓展的压力和动力。

(三)活动主题创新,不断丰富新时期校园文化建设新内容

第一,以“阳光人文讲坛”为载体,增强学生人文素养。对于我校这样一所以理工科为主的综合类院校,学生人文精神的培养尤为重要,学校通过“阳光人文讲坛”“阳光文化赛事”等校园文化活动,增强理工科学生的人文素养,让学生全面成长成才。一是开设阳光人文讲坛。我校“阳光人文讲坛”于 2007 年 10 月拉开帷幕。到目前为止已先后举办 45 场,讲座内容涵盖文史、地理、宗教、伦理、哲学、道德、美学、心理等多方面。武汉大学李工真教授,华中科技大学蒋小分教授、湖北电视台著名编导马伶、著名女作家池莉等知名学者先后做客阳光人文讲坛,增强了学校的人文气息。二是举办阳光辩论赛、阳光知识竞赛、阳光演讲赛等文化赛事。通过辩论、演讲、朗诵等大学生喜闻乐见的形式,讴歌新时期的新人、新事、新风尚,唱响时代主旋律。同时,通过文化赛事的开展,扩充学生的文化知识,提升学生的人文素养。三是依托专业,开展形式多样的校园文化艺术节。成才美育节、服装艺术节、传媒文化节、环保文

化节等主题文化艺术节,使学生将专业与校园文化建设相结合,打造各具特色的校园文化品牌,目前学校14个学院均结合各自的专业特色创办了具有学院特色的校园文化节。

第二,以“阳光运动”为载体,增强学生身体素质。学生的身体素质直接影响学生的成长和成才,校园文化活动中的体育类活动,对增强学生的身体素质有重要的作用,充分发挥“阳光运动”的魅力,培养造就德、智、体全面发展的优秀的人才。一是充分发挥“三大球赛”的运动魅力。篮球、足球、排球作为学校深受广大学生喜爱的运动,拥有广泛的参与群体,有利于凝聚学生。而三大球赛的激烈对抗性、竞争的团体性,对培养学生的竞争意识、团体协作意识有着积极的作用。二是积极开展“趣味运动”。拔河比赛、绑腿跑、跳绳、接力跑等趣味运动以其组织形式活泼、参与面广、不受场地限制等特点受到学生的青睐。趣味运动的开展,有利于发挥学生的想象力和创造力,在活动开展的过程中,也有助于增强学生的协作精神。

第三,以“阳光文艺”为载体,提升学生文艺素质。校园文艺活动是校园文化的重要组成部分,也是丰富学生课余文化生活的重要载体,还是学生展现文艺天赋的良好平台。学校以“阳光大舞台”为载体,提升学生的文艺素质。一是以“校园吉尼斯”为载体,为广大同学提供一个展示才华的舞台,建设平民舞台。通过形式多样、丰富多彩的节目,平均每半个月开展一次舞台竞技,每次决出冠军1名、优胜选手若干;平均每两个月开展月赛一次,决出月冠军;学期末举行总决赛,决出年度总冠军。让学生享受活动过程的快乐,打造轻松愉悦的校园活动氛围。二是举办各类校园文艺展演。通过音乐会、大合唱、文艺晚会、戏剧展演、歌手大赛、舞蹈大赛等丰富多彩的文艺演出,充分展示学生的文艺天赋,在文艺演出中陶冶学生情操,增长学生文艺审美。

通过不断地建设和努力,学校在阳光校区打造出具有武汉纺织大学特色的“阳光大舞台”,让学生的文化、艺术、体育等方面的天赋得以充分的展示。同时,通过阳光大舞台的建设,不断丰富校园文化活动,为学生的全面成长成才提供良好的校园氛围。2010年4月16日,湖北省高等学校校园文化研究会2010年年会在三峡大学召开,我们申报的校园文化建设成果《阳光大舞台 秀我真风采》获湖北高校校园文化建设优秀成果一等奖。

二、分析与启示

校园文化活动作为校园文化的构成要素，既是校园文化建设本身的主要内容，也是开展大学生思想政治教育的重要载体和手段。习近平总书记在全国高校思想政治工作会议上强调，要更加注重以文化人、以文育人，广泛开展文明校园创建，开展形式多样、健康向上、格调高雅的校园文化活动，广泛开展各类社会实践。高校校园文化最直接、最显性的表现集中在校园文化活动方面。把握校园文化活动的组织机理，遵循校园文化活动建设和发展规律，以此设计和推动新时期校园文化建设，是当前加强和改进大学生思想政治教育、提升工作质量的应有之义。高校应按照时代特征来精心设计和组织开展内容丰富、形式新颖、吸引力强的思想政治、学术科技、文娱体育等校园文化活动，努力把德育、智育、体育、美育渗透到校园文化活动中，使青年学生在丰富多彩的活动参与中受到潜移默化的影响，思想感情得到熏陶、精神生活得到充实、思想境界得到升华。

（一）领导重视是前提

高校校园文化活动要想取得良好的效果，首先要提升高校管理者的重视程度。思想上的高度重视才能够确保行动上的积极落实。学校管理者可以根据当前校园文化的实际情况制订《高校校园文化活动管理规定》以及《高校校园文化活动品牌化发展方案》等相关文件。在文件的支撑和引导下，可保障高校校园文化活动的顺利开展。此外，组织机制上的健全完善也是不可或缺的关键要素。高校可以成立“高校校园文化活动建设领导小组”，责成专门的人员对该项活动进行综合决策与全面落实。

（二）师生参与是关键

高校校园文化建设除了需要学校各级领导的关注和重视以外，还应吸引多元主体的积极参与。要积极吸引教师的参与，让教师为高校校园文化活动的繁荣发展出谋划策；要积极吸引学生的参与，让学生能够积极主动地参与到各项活动当中来。多元主体的广泛参与也可以形成一种朝气蓬勃、积极向上的校园文化品牌化建设氛围。该项工作只有引起不同主体的关注和重视,才能够吸收多方的智慧。

(三)规范管理是保障

管理机制的规范可以从构建激励机制和奖惩机制两个维度上着手实施。一方面,高校应该针对校园文化品牌化建设的基本情况进行专门的激励机制的构建。通过激励机制的建设也可以激发广大教师和学生参与的积极性和主动性。另一方面,高校应该针对校园文化品牌化建设的基本情况进行奖惩机制的构建。在此项目推动和实施的过程当中必然会出现一些突发性的事件。责成专门的人员进行专门的事项办理,一旦在工作开展过程中出现了任何的问题都要追责问责。此外,加强对组织团队的分类管理。对于学生处、校团委等学校职能部门主导组织的校园文化活动,可以设立专门工作小组,对活动进行统筹和跟进;对于院系、社团主导组织的各种活动,学校相关职能部门需要对活动进行关注,整合校内资源,达到活动组织资源利用的最大化;对于班级、宿舍组织的小型活动,要及时在院系做好活动备案。

(四)品牌化建设是方向

高校校园文化品牌是高校校园文化成果化、特色化建设和培育的产物,具有特定文化底蕴和识别意义,是一种影响较大、深受师生喜爱和广泛认同的标志性、示范性的校园文化活动,它以较高的知名度、美誉度、普及度区别于一般校园文化活动。高校要综合考虑学校优良文化传统和时代特征、专业特色及学科优势、学生的专业特长与接受心理特点、学生受益面等因素,将校园文化活动品牌放在高校整体办学方向、办学特色和人才培养目标的背景下实施。应结合院校条件和学生的实际选择,挖掘优势项目和特色项目,契合院校优势和时代主流确定鲜明的活动主题,给活动设计新颖标识,整合相关资源,形成品牌建设合力。品牌化的校园文化一旦形成,生硬的制度规范会转化为富有人情味的情感认同和行为习惯,引领全体师生在物质生活、精神生活等各方面形成正能量的价值追求,塑造学校共同的生态观念,维系师生之间、学校与社会之间和谐共进的氛围。

实施阳光心理工程 培育积极心理品质

一、案例介绍

自1997年美国心理协会前主席马丁·塞利格曼明确提出“积极心理学”概念，积极心理学作为致力于研究人的发展潜力和美德等积极品质的一门科学，已被更多人熟知并广泛应用于各行各业。中国教育科学研究院孟万金、官群等人吸收中西文化精髓提出积极心理健康教育理念，即面向全体，以积极预防和发展为取向，有目的、有计划地增进师生心理健康、奠基幸福有成人生；并构建了大学生积极心理品质的六维结构：认知、人际、情感、公正、节制、超越。

实施积极心理健康教育是大学生健康成长的需要，也是新时期我国全面推行素质教育的需要。笔者在担任武汉纺织大学学工部部长期间，推动大学生心理健康教育中心将积极心理学价值取向与我校心理健康教育目标相整合，倡导全面实施积极心理培育工程。结合我国对大学生积极心理品质维度与内容的探究成果，以课堂教学、活动培育等为载体，推出了大学生心理健康教育、阳光责任田、阳光讲坛、阳光运动、大学生心理健康月、心理情景剧大赛及班级特色活动等一大批极具代表性的课程与活动，在积极心理品质的认知维度上培养阳光修养、在人际维度上培养阳光仁爱、在情感的维度上培养阳光心态、在公正的维度上培养阳光形象、在节制的维度上培养阳光习惯，使学生常怀“进取之心、仁爱之心、感恩之心、正直之心、自律之心”等积极心理品质。

（一）强化顶层设计，科学设置课程或活动项目

随着“00后”大学生成为大学校园主体，他们心理发展的外界环境呈多元化趋势，给大学校园注入新活力的同时，也带来形形色色的价值观念，社会媒体、学校教育常常关注的是他们的冷漠个性和极端行为，

缺乏对其积极心理品质的培育和非智力因素的培养，武汉纺织大学心理健康教育中心在积极心理品质培育中强调对学生积极因素评价的价值取向，着重突出心理健康教育的积极性、发展性功能，通过培育其自主发展的积极动力，培养知识以外的非智力因素，促进大学生综合素质的根本提升。

与传统以获取知识技能学分为目的的课堂填鸭式教育不同，积极心理品质培育采用自下而上的自主选择、认定方式，让学生结合自身特点有意识地申请相应的课程或活动项目，使自我培养、自我成长具有针对性，积极心理品质培育具有实效性。

第一，发挥认知的力量，培养学生阳光修养。智慧与知识维度中积极心理品质为：创造力、思维力、观察力、好奇心、热爱学习。开设特色竞赛项目，例如：环保竞技大赛、机械设计与制造创新大赛；实施“润禾计划”“青葱计划”，建立完整的人才培养管理体系，组建大学生科技创新团队。由学院提供实践平台，专业教师给予指导，鼓励在校学生踊跃创新，拓展课外学术实践。这些举措旨在提升大学生认知高度，提高科技创新能力与课外实践操作水平，锻炼思维力与观察力的广度与深度；同时，通过读书工程、阳光人文讲坛等活动增强人文修养，培养其对知识的好奇与钻研习惯，形成良好的人文素养与时代意识。使学生在参加活动的潜移默化中，文理兼修，全面发展。

第二，发挥人际的力量，培养学生阳光仁爱。人性的维度中积极心理品质为：感受爱、爱与友善、社交智慧。通过开展给父母写感恩信、为父母做实事、参加志愿者活动和公益项目等，使学生在实际行动中学会去爱他人、爱社会，并在真情付出的过程中感受被爱，体会仁爱之心对自己、对他人、对社会的重要意义，带着一颗仁爱之心融入社会集体，懂得建立积极关爱的人际关系。针对性地设计和谐人际关系主题团体辅导活动，将阳光仁爱的积极心理品质教育与团体辅导有效融合，传递社交智慧。

第三，发挥情感的力量，培养学生阳光心态。情感维度的积极心理品质为：真诚、勇敢坚持、热情。通过心理情景剧大赛，形成对团队的集体凝聚力，在对比赛投入精力情感的同时，养成真诚热情、勇敢坚持的积极心态。通过开展“铁人班”“魅力女生”选拔活动，树立勇敢坚定、热情真诚的学生榜样；举办“情绪管理”“生命教育”等班级团体辅导活动，培养大学生良好的情商与积极勇敢的生命价值观。

第四，发挥公正的力量，培养学生阳光形象。公正维度的积极心理品质为：团队精神、正直公平、领导能力。实施班级特色活动项目策划制，在班级中开展无领导小组讨论、班级社会实践策划活动，以此树立大学生作为公民的社会道德意识，不仅关注自我的阳光形象，更注重培养良好的团队意识、执行意识，能策划开展班级文体活动、社会调查，通过协调团队成员关系来真正懂得如何维护公正公平。另外，通过心理趣味运动会，让大家在运动的趣味性与竞技性中，提高团队协作能力与领导决策能力。

第五，发挥节制的力量，培养学生阳光习惯。这一维度的积极心理品质为：宽容、谦虚、审慎、自制。通过系列活动，引导学生在活动参与过程中实现自助，强调养成原则，重在引导，贵在坚持，在项目选择决断、活动参与总结的整个过程中，养成良好的自我管理意识，培育审慎、自制心理品质，将积极行为转化为生活习惯。开展阳光责任田、诚信教育月等系列活动，并设计针对性的心理健康素质拓展训练，帮助参与者掌控自我，避免极端偏执，达到宽容与谦虚。

（二）大力实施阳光心理工程

第一，普及基本的积极心理健康教育理念。自 2007 年以来，我校心理健康教育中心就开始推广积极心理健康教育理念，结合心理健康教育系列课程、团体心理辅导活动、心理健康教育月活动等让学生充分学习、深入体验、强化积极心理，在了解心理学的基础上认识自我，在认识自我的基础上学会有意识地培育自我的积极心理品质。

第二，建立全面的保障机制。学校出台相关机制，成立组织领导机构。该机构由主管学生工作、教学工作的校领导牵头，学工部、校团委、教务处等相关部门负责人共同组成。

第三，大力实施阳光心理工程。由学工部、教务处统一组织，对新生辅导员、新生班主任进行培养积极心理品质的操作培训，再由辅导员在新生入学教育时“重点讲”、心理健康教育中心在常规的心理信息员培训中“集中讲”、班主任在主题班会及日常学习和生活中“时时讲”的层层深入，全面覆盖个人、宿舍、班级，务求让广大学生了解积极心理品质。结合心理健康教育系列课程、团体心理辅导活动、心理健康教育月活动等让学生充分学习、深入体验、强化积极心理，从而唤醒每个人内心积极发展的内驱力，有意识地培育更多积极心理品质和积极行为习惯，使学生常怀“进取之心、仁爱之心、感恩之心、正直之心、自律之心”等积极心理品质。

阳光心理工程自 2010 级学生中正式实施以来，共计 4230 名学生选修了心理健康相关课程并参加了积极心理品质培养相关系列活动。整体完成情况良好，成效显著。逐渐消除了学生对心理健康教育消极预防功能的误解，在培育大学生积极心理品质上取得了良好效果。

一是重点学生自助意识逐渐加强。以阳光心理工程为载体实施积极心理品质培育，目前在 2010 级与 2011 级学生中推广，参与学生人数近万人，形成了全校关爱心理、健康成长的良好氛围，逐渐消除学生对心理健康教育消极预防功能的误解和排斥，许多曾经寻求心理咨询的重点学生在后期的追踪约谈中，表示会经常通过自己选定的活动项目进行自我调节。例如，选报读书工程提高人文修养、报名参与校园素质拓展训练结识陌生同学并磨砺自己的性格，并且在后期谈话中开始学会建立对自我的积极关注，主动探索自身的发展性问题。

二是普通学生心理空间充分扩展。在我校实施阳光心理工程的班级特色活动中，普通学生的活动积极性与主动性显著提高，不同专业学生结合专业特色展现出独特创意，表现出良好的协调与执行能力，许多班级个性化的创意和自主性的活动获得新闻媒体的广泛好评。我校“阳光长跑”活动实施初期，许多学生为完成任务而跑，经过积极心理品质培育系列活动后，大家开始自发地将它作为自我习惯养成和坚毅品质培育活动，同学间互相监督，共同完成，校园里青春跃动的跑步声已成为一道散发着蓬勃朝气的风景线。

三是优秀学生心理品质全面提升。在阳光心理工程的实施中，我校选拔优秀学生组建大学生科技创新团队，由学院提供平台，专业教师提供指导，充分激发大学生的创新活力，引导大家拓展课堂外的学术钻研、动手制作科技作品，在今年的第十二届“挑战杯”大学生课外学术科技作品比赛中获得突破性成绩，位居省属高校前列；另外，学生团体得到积极发展，如绿色环保协会成员们不仅在校内自发宣传环保知识，还面向社会自主开展“湿地使者行动”等环保公益活动，对大学生活有了积极心理学视角上的认识和规划，社团先后获得“国家百强社团”“湖北省优秀社团标兵”等荣誉。

四是积极心理健康教育调研不断推进。为全面深入推进以阳光心理工程为载体的积极心理健康教育工作，我校心理健康教育中心不断提升理论研究与教育水平，有两项课题获得湖北心理健康教育咨询研究会课题立项；两项湖北省教育厅人文社科研究项目《高校贫困大学生心理健康问题成因分析与支持体系探究》《大学生心理健康教育网络机制培育与实践》圆满结题。其中调研报告《高校大学生心理健康状况调研研究——以武汉纺织大学为例》获得2010年度湖北省共青团调研三等奖，调研项目《团体辅导在“90后”大学生生命教育中的运用》获湖北省共青团2010年度调研优秀奖，多篇调研报告在核心刊物发表。

二、分析与启示

积极心理品质是大学生群体及个体适应社会发展的必备心理素质，为大学生全面发展提供支撑。从高校心理教育现状来看，存在积极心理学实施动力不足等问题。因此，应依据学生的群体及个体对积极心理品质的需要，将积极心理学融入教育体系中，从多维度、多视角加强对学生进行心理指导，使学生在积极心理学的引导下健康成长。

（一）通过思想政治教育进一步提升大学生对积极心理品质的认知

既要发挥思想政治理论课主渠道作用，也应在日常思想政治教育中潜移默化地加强对学生积极心理品质的培养。要及时纠正学生的认知偏差，疏导学生的负面情绪，教育引导学生培育理性平和、积极乐观的心态，在学习和生活中提高他们的抗挫折能力。比如，在谈心谈话中除了解决当前问题外，还应进一步强化对学生心理品质的塑造。同时，要在日常教育管理中给予学生更多的积极心理体验，不断提升学生对积极心理品质的认知，进一步丰富学生的精神世界。

（二）在心理健康教育中丰富对大学生积极心理品质的知识，增强其心理能量

要不断改革心理健康课教学方式，增加情景体验、团体辅导等方式，注重创新教学方式方法，设计“体验互动型”教学模式，让学生在愉快的教学氛围里感受积极心理品质的积极作用，自我认知能力得到有效提

升，自我调节能力得到加强，为积极心理品质的培育助力。要组织多样化的积极心理实践活动，引导学生在实践中运用心理健康知识。另外，要构建心理健康教育网络平台，经常推送积极心理学方面的优秀文章、案例等，发挥网络优势加强大学生积极心理品质的塑造。

（三）通过校园文化建设增强大学生积极心理品质的体验与感受

通过开展丰富多样的校园文化建设，把校园文化特有的环境育人功能发挥出来，潜移默化地助力积极心理品质培育。

首先，优化校园文化环境，特别是美化校园景观，建设和配备先进的教学设备等优化校园物质文化环境，新时代大学生比较关注校园物质文化带来的感受与体验。

其次，丰富校园精神文化环境，充分发挥高校校风、学风、教风的建设作用，给予大学生积极的心理引导和暗示，弘扬主旋律，传播正能量。另外，提供丰富多彩的校园文化活动，定期邀请心理学专家为大学生群体开展集中式宣传教育或心理团辅，组织全校大学生广泛参加心理健康节系列活动，提供更多更好的展示自我的平台，让大学生能够在人际交往活动中感受积极心理品质。

（四）增强大学生自我认知能力，提升自我意识

首先，提升大学生积极认知，在教育教学各个环节落实积极心理学。例如，引领大学生进行自我评价的同时，将积极心理学融入其中，对自身形成积极的评价与认知，明确自身学习的优势，体验积极的心境，使学生在此过程中向积极的心理方向发展。

其次，教师讲授积极心理学，应创设积极情绪情境，引导学生进行情绪比对，向积极心理品质方向转变。例如，通过具体的心理学活动，优化大学生的情绪智力，提升大学生幸福感，从而自觉参与到高校教育中。

最后，帮助学生群体及个体养成积极的意志行为，了解个体与群体之间的差异，树立正确的价值观同时，也立足于大学生未来发展，使大学生以积极心态进行人生规划，增强学生对积极心理的情绪体验感，形成积极的心理品质。

（五）构建良好家庭教育环境

高校应强化与家庭合作育人的意识，提升家长对积极心理品质的认识，共同推进大学生积极心理品质的培育工作。首先，家长应转变传统的认知，明确自身在大学生成长过程中的重要性，认识到大学生具备积极心理品质的价值，并在家庭教育中为大学生营造积极的家庭氛围。其次，教师应主动与家长交流，让家长了解学生在校情况，在教师的建议下开展对应的家庭交流活动，了解学生内心的同时，运用积极心理学给予学生正面的引领。最后，家长应采取针对性的方法进行教育与引领，了解大学生真实的心理状况，提升家庭积极心理学实践成效。

艺术类大学生心理危机事件的应对处理

一、案例介绍

随着我国经济社会的迅速发展，人们承受的压力日益增大，心理受挫的概率日渐增高，大学生处在青春期，心理尚不成熟，心理健康问题日趋严峻。2021 年，由中国科学院心理研究所发布的《中国国民心理健康发展报告（2019—2020 年）》中指出，大学生中有 18.5% 有抑郁倾向，4.2% 有抑郁高风险倾向；8.4% 有焦虑倾向。当前高校中，由心理问题引发的危机事件也日益增多，如何及时有效地预防和干预学生心理危机事件，及时发现和化解大学生中存在的心理问题，是摆在高校面前的一项重要任务。艺术类大学生相比其他大学生群体具有更加鲜明的心理特点，笔者结合近期干预的一例艺术类大学生心理危机个案，分析当代艺术类大学生心理特点和行为方式，探讨真正适合艺术类大学生的心理危机干预方法，使心理危机干预工作更有针对性和实效性。

小 A 同学，女，某高校艺术类大学生。2022 年 5 月某天中午，有学生发现小 A 站在学院教学楼栏杆外准备实施自杀行为，立即告知辅导员，同时报警寻求专业救援保障。学院多名辅导员第一时间赶到小 A

所在楼层，其中一名辅导员通过交谈分散其注意力，其他教师合力将其拉回了安全地带。事发后，学院及时联系了小A的家长，小A父母当天下午赶到学校，小A拒绝与家长见面，经心理健康中心工作人员与小A沟通，她同意就医，随后为其联系好病房，当天下午学院辅导员与家长一起送小A前往专科医院治疗，经医生诊断为重度抑郁。后经母亲陪同住院治疗，基本康复。在本例心理危机案例处理前后，主要采取了以下措施。

（一）敏锐觉察，校内各部门全方位联动

学院辅导员接到学生异常情况报告后，第一时间立刻告知学院分管学生工作的副书记、学校大学生心理健康教育中心，并拨打“110”报警电话寻求专业救援。学院党委、校心理健康中心迅速响应，组成专人施救小组，由心理健康中心负责远程指导，学院组织辅导员进行现场施救。学院多名辅导员第一时间赶到小A所在楼层，其中一名辅导员通过交谈分散其注意力，其他教师合力将其拉回了安全地带。在救下小A后，她一直在小声哭泣，辅导员将其带到学院咨询室陪伴，帮助其平复心情。心理健康中心教师第一时间赶到现场进行紧急心理干预，稳定学生情绪。通过积极倾听、运用同理心等方式，让学生感受到真诚、共情、接纳和积极关注，重新建立起信任，用心帮助她找到问题发生的原因，分析当前各方面情况，对学生进行积极引导，动之以情、晓之以理，稳定学生情绪，将当前的危机发生可能性降到最低。经了解，小A长期失眠，自感学习压力大，亲子关系紧张，2020年疫情期间，在家进行网课学习曾因亲子关系冲突住院治疗，医院诊断为应激创伤综合征，服药一年后自行停药，学生与家长均隐瞒了学生该段就医史。2022年春季开学后，小A母亲要求其考研，但小A本人不想考，3至4月该生出现情绪波动大，常感压抑、低落等情况，但为了不让同学朋友担心，一直隐瞒自己实际状况。在了解相关情况后，校心理健康中心教师又对小A进行了自杀风险评估，分值由最初的80分下降到40分，小A的态度也由最初的“没有希望活下去”转变为“对未来有打算，希望去远离父母的南方”。心理健康中心教师建议住院治疗。实现了多职能部门全方位联动处理突发心理危机事件，这种敏锐觉察与全方位迅速响应的机制，为救援争取到了宝贵的时间，也为后续的干预工作奠定了坚实基础。

（二）家校联动，构建有力支持系统

事发后，学院辅导员第一时间联系了小A的家长，将学生相关情况告知对方。家长积极配合，当天下午及时赶到学校参与救援工作，通过沟通，家长和教师对学生的病情有了更准确的认识，为制定治疗方案提供了有力支持。心理健康中心教师建议学生前往对口专科医院进行诊疗，这一建议得到了家长的重视，为学生接受专业诊疗提供了保障。但小A拒绝与家长见面，经心理健康中心教师与小A多次沟通，她同意就医，随后为其联系好病房，当天下午学院辅导员与家长一起送小A前往专科医院治疗，经医生诊断为重度抑郁。后来，小A在其母亲的陪同下积极接受住院治疗，目前基本康复。

（三）校医合作，提供专业诊疗服务

在征得学生本人和家长的同意后，学校心理健康中心教师联系了对口专科医院为小A提供专业诊疗服务。通过专业医生的诊断，学生得到了及时有效的治疗。住院期间，教师定期探望，与学生深入交流，了解其心理动态，为其康复提供了心理支持。这种校医合作模式充分整合了学校和医疗资源，为学生提供了全方位的关爱与帮助。

（四）隐私保护，为学生返校营造良好环境

在处理心理危机事件时，学校高度重视学生的隐私保护。通过辅导员与学生的室友、同学交心谈话，侧面了解学生的情况，避免在校园中引起不必要的关注。在突发状况发生时，学工人员迅速封锁现场，限制知情人范围。在为学生办理住院手续时，也巧妙地保护了其隐私，为其康复返校营造了良好的环境。

（五）持续关怀，为学生提供长期心理支持

学校心理健康中心持续关注小A的心理状态，提供必要的心理支持。心理健康中心对学生的情况进行记录备案，并持续监测其心理变化。辅导员通过多方谈心谈话了解学生的困难，与任课教师沟通解决学业问题，帮助学生缓解压力。同时，心理健康中心教师也对参与施救的教师进行心理疏导，缓解其负面情绪。这种持续关怀与监测机制为学生提供了长期的心理支持与关爱。

二、分析与启示

大学生因学习生活环境的突然变化，其思想、学习、生活、人际交往等各方面都会受到一定的影响。特别是大一新生、家庭经济困难生、单亲家庭子女、家庭发生重大变故的学生等，冲击会更大。作为高校辅导员，需要结合心理普测、新生成长报告等，全面掌握新生信息、成长背景、亲子关系、人生经历等，及时了解可能存在倾向性或苗头性问题的学生状况，提前做好大学生心理健康教育引导工作，预防或降低校园心理危机事件的发生。在本案例中，可以明显看出原生家庭对于该生的影响，但由于该生平时表现良好，加之其对于就医史的隐瞒，导致其心理危机不能及时被发现和干预。该生所处的家庭环境模式为“命令 / 控制”式的专断型教养方式，这种教养方式的具体模式为父母制定规则，期望孩子遵从并密切监控孩子的活动以保证孩子能够真正地遵守规则。这种模式具有很强的限制性，父母提出规则时并非通过解释规则的必要性来期望孩子严格遵守，而是依靠惩罚和强制性策略迫使孩子顺从，这就使得家长难以敏锐察觉孩子的不同观点。在这种环境下，家长的话就是“法律”，家长就是权威。在此环境下长大的孩子，情绪较不稳定，大多数时间是感到不愉快不友好的，易被激怒，目标感缺失，对周围的事物不感兴趣，智力和社会技能发展也受到一定限制。

该生自述 2022 年春季开学后，母亲反复要求其考研，带有一定强迫性，这使该生情绪波动较大，常感压抑、低落。从小 A 的自述中不难发现其所受教养方式为“命令 / 控制”式的专断型教养方式，其所表现出来的“压抑、低落、自己很累、没有目标”也是该教养方式下孩子情绪精神上的显著特征。该生在校期间表现良好，能及时按要求完成学校各种学习工作任务(教师眼中比较听话的学生)，因此属于教师关注较少的群体。学生心理健康知识缺乏，对自我及他人异常言行、情绪的觉察和敏感性较低，缺乏主动反馈的意识。由于该校区艺术类学生大多零点以后入睡，该生睡眠情况并未引起他人注意。辅导员谈心谈话的场合较公开，不利于学生吐露心声。家长、学生对精神疾病、心理疾病存在较大顾虑，对学校隐瞒病情（部分家长会认为该类病史会带入档案，影响学生个人发展），最终导致该事件发生。

（一）构建全员育人体系

加大对辅导员的专业培训力度，增加其心理专业知识储备，提高其谈心谈话技能。辅导员还需学习谈心谈话技巧、危机事件应对技巧、心理育人技巧等，提高心理问题识别能力、应对心理危机事件能力等。加大对心理委员、寝室长等学生队伍培训，提高其专业技能，培养其责任感。及时掌握新生个人成长史，做好新生心理普查工作，及时关注学生网络动态，多渠道收集学生心理危机信息，建立学生个人心理档案，做好“一人一策”工作；扎实推进重点关注学生工作，组织有关专家对疑似心理疾病学生进行心理鉴别和专业评估，提高心理危机干预工作的科学性和针对性；建立从学生骨干、辅导员到学院、学校的快速信息通报制度和危机反应机制，实现全员全过程育人。

（二）加强前期预警

各学院配备单独的谈心谈话场地（可与心理工作站共用），应对不同学生、不同群体开展有针对性的一对一、一对多谈话。规范记录管理，谈心谈话内容及时录入系统，做好日常工作痕迹化管理。发现异常情况，协同专业医疗机构对该学生情况进行专业诊断，并根据诊断结果来开展具体工作。如果学生确实无心理问题，则需查找原因，对症下药，给予学生有针对性的帮扶或引导（新生适应、学校或专业认同、人际交往、家庭亲子关系等问题）。如果是心理疾病，则需根据病情，与家长、学生共同商量治疗、陪读、休学等应对方案与细节，过程中相关手续办理一定要齐全，并留存好相关材料与证据。做好后续跟进工作，保持家校沟通，经常关心关爱该学生，建立起从个人、寝室、班级、学院、学校，到医疗机构的危机事件处理机制和网络支持体系，以应对可能发生的突发情况。

（三）增强家校联动

加强与学生家长的联系，定期召开家长会或开展家长课堂活动，普及心理健康教育知识。加强家校合作，增强帮扶力量。特殊情况下可联系学生家乡所在地政府或有威望的人士做好家长工作，与辅导员共同帮助增强学生家长的危机意识，提高家长对学生心理健康的重视程度，在危机发生时可第一时间取得家长的支持，以有效化解危机，充分发挥家庭在心理健康教育方面的重要作用。

（四）提高学生心理素质

遵循教育规律，开展大学生心理健康知识普及教育，提高大学生抗挫折能力和情绪调控能力，引导学生正确对待心理问题，珍惜生命，对自己和家人负责。通过班会、新媒体等途径不断宣传心理健康知识及心理求助途径，提高学生自我调适能力及求助意识。高校辅导员可通过常态化谈心谈话、不定时查课查寝，选拔和培养班级、年级信息员，全面了解学生动态，通过点面结合方式做好新生适应性教育、大学生心理健康教育、生命教育等。

（五）及时研讨反思

定期在辅导员中间召开案例交流会，探讨重点学生干预案例，交流复杂处境下如何建立师生信任关系，应对学生心理问题；增进辅导员之间的朋辈支持，释放自身压力。

如何做好高校学生突发事件的处理

一、案例介绍

高校是知识传播和科研的重要阵地，稳定与安全直接关乎到正常的教学生活秩序。近年来，社会转型不断推进高校变革，各类不稳定因素导致的突发事件在高校时有发生。这些危机不仅对高校正常教学和生活秩序构成了威胁，而且损害了学校的形象和声誉，直接影响了涉事高校的正常教学和发展。因此，如何增强高校危机管理意识，构建高校突发事件处理机制，成为我们必须正视的重要问题。

高校突发事件是指在高校内骤然发生，以高校师生为主要涉及对象，不以人的意志为转移的事件。突发事件的发生对学校师生的学习、工作、生活秩序造成了严重破坏，有时甚至会造成无法估量的财产损失和无法挽回的人员伤亡。近些年出现的突发事件主要有公共卫生类、管理类、治安安全类、灾难类、心理类等。高校突发事件的事发地点和人群较为特殊，与一般公共突发事件相比，高校突发事件既具有突发性、危害性、事态紧迫性等共性特征，也有自身特点。

一是扩散性。由于高校教师属于高知人群，大学生年轻热情，高校师生这一群体的社会关注度普遍较高。因此，发生在高校的突发事件很容易引起社会反响。而且同一城市内高校相对集中，加上现代传媒高度发达，突发事件一旦发生，极易被社会上别有用心之人利用，导致“眼球效应”不断被放大而引发“多米诺骨牌”效应。二是主体活跃性。大学生群体年轻、热情，关心时局时政，但易冲动，在分析问题时感性成分多、理性分析不足，且部分大学生心理承受能力差、自我调控能力不足。还有相当一部分大学生对中西方文化、传统与现代文化的价值理念困惑较多，人生观、价值观也呈现出多样性和复杂性的特点。所以，突发事件一旦发生必须主动面对，积极寻找解决的办法，寻找帮助进行最有效的救助。现以一起在校大学生自杀事件进行分析，探讨做好高校突发事件的处理策略。

202× 年 6 月 9 日 21∶20 许，某高校一男生在该校学生宿舍楼下的架空层发现有一名学生自缢，随后报宿管员，宿管员与该学生查看情况后，立即拨打学校保卫处和校医院电话报警，并于 21∶22 拨打了 120 急救电话。学校随即采取了以下措施。

（一）学校相关领导第一时间赶赴现场，迅速启动应急处置工作预案

学校保卫处、学工处负责人第一时间赶到事发现场。警察于 21∶30 左右到校事发点进行处置。22∶00 左右，120 救护车抵达现场进行抢救，经医生根据学生体征判定已死亡 6 ~ 7 小时。公安机关排除刑事案件。经学工部门组织辅导员连夜排查，确认该学生系该校 H 学院大二本科生谈某。在现场处理完毕后，学院及时向学工部、学校办公室书面报告了学生基本情况。学生谈某，男，籍贯河南，父母均为当地个体从业人员。学工、保卫部门、学院领导第一时间到达现场，有利于早期控制事态发展、稳定局面，防止事态恶化。

学工、保卫部门领导在赶往现场的路上向学校主要领导、分管学生工作领导进行汇报，并按照领导指示开展工作。学校领导高度重视，当天晚上 11 点许，学校党委书记、代管学生工作的副校长（分管学生工作的党委副书记在省委党校学习）赶到事发现场指挥处置。学校办公室主任和一位副主任也到达办公室，学校迅速启动应急处置工作预案。党委书记连夜主持召开专题工作会议，学校办公室主任、学工部长、保卫处长、宣传部部长，H 学院书记、院长、副书记，辖区公安机关负责人参加会议，决定成立处置工作专班，及时开展后续处理工作。专班分工如下：总协调：学校办公室；接待组：学生所在的 H 学院；舆情控制组：宣传部；沟通谈判组：学工部；安全保卫组：保卫处。

（二）及时联系学生家长，做好学生家属的接待安抚工作

工作专班连夜开展工作，学院辅导员与学生家长联系，注重讲话方式和技巧，以恰当的方式告知家长相关情况。学生家长和亲属共 4 人当晚抵达武汉，学院积极做好学生家属的接待安抚工作。6 月 10 日上午，公安机关和学校工作专班分别与学生家长进行沟通，陪同家属代表到该

生宿舍、事发地点实地查看，并查看监控录像。公安机关派专人向学生家属通报死因调查结论，勘查结果为自缢身亡事件，排除刑事案件。

（三）及时主动向学校上级主管部门汇报情况

事发后，学校办公室及时向省公安厅、省教育工委、省教育厅书面上报事件基本情况和实际处置经过。

（四）多方协同，妥善处理

6月11日下午，民警和学院领导、辅导员与家属代表见面会谈，答复家属的咨询和疑问，倾听家属的诉求。6月12日上午，警方向学生父母通报了调查结果，将遗物交还给学生母亲，并与学生家属进行了沟通。学校持续做好舆情监测和处置工作，提前制定相关应急预案。其间，该生母亲在抖音平台和朋友圈发短视频引发舆情，宣传部及时进行处置。学生亲属两次到学校东大门示威，冲击校园。学校立即联系属地派出所民警，及时将家属送回居住酒店。6月20日下午，在属地派出所和司法所有关同志的协助下，学校工作专班谈判组与学生家长最终达成善后处理协议，一次性终结处理。6月21日上午，学院师生协助学生家长将学生遗体火化，随后家属带着学生骨灰离开武汉返回家乡。至此，该事件得到妥善解决。

（五）及时整理档案材料

待事态基本稳定后，学工部门第一时间全面调查事情的详细经过，并整理形成文字材料，为有关部门调查事情经过及妥善处理突发事件提供有力证据。对影响范围较大的事件，宣传部门要在第一时间披露权威信息，以免产生谣言。

（六）事后开展心理辅导和指导

学校心理健康教育中心做好同宿舍、同班级学生的安抚和教育工作，及时开展群体心理辅导疏导，控制事件的影响范围，做好后续处理。

受该事件影响，部分同学情绪不太稳定，有两位家长到校将孩子接回家。考虑到该班级只剩6月23日的考试，且同学们的整体状态不佳，学校将全班考试转为线上进行，并对该班同学进行心理疏导，提前让该班同学离校回家。

二、分析与启示

针对高校突发事件的特点，处理高校突发事件应遵循依据法规、以人为本、以防为主、分级管理、平战结合的原则，将准确分析校园动态形势、预防突发事件放在第一位，根据校情、社情建立校园突发事件处理机制是当务之急。

（一）预防先行，建立有效的宣传教育和预警机制

高校应当牢固树立“预控为主”的管理理念，增强预控能力，加强体系建设。

首先，组建应急防治队伍，以扁平化的组织架构将应急责任落实落细。高校需要针对不同类型的突发事件，如自然灾害、公共卫生、群体性事件、意外事故、心理健康、网络安全，建立不同类型的应急防治队伍。

其次，优化预警机制，完善应急预案。高校应该建立起与自身环境相适宜的预警机制，并不断优化突发事件处理的预警流程，对职能划分、权责界定、信息收集与传递、决策与咨询等进行完善。同时，设计制定因地制宜、操作性强的应急工作预案。工作预案内容要完整，包括指导思想、编制依据、应急小组成员职责、联系方式以及失责惩罚、应急处置程序、事后恢复措施等。

最后，建立健全高校突发事件应对培训机制，提高危机应对技能。定期对师生员工开展校园安全稳定、突发事件应急管理的专题培训，同时，开展突发事件应急处置模拟和演练，在实践中提高师生预防、应对和处置突发事件的能力。

（二）建立校园处置突发事件机制，科学理性应对突发事件

应急处置是突发事件应对的核心问题，关键在于反应迅速、统一高效，应完善联动决策机制，采取科学高效的应对策略。突发事件的性质决定了“早研究、早决策、早处置”才能及时控制事态的发展。学校要立刻采取应对措施，相关负责人要到场指挥，按照职责分配制定细致明确的应急预案，集中财力、物力、人力，避免出现各部门互相推诿责任的问题，要及时控制局面，尽快查明事件原因，保证应急管理工作的顺利开展。

由于突发事件发生初期很难确定原因，也难以预测其发展态势和已造成的伤害，因此面对学生突发事件，要形成“学校分管校领导—院系党委副书记—辅导员—学生干部”四级联动机制。其中，校领导需要立刻分析突发事件发生的原因和特点，并采取快速的应对策略；院系党委副书记按照学校要求落实相关工作；辅导员要第一时间赶往突发事件现场，具体落实每项工作；学生干部按照辅导员安排，做好安抚等相关工作。四级联动机制可以针对不同的突发事件及时有效地采取相应的应对策略、处理办法和操作流程，不会延误处理的最佳时间。

加强舆论引导。突发事件发生后，人们极易处于恐慌状态，大学生阅历尚浅，判断力、甄别力较差，面对突如其来的冲击更容易以讹传讹、人云亦云，所以如果高校不及时公布真实信息，谣言会迅速传播，造成不可估量的损失。高校要牢牢把握危机舆论引导的主动权，在校园内主动公开突发事件的处理过程、处理程序、处理结果，减少信息不对称造成的校园恐慌；在媒体上，及时发布和反馈突发事件的处理情况和最新进展，化被动为主动，降低和减小危机对高校的负面影响。此外，加强与政府及社会组织的联系。很多校园突发事件要联合社会职能部门解决，甚至要依靠公、检、法等国家机关的力量处理。

（三）建立善后安抚机制，完善危机评估机制

当突发事件取得有效控制后，高校要将工作重心转移到善后恢复与重建，尽最大努力消除因突发事件带来的各项工作阻碍以及对相关利益方的负面影响，从而避免事件再次发生并造成二次影响。

首先，注重突发事件后的心理疏导，建立跟踪反馈机制。突发事件

对利益相关方的心理影响是潜在的、深远的，如果不能进行及时的心理疏导，也会给学校治理留下巨大的隐患。高校要建立安抚机制，发挥心理教师、辅导员、朋辈等主体的作用，对受到创伤的师生进行心理疏导，及时化解心理危机。对于严重心理危机的师生也要提供必要的精神卫生方面的支持。同时，要对受到创伤的师生进行常态化的跟踪反馈，密切关注、动态评估其思想状态、心理波动等，防止出现心理异常而导致突发事件再次发生。

其次，做好突发事件后的总结评估与归档工作。随着突发事件的解决，高校可以在做好材料归档的基础上总结反思本次突发事件，对应急队伍、资源整合、执行效率、执行效果等进行合理评估。这样不仅能完善危机应对评估机制，还能提升学校的治理能力。同时，积极将实践经验上升为学校制度性成果；针对预防处置的不足和问题，高校要以此为契机，深入总结补短板、深入补救堵漏洞、深入反思、强化弱项。与此同时，要强化追责机制，在处理突发事件过程中，高校相关领导、院系部门、行政部门、后勤部门等执行者如果出现互相推诿、执行懈怠等妨碍事情解决的行为必须予以严肃处理，对做出突出贡献的个人或群体进行表彰，从而巩固健全相关的突发事件管理制度，提升学校整体应对危机的能力。

如何做好高校家庭经济困难学生资助工作

一、案例介绍

国家高度重视高校家庭经济困难学生的资助工作，中共中央、国务院《关于进一步加强和改进大学生思想政治教育的意见》明确指出："要加强对经济困难大学生的资助工作，以政府投入为主，多方筹措资金，不断完善资助政策和措施，形成以国家助学贷款为主体，包括助学奖学金、勤工助学基金、特殊困难补助和学费减免在内的助学体系，帮助经济困难大学生完成学业。" 2008 年 9 月至 2013 年 4 月，笔者在担任武汉纺织大学学生工作部部长期间，在学校党委的领导下，高度重视家庭经济困难学生资助工作，带领工作团队将资助与育人相结合，把资助工作视为人才培养的重要手段之一，逐步形成了独具特色的家庭经济困难学生资助工作模式，赢得了学生及家长好评。

（一）强化“一个理念”，为做好家庭经济困难大学生资助工作提供科学指导

近年来，我们秉承“崇真尚美”的校训，坚持“用爱育人、用严管人、用心懂人、用情感人”，强化了“以生为本，促进学生全面发展”的资助工作理念。一切以学生为本，从学生实际需求出发，坚持贯彻资助育人目标，努力开展针对受助主体的主题教育活动，特别注重培养家庭经济困难学生的实践技能和社会责任意识，促进受助学生群体素质的全面提高。

（二）搭建“两个平台”，为做好家庭经济困难大学生资助工作打下坚实基础

一是搭建学习平台，增强做好资助工作的自觉性。定期组织二级院部从事学生资助工作的相关人员学习国家关于大学生资助工作的文件政策，并进行传达、贯彻与交流。完善资助制度体系，把国家和湖北省相关资助政策及学校制度随新生录取通知书一起寄给新生，确保宣传普及工作落实到每一个学生和家长，使学校各项资助政策家喻户晓、深入人心。

二是搭建信息平台，实现资助工作的网络化。我校开发了学生信息管理系统，建立了贫困学生信息库，各种资助资金的评选及发放通过信息平台完成，实施网络化的操作程序，既能对数据长期存档，保证资助资金发放的公正性，又能提高资助资金发放的效率。

（三）完善“三个机制”，为做好家庭经济困难大学生资助工作提供机制保障

一是完善领导机制，健全资助工作的组织机构。学校成立了由校长任组长的学生资助工作领导小组，成立大学生资助管理中心，挂靠学工部；各学院成立由分管学生工作副书记为负责人的资助工作小组，设有

专门的资助工作联络员。

二是健全监督机制,全程监督保障资助工作。从困难学生的摸底、经费的划拨、资金的发放落实,学校都建立了完善的监督机制。学校公布投诉电话和信箱,多渠道收集学生对资助工作的意见和建议。校学工部资助工作专职人员,经常深入学院、班级检查指导,校纪检监察部门全程参与并监督资助工作。

三是创新育人机制,把教育贯穿资助工作全过程。学校在资助工作中努力做到"四个结合",即将资助工作与解决学生实际困难相结合,逐步形成学校特色的"四位一体"帮扶体系,即"学校领导结对帮扶、基层组织定点帮扶、教职员工爱心帮扶、社会企业定向帮扶"的帮扶体系,让学校帮扶的阳光、资助的温暖惠及每个特困学生;资助工作与学生思想政治教育相结合;资助工作与心理健康教育相结合;资助工作与学生的成长成才相结合,促进学生全面发展。我们以"感恩、诚信、责任、礼仪"为主题,以"感恩社会、感恩父母、感恩教师、感恩同学"等一系列感恩教育活动为载体,鼓励学生参与,让学生亲身体验,在体验中学会感恩,在体验中培养社会责任感,传递爱心,回报社会。以这种润物细无声的教育方式,使感恩逐步升华为一种校园文化,让学生受到潜移默化的教育。

(四)严格"四个环节",为做好家庭经济困难大学生资助工作提供保障

一是严格"认定"环节,这是做好资助工作的前提。依据学生申请、地方政府贫困证明、学生生活调查、教师日常观察及经济困难学生滚动调查等方式综合认定家庭经济困难学生身份。每个班级成立认定小组,提出初步评审意见,经评审无异议后提交学院初审。最后,校大学生资助管理中心对家庭经济困难学生身份进行再次审核认定。

二是严格"评选"环节,是做好资助工作的关键。在资助工作中,尤其是助学金发放工作中,我们坚持公平、公正、公开的原则,认真组织实施各类助学金评审工作。班委会提出初步评选意见,学院评审小组讨论拟定推荐名单,公示无异议后再提交校学生资助管理中心。

三是严格"公示"环节,是做好资助工作的保障。学校在国家奖助学金评选过程中,要求层层公示,在班级推荐、学院审核和学校终审阶

段，均进行公示，公示无异议之后才能逐级上报获奖名单。

四是严格“发放”环节，是做好资助工作的根本。各类资助资金通过审核后，我们第一时间组织发放。资助资金的发放全部通过银行卡发放，并要求每名获得资助的学生签字确认，确保每名同学的银行卡号无误并及时发放到位，严格执行有关政策，做到不截留、不挪用。

我们对家庭经济困难学生的资助，注重全方位、全覆盖和全过程，并不断创新工作方法，拓展资助渠道，将资助帮扶与育人充分结合。经过共同努力，既解决了家庭经济困难学生经济上的困难，也培养了他们积极乐观的心态。学校资助工作经验《搭建“四位一体”帮扶体系　提升高校资助育人功效》刊登在2012年4月6日出版的2012年第7期《湖北省学生资助管理中心简报》，2012年9月2日，全国学生资助中心网站也刊发了《武汉科技学院多项措施开展家庭经济困难学生感恩教育》。学校荣获全省资助工作先进高校，秦梦、汪峻两名同志荣获全省资助工作先进个人。笔者熟悉的一名传媒学院家庭经济困难学生毕业后到银行工作，现在已是行长助理，许许多多家庭困难学生自信阳光走向社会，这让笔者对自己的学生工作经历感到自豪。

二、分析与启示

高校家庭经济困难学生资助工作不仅是学校的一项重要工程，也是国家的一项惠民工作，体现了教育的公平、公正，关系着困难生的成长成才和社会稳定，需要国家、高校、家庭和学生的共同努力，从而培养学生顽强拼搏、奋发向上的精神，促进学生的健康和全面发展。

（一）建立科学的困难生认定机制

学生资助工作中最关键的是困难生的身份认定问题，认定标准应采用定性和定量相结合的方式，在制定困难生认定办法时要加入可量化的指标，不能简单地依靠辅导员的主观判断。不同地区经济发展水平不同，贫困程度差别也较大，应对学生的家庭类型、父母职业、家庭收入及负债情况等因素进行量化分析，针对不同学生的实际情况制定不同的资助措施。

（二）优化完善资助体系

现行的资助体系中无偿资助占比较大，无偿资助直接发放给困难生以解决其生活、学习等问题，这在一定程度上助长了部分学生不劳而获的思想，与国家资助育人的目的相悖。应进一步优化资助模式，将部分无偿资助转变为有偿资助，使学生通过付出一定的劳动才能获得，并监督资金的使用情况，防止部分学生在获得资助后出现挥霍现象。

（三）重视家庭经济困难学生的心理健康发展

家庭经济困难学生要承受经济上和心理上的双重压力，高校应提前建立家庭经济困难学生的心理档案，为开展心理健康教育提供科学的理论依据，及时引导有心理问题的学生走出困境，增强自信，充分发挥学校心理健康中心的作用。

（四）加强高校资助管理队伍建设

资助管理人员的素质和专业水平直接影响资助工作的成效，应建立一支科学、规范、专业技能扎实的资助管理队伍。其一，加强资助管理人员的业务培训，促进不同高校教师互相分享资助工作经验。其二，提升资助管理人员待遇水平，努力建设一支稳定的资助工作队伍，推动资助工作有效开展。其三，做好资助管理人员的考核工作，通过考核促使资助管理人员在工作中保持认真谨慎的态度，进一步提高服务质量。

（五）创建资助育人的良好环境

资助育人工作是学校工作的重要组成部分。其一，应积极搭建资助育人平台，通过开展志愿者活动等，激发受助学生的情感，培养其感恩意识。其二，定期开展诚信教育，开设思想政治教育课程，培养家庭经济困难学生诚实守信的品质，鼓励大学生诚信偿还助学贷款。其三，加强励志教育，通过宣传家庭经济困难学生的典型事迹，培养受助学生顽强拼搏、奋发向上的精神，增强其自信心。

附：

搭建“四位一体”帮扶体系 提升高校资助育人功效

武汉纺织大学高度重视学生资助工作，将资助与育人相结合，逐步形成学校特色的“四位一体”帮扶体系，即“学校领导结对帮扶、基层组织定点帮扶、教职员工爱心帮扶、社会企业定向帮扶”的帮扶体系，让学校帮扶的温暖惠及每个特困学生。

一、学校领导结对帮扶，率先垂范务求实效

学校领导率先垂范，主动联系结对帮扶对象。党委书记先后资助帮扶了吕某、李某、赵某三名孤儿，其中两人已顺利毕业，吕某当上了中学教师，李某考上了东华大学研究生，赵某仍在校学习。校长结对帮扶会计学院林某，该生因家庭原因，自己和家人都身患残疾，校长在了解情况后，为她购置轮椅和手机，并定期探望，送去学习和生活用品。据悉，该校每位校领导都与各学院家庭经济困难学生开展了一对一结对帮扶活动。

二、基层组织定点帮扶，助推学生成长成才

该校每个基层党支部、每个处室定点帮扶一个学生班级，通过开展“四个走进”活动，引导学生成长成才。走进贫困生所在班级，营造利于贫困学生健康成长的环境；走进贫困生生活，解决贫困生经济困难；走进贫困生的心灵，疏导贫困生的心理困惑；走进贫困生家庭，延伸扶贫解困的工作范围。

三、教职员工爱心帮扶，真心传递浓浓关爱

武汉纺织大学徐卫林教授将获得的湖北省科学技术突出贡献奖100万元奖金悉数捐给学校，学校配套100万元资金设立“攀登奖学金”，用于奖励经济困难、品学兼优的学生。在校工会的倡导下，全校教职员工自觉加入“暖心励志工程”行动，近年来，累计捐款捐物达30余万元，全部用于资助家庭经济困难学生。

四、社会企业定向帮扶，增强素质凸显能力

为帮助家庭经济困难学生更好地完成学业，学校加大校企合作力度，开拓校外资源，积极联系校外爱心企业，全力资助帮扶该校家庭经济困难学生。仅2011年，学校与爱心企业共设立企业专业奖助学金17项，募集资金70余万元，定向奖励和资助学生266名，并为学生提供社会实践、实习和就业的岗位，帮助更多家庭经济困难学生。

武汉纺织大学对家庭经济困难学生的资助，注重全方位、全覆盖和全过程，并不断创新工作方法，拓展资助渠道，将资助帮扶与育人充分结合，在学生中开展丰富多彩的成人成才与“感恩·诚信”教育，努力实现从资助到自助的转变。

（原载2012年4月6日2012年第7期《湖北省学生资助管理中心简报》）

武汉科技学院多项措施开展家庭经济困难学生感恩教育

近年来，武汉科技学院以“感恩、诚信、责任、礼仪”为主题，以“感恩社会、感恩父母、感恩教师、感恩同学”等一系列感恩教育活动为载体，鼓励学生积极参与，让学生亲身体验，在体验中学会感恩，在体验中培养社会责任感，传递爱心，回报社会。以这种润物细无声的教育方式使感恩逐步升华为一种校园文化，使学生受到潜移默化的影响。

一、感恩社会，回报党和政府关心

党和政府非常关心高校家庭经济困难学生的学习和生活，近几年每年都划拨大量的奖学金、助学金和助学贷款，社会各界对大学生也给予了多种形式的资助。该校先后组织开展了“感恩成才”演讲比赛、文艺演出、庆祝中华人民共和国成立六十周年征文、摄影比赛等活动，进一步营造浓厚的“感恩”氛围。活动后期学生们自发组织赴江夏第七小学、洪山区星光老人院、英山真维斯希望小学、武汉植物园等地开展志愿服务活动。

二、感恩父母，回报父母养育之恩

父爱如山，母爱似海，在一个人的成长过程中，给予爱最多的便是父母。该校真维斯爱心社开展了“父亲，我想对你说……”活动，在母亲节举办主题班会、主题团日等活动，还邀请家长到校参加座谈会、毕业典礼，共同见证学生的成长。很多同学通过活动都认识到：远方的父母不需要锦衣玉食，不需要豪言壮语的承诺，他们需要的只是子女的一颗感恩的心，以及一个电话、一条短信、一声问候。

三、感恩教师，积极投身学习实践

在学生的成长中，凝结着教师的辛勤劳动。尊敬教师已成为尊重知识、尊重人才、尊重科学的重要表现。每逢教师节、三八妇女节等节日，全校学生都会掀起尊师、谢师的热潮。给教师发送短信、赠送鲜花、送上问候，给上课的教师送上一杯水等，都承载着学生们对教师辛勤工作的感激之情。学生们还经常深入到教职工社区，帮教师们打扫卫生、修理家用电器。学校社团联还与老同志们建立了“一帮一”互助小组，同老同志们聊天互动，现已成为校园社区的一大亮点。

四、感恩同学，弘扬互助友爱精神

同学是一生宝贵的财富，感恩同学更显情真意浓。同学的热情，使自己的能力得到提升；同学的患难与共，可助力自己克服重重困难。3月19日，该校会计学院注会2008级的一名同学收到了全校师生向他捐赠的第三笔爱心捐款3万元。6月8日，经管学院同学冒着滂沱大雨为身染重病的会计2005级一名同学捐款献爱心等等事例不胜枚举。

武汉科技学院通过不断开展感恩诚信教育，使学生们深深体会到父母的养育之恩，懂得了珍惜教师的启蒙、教育之恩，体会到了国家、社会与他人的资助之恩。这培养了学生的爱心与责任感，形成了校园内感恩诚信的良好氛围。

（原载2012年9月2日全国学生资助中心网站）

高校如何做好捐赠奖学金的评选管理工作

一、案例介绍

高校奖学金是指政府、学校、社会组织或个人为品学兼优及在某些方面表现突出的学生设立的奖励资金。当前，高校奖学金主要分为政府类奖学金、社会或个人捐赠类奖学金、学校综合奖学金等。高校奖学金评选是一项重要的学生工作，它直接关系到学生学习行为的引导、学生竞争意识的培养及奖学金激励作用的发挥，影响全校教风、学风及师生行为习惯的养成等。实行奖学金制度是一种重要的教育管理手段，具有激励功能、导向功能以及自主功能。一方面，它可以资助部分家庭经济困难的学生完成学业，体现了教育的公益性；另一方面，它可以调动学生的学习积极性，营造良好的学习氛围，帮助培养符合现代社会需求的高素质人才。

“攀登奖学金”是由武汉纺织大学校友、博士生导师、国内著名的纺织材料与纺织技术专家、国家科技进步奖一等奖获得者、我校副校长徐卫林教授怀着报效母校、关心教育的拳拳之心发起成立的。2010年，徐卫林教授把获得的2009年度湖北省科学技术突出贡献奖100万元奖金悉数捐给学校,加上学校配套的100万元资金共同设立了“攀登奖学金”,奖励我校特别优秀本科生。笔者时任学校学生工作部部长,为了进一步规范管理,扩大影响力,落实捐赠人的意愿,开展了以下工作。

(一)提升思想认识,落实准备工作

“攀登奖学金”工作已突破传统的学生工作和部门职责的范畴,要求各相关工作部门突破条块分割、各自为政的状态,实现纵横沟通。为此,我们召集财务处、二级院部等与奖学金相关的各方人员开展研讨,拟定目标、制订计划、提出方案、分配任务。这就从一开始打破了部门工作的界限,引导各方形成合力。

一是提升师生的思想认识。增强教职工的责任担当意识。“攀登奖学金”是知名专家学者、校友捐赠设立的,预计学生间的竞争较为激烈,一旦出现差错,对专家的声誉、学生的利益损害较大,而且对学生工作也会造成负面影响。因此,负责奖学金评比的职能部门和院部辅导员和班主任要从思想上引起重视,切实做好准备工作。做好学生诚信教育。捐赠人强调,在同等条件下,优先奖励家庭经济困难且品学兼优的学生。“攀登奖学金”评选机制考查的不仅是学生的各学科成绩,更考验学生的品德。通过诚信教育,可让每一个学生如实提供家庭经济状况,把品德置于金钱之上。

二是落实准备工作。学校成立领导小组,各二级院部要成立评审小组,有序开展评选表彰工作。辅导员和班主任要全程参与评选过程,并以班长和团支书为核心,挑选有公信力和责任感的学生代表及班干部作为小组成员。熟悉评选标准。二级院部要召开班主任工作会议,组织辅导员和班主任一起学习学生手册的相关规定,之后班主任要通过召开主题班会的形式带领学生认真学习评奖规定、熟悉评定系统的操作流程,做好评奖的准备。

(二)及时制定“攀登奖学金”评定办法

一是及时制定“攀登奖学金”评定办法。高校奖学金评定办法体现高校的人才培养目标与要求,对学生有着很强的导向功能。作为高校管

理机制的有机组成部分,奖学金评定办法具有很强的规范性特征,因此必须在一定的时间和空间内保持相对稳定,否则就难以发挥奖学金评定办法的导向功能。高校奖学金评定一般以学年作为评定周期。在学年开始前就应该制定并公布这一学年的奖学金评定办法,只有这样才能充分发挥其应有的效益。为此,广泛调研,提高学生的参与度,鼓励广大学生积极参与、集思广益,提出相关的意见和建议,使奖学金评定办法更受学生认可。在 2011 年 7 月 13 日,学校以武纺大〔2011〕9 号文件印发了《武汉纺织大学"攀登奖学基金"管理办法(试行)》,在学校设立"攀登奖学金",根据奖励基金的额度,确定每年评选 25 名学生,每人奖励 2000 元,每年发放总额为 5 万元,充分发挥"攀登奖学金"的激励作用。

二是大力宣传"攀登奖学金"。充分利用校内传统媒体和新媒体平台校报、广播台、官方微博、微信等及时发布相关信息,使广大学生充分了解"攀登奖学金"评定的具体办法及其意义,以此达到自我约束、自我提高的目的,真正发挥奖学金评定的积极作用,实现高校的教育目标。

(三)建立健全奖学金评定程序

建立完善的奖学金申请程序,明确告知学生奖学金申请的时间、具体流程、所需提交的材料等,逾期不再受理。奖学金采用个人申请形式,由学生对自己过去一学年的表现进行总结,结合奖学金评定标准提出申请,这样既体现了对学生的尊重 ,同时也有利于学生依照奖学金评定标准规范自己的行为 ,促使评定标准蕴含的价值观念内化为学生的思想,并落实到具体行动中去。

建立由校学生工作部(处)、学院辅导员和不同层面学生代表组成的"攀登奖学金"评审委员会。辅导员作为基层学生管理工作者,对奖学金的评定有着较大的发言权。在奖学金的评定过程中出现的问题,辅导员能及时地获知和反映。学生作为被评者,则能从学生需求的角度对奖学金提出建议。因此,建立这样一个奖学金评审委员会,负责奖学金评审办法细则的修订与评审过程中的监督,对奖学金评定工作的开展,有着极大的促进作用,能够及时地解决奖学金评定工作中出现的问题,评选出更适合获得奖学金的学生。

在评审过程中,将奖学金评定方式由单一的学校评审改为校方主导、捐助方参与制,聘请徐卫林教授指定代理人崔卫纲担任评委,以满足捐助方在给予学生物质帮助的同时，提升学生精神素养的现实要求。奖学金评定的审查结果及时公示，对于公示期间被提出异议的同学及时开展调查，在事实清楚的基础上及时公布处理意见。奖学金评定结果公布后，注重对获得奖学金的优秀学生的宣传工作，这样不仅是对获奖者的肯定，也有利于同学的监督，形成高校特色的荣誉文化，激励广大学生不断进步。

在表彰工作阶段，认为奖学金旨在培养符合社会要求的时代英才，不仅要发挥奖励鼓舞人的功能，还要真正地为学生提供了更多展示自己与塑造自己的机会。充分应该利用奖学金表彰这一契机，为学生创造出和捐赠人的交流机会。2012 年 3 月 8 日下午，武汉纺织大学首届“攀登奖学金”颁奖典礼在阳光校区行政楼二楼学术报告厅隆重举行。校长韦一良，副校长、“攀登奖学金”基金捐赠人徐卫林，副校长彭育园，校纪委书记刘功成，副校长黄运平出席颁奖仪式，“攀登奖学金”管理委员会成员、各二级学院分党委副书记、辅导员、获奖学生和优秀学生代表 200 余人参加了典礼。仪式由笔者主持。校领导及“攀登奖学金”管理委员会成员共同为 25 名首届“攀登奖学金”获得学生颁奖。之后，徐卫林教授与获奖学生合影留念，并应邀为师生作了题为“超越知识积累、思索演绎卓越”的学术报告，报告会由我主持。基金已在学校平稳运营 13 年，不少获奖者已经成为单位的技术骨干，截至 2023 年底，共发放奖学金 56 万元，基金余额为 308.4 万元。

二、分析与启示

高校捐赠奖学金制度是引导和激励大学生的一项重要制度，评定标准是否科学合理，评定过程是否公正公开，评定结果是否令人信服，直接关系到引导的方向性与时效性。只有解决奖学金管理工作中出现的问题，改进和完善奖学金制度，才能使奖学金发挥它真正的作用。

（一）完善捐赠奖学金制度建设

首先，制定操作性强、明确易懂的奖学金制度规范。高校应吸纳捐赠人或委托人的参与，并积极听取捐赠人的意见。高校需将捐赠人意见与学校实际相结合，满足捐赠人诉求的同时，充分发挥高校自身在奖学金设置方面的育人功能。在设置捐赠奖学金时,也应征求学生意见,最终达到这些方面的利益交汇点,使评定标准趋于合理,并通过网站、宣传册等途径最大限度地向学生公布。

其次,评定标准要综合考虑。在制定和完善评定标准时,要注重突出捐赠奖学金的特点。在标准中,除了要求成绩外,还要考虑其他方面的素质,如职业素质、心理素质、沟通素质、德育素质等。更为重要的是,要充分考虑学生对捐赠人(企业)的了解程度及企业所要求的技能发展能力。可以通过答辩、参加相关实验操作、见习等形式进行考核。

再次,完善评定标准,杜绝人为操作空间。要根据捐赠奖学金设置的理念,合理细化标准,使评定标准在奖学金评选中充分体现出公平、公正、公开原则。

最后,通过奖学金工作研讨会、奖学金项目问卷以及跟踪了解等形式,对以往工作进行总结,并在新一轮的工作中采纳可行性建议,进行修改与调整,实现捐赠奖学金制度的成熟和延续。

(二)健全监督机制

健全的监督才能确保高校捐赠奖学金在阳光下运行。借鉴国内外诸多高校管理捐赠奖学金的经验,制定监督办法,组建监督机构,开展监督工作,才能对捐赠奖学金形成全面、有力的监督。在监督机制形成过程中,应重视三方面的工作。其一,监督机构要纳入辅导员、学生干部和学生代表。辅导员、学生干部和学生代表最了解获奖学生的实际情况,能够清楚地了解获奖学生如何使用奖学金,确保监督落到实处,达到捐赠奖学金设置的真正目的。其二,监督机构要吸纳捐赠方代表监督,在捐赠奖学金的评选过程中,设置该奖学金的捐赠人应该具有重要话语权。在组建专门管理机构时,要邀请捐赠人或指定代理人参加。其三,对数额较大的捐赠奖学金,有条件的高校可以成立基金会,建立专业的管理机构和制度,制定科学的投资和支出策略,以促使基金保值增值,引入会计师事务所对奖学金的使用情况进行审计,确保捐赠奖学金都能够用到实处,实现捐赠方、学校、学生三方共赢。

（三）重视感恩教育工作

一是引导学生正确认识捐赠奖学金。在奖学金的管理工作中，要将捐赠奖学金的性质和评比的有关事项向学生详细说明，让他们对该奖学金有一个全面细致的了解。特别是要让学生认识到捐赠奖学金与学校其他奖学金的差别，这样才能使学生在获得不同类别奖学金时得到充分激励。

二是加强社会责任感和感恩教育。捐赠奖学金作为重要的社会资助形式，是提高高校人才培养质量、实现高校人才培养目标的重要助力。它对获奖学生创新素质的培养、实践能力的提高、专业知识的积累起到积极的激励作用，为广大学生更好地完成学业、走向社会、实现人生价值发挥了有效的激励作用。因此，在管理中，要积极引导学生抓住机遇、勇于创新、学会学习，保持与基金会的联系，增进获奖学生对奖学金的归属感和认同感。同时，引导学生树立正确的价值观，勇于承担责任，要乐于奉献，学会感恩，用实际行动回馈社会。

附：

武汉纺织大学“攀登奖学基金”评选管理办法

第一章 总则

第一条 徐卫林教授热心社会公益事业，怀着报效母校、关心教育的拳拳之心，将获得的湖北省科学技术突出贡献奖奖金100万元捐赠给学校，用于奖励优秀学生。

第二条 经学校研究决定，利用徐卫林教授捐赠的100万元资金和学校配套的100万元资金，设立“攀登奖学基金”。为规范管理和合理使用该项基金，特制定本办法。

第二章 基金设立的原则

第三条 充分尊重捐赠人的意愿，突出基金的公益性，捐赠资金及以此为本金产生的收益全部用于奖励优秀学生，不得挪作他用。

第四条 突出基金的社会效益和教育效益，弘扬捐赠人热爱母校、关心教育的优秀品质，鼓励学生刻苦学习、奋发向上、不断攀登、立志成才。

第五条 基金管理工作坚持公开、公平、公正的原则，接受捐赠人和全校师生员工的监督。

第六条 通过多种渠道，广泛吸纳社会资金，促进本基金成为具有一定社会影响力的公益基金。

第三章 基金的管理

第七条 管理机构

为切实加强对“攀登奖学基金”的管理，学校与捐赠人商定，成立由分管财务、校领导、捐赠人或授权代表、学工处、研究生处、财务处负责人组成的“攀登奖学基金管理委员会”，并负责“攀登奖学金”的评审表彰工作。

“攀登奖学基金管理委员会”下设工作机构，挂靠学工处，负责组织奖学金评审、发放等工作。

第八条 基金收益

1. 在确保低风险的前提下，“攀登奖学基金管理委员会”决定基金本金的投资方式，由此获得的所有收益，均纳入基金专项管理。

2. 加强公益事业宣传，广泛吸纳社会人士和团体的资助。

第九条 使用额度

每年用于奖学金的支出额度，以基金的年度收益为主，不得动用基金本金。

第十条 财务要求

财务处对基金实行专项管理，坚持专款专用原则；各项支出由经办人、证明人签字，经学工处负责人和捐赠人或授权代表审签后，报分管财务、校领导审批；按时向“攀登奖学基金管理委员会”上报基金收支年报。

第四章 奖励对象与标准

第十一条 奖励对象

凡我校二年级以上(含二年级)的全日制普通本科生，均可按照本办法申请奖学金。

第十二条 奖励标准

每年评选奖励本科生 25 名左右；学校向每名获奖学生颁发荣誉证书和 2000 元奖金。

第五章 评选条件与程序

第十三条 评选条件

1. 政治立场坚定，爱党、爱国、爱校；遵纪守法，品行端正；尊重师长，关心集体，团结同学，具备开拓创新精神。

2. 学习目的明确，热爱所学专业，成绩优异；在课外科技、社会实践、社会工作、文体活动等方面成绩突出者优先。

3. 通过国家英语四级考试，英语专业学生通过专业四级考试；通过国家英语六级、计算机二级、三级、高级程序员考试者优先。

4. 获得国家奖学金及以上荣誉者优先。

第十四条 评选程序

"攀登奖学金"每年九月评选，具体程序如下：

1. 个人申请：符合条件的学生本人向所在学院提出书面申请（研究生向研究生处提交申请），并按要求提供有关证明材料。

2. 院处初审：各学院、研究生处对提交的学生材料进行初审，研究确定推荐学生名单，并公示三天。

3. 材料报送：公示结束后，各学院、研究生处将无异议学生名单和相关材料报学工处。材料包括：

（1）武汉纺织大学"攀登奖学金"评审表；

（2）相关等级证书和荣誉证书复印件；

（3）个人事迹材料（不少于1500字）。

4. 评审公示：经学工处汇总后，提交"攀登奖学基金管理委员会"评审，确定获奖者名单，并在校园网上对获奖者名单公示三天。

5. 发文表彰：经公示无异议后，学校发文表彰。

第六章 附 则

第十五条 获得"攀登奖学基金"奖励的学生，可获赠由徐卫林教授签名的纪念品一份，以资鼓励。

第十六条 本办法由"攀登奖学基金管理委员会"下设的工作机构负责解释。

第十七条 本办法自印发之日起执行。

一台学生晚会为何持续 26 年热度不减

一、案例介绍

由武汉纺织大学党委宣传部主办,校广播电视台承办的武汉地区高校“融融校间情”晚会自 1988 年创办至今,在湖北省高校广播专业委员会的大力支持下,已成为湖北高校广播一大盛会,同时也成为武汉纺织大学彰显特色校园文化的一张靓丽名片。“融融校间情”大型文艺晚会,作为湖北高校广播界的一项传统活动,晚会至今已成功举办了 20 余届,吸引武汉地区八所部属院校广播台参与,汇聚武汉各大高校优秀广播人,节目形式多样,气氛活跃,在武汉地区高校中颇具影响力,在湖北地区各大高校中具有很强的影响力和良好的口碑。

2013 年 4 月至 2017 年 5 月,笔者担任武汉纺织大学党委宣传部部长,具体组织举办了四届“融融校间情”大型文艺晚会。2013 年 12 月 6 日晚,第 18 届“融融校间情”大型文艺晚会成功举办,省教育厅思政处负责人何泽云,多所在汉部属高校宣传部部长,省高校广播协会负责人,《湖北日报》、湖北人民广播电台等各界媒体代表及我校党委副书记刘义出席。此次晚会使高校校际交流进一步巩固发展,并受到《中国教育报》的深度报道。2014 年 11 月 28 日,第 19 届“融融校间情”大型文艺晚会成功举办,《中国教育报》《中国青年报》《楚天都市报》《楚天金报》《武汉晚报》等社会各界媒体代表及湖北省高校广播协会领导出席。晚会受到省广播协会的好评,并获得《中国青年报》等媒体的深度报道。2015 年 12 月 11 日晚,第 20 届“融融校间情”大型文艺晚会暨湖北高校广播协会年会成功举办,湖北人民广播电台、武汉人民广播电台等社会各界媒体代表,省高校广播专业委员会理事长陈思中,我校领导刘在洲、张文凯出席,校广播台获评“全省高校广播先进单位”。2016 年 11 月 18 日晚,第 21 届“融融校间情”大型文艺晚会再次掀起武汉高校广播热潮,湖北省高校广播专业委员会理事长付敦祥、副理事长雷峻,《光明日报》湖北记者站站长夏静，校党委副书记刘在洲出席。这界晚会的成功举办，为武汉高校校园媒体良性互动搭建了平台。充分发挥第二课堂文化育人的导向和激励功能，创新工作理念、拓宽渠道、调整方式，以“融融校间情”为载体，汇聚各校特色鲜明、兼具文化性、知识性和美誉度于一体的校园文化精品，注重三大融合凸显育人实效。

2014年12月24日，《中国青年报》的一篇题为《一台学生晚会为何持续26年热度不减》的深度调查报道是这样说的：既没有明星大腕，也没有绚丽的舞台，一台由武汉九所高校广播台学生自编自演的“融融校间情”晚会为何却成为武汉三镇学生心目中的“年度嘉年华”？文章道出了“融融校间情”晚会是如何一步步走出武汉纺大的校门，走进学生的记忆深处。

（一）创新工作理念，聚集各校文化精品

随着全媒体时代的到来，网络终端全面普及，新媒体对传统媒体的冲击日益显现，在信息海量的新媒体时代，传统媒体面临新的机遇和挑战。武汉纺织大学坚持传统媒体与新媒体的融合，利用新媒体平台的同时，不断探索传统媒体发展的新模式，发挥广播深入校园一线的强势传播功能，用有“声”力量传播社会主义先进文化，弘扬社会主义核心价值观。经过27年的探索，将一台诗歌朗诵会发展成辐射全省的校园文化品牌，赋予传统校园媒体新的文化内涵，高校广播作为校园文化建设的重要组成部分，在这一难得的历史时期把握总体思路，唱响主旋律，为培育优秀大学精神服务，为和谐校园建设服务，为社会主义文化的发展与繁荣服务。

“融融校间情”晚会由武汉纺织大学党委宣传部主办，秉承“崇真尚美”校训，融合武汉大学、华中科技大学、中国地质大学、华中师范大学、武汉理工大学、中南财经政法大学、华中农业大学、中南民族大学八所高校校园的文化精品，融汇九大高校特色校园文化。期间，长江大学、武汉音乐学院广播台也曾参与，播撒“美在纺大”校园精神的大型广播嘉年华。自1988年创办以来，这种“8+1”的举办模式得到湖北省高校广播专业委员会的大力支持，一直受到《中国青年报》、《光明日报》、新华网、《湖北日报》、《长江日报》、《楚天都市报》、《武汉晚报》、《楚天金报》、荆楚网等媒体关注。

（二）注重过程准备，促进“8+1”高校广播沟通

一场晚会呈现给大家的是2个小时的精彩，很短暂，但是筹备一场“九方协同”的晚会需要的是长达几个月的周密细致的准备。武汉纺织大学党委宣传部高度重视“融融校间情”晚会，把它作为党委宣传部每年的重点工作，在下半年开学之初就开始筹备策划。

每年的9月份，党委宣传部会向师生征集本年度晚会的主题，经过大家充分沟通之后确定下来。随后，由负责广播台的指导教师先行与各参演高校广播台指导教师进行沟通，确定各高校节目总负责同学，建立晚会的先期联系。

从10月份开始，武汉纺织大学广播台的学生和参演各高校的同学紧密联系，沟通各学校节目准备情况，协调节目形式等具体细节。经过两到三轮的上门走访、沟通协商，节目内容和形式基本确定。

进入晚会的前一周，会组织参演高校广播台学生汇聚到武汉纺织大学阳光校区进行一次正式彩排，发现问题，解决问题。同时，在这一周会在学校三个校区同时开始发票。发票过程短暂，但等待时间漫长，每次发票都成为学校一道独特的风景：上千人排队，500张票半个小时发放完毕，甚至有人循环排队，有人高价收购。

晚会正演的时候，拥有1500个座位的武汉纺织大学阳光校区大学生活动中心演播厅常常座无虚席。高校联络组、催场组、化妆组、道具组等紧密协作，确保每一个节目、每一个演员都能展现最好的一面。这个时候唯一需要关注的就是安保工作，不过得到学校保卫处的大力支持，每年都秩序井然。

“融融校间情”传承近30年，见证了武汉纺织大学发展，一大批杰出校友都对“融融校间情”晚会视为珍贵的记忆。为第一届全国青年运动会设计吉祥物“榕榕”的艺术学院女生张丹，为锻炼自己的表达沟通能力和工作执行力，报名加入校广播台，连续参与三年“融融校间情”晚会的筹备。袁思怡、庞盼盼、陈爱家等冠军模特悉数亮相第十六届“融融校间情”晚会。登上武汉市民“大讲堂”讲述尼泊尔支教经历的我校学子孙丽，是在“融融校间情”晚会的历练中尝到了“甜头”，两次参加“融融校间情”晚会的举办，结识了许多和她有共同追求和向往的同学。纺大“全能女神”官婧两次参与“融融校间情”晚会的排演，在融融上认

识的小伙伴，教会了她如何在演讲中保持冷静和自信、如何一边说话一边保持优雅的笑容、如何通过腹部发声让声音听起来更有力量。国家科技进步奖一等奖得主、“敢为人先、追求卓越”的武汉精神代言人徐卫林教授作为访谈嘉宾做客第十六届“融融校间情”晚会时讲到在读大学的时候就是‘融融校间情’的粉丝，是最早见证“融融校间情”播撒“美在纺大”校园文化的科技人才。

二、分析与启示

当下，高校发展正逐渐进入新常态。作为省属高校，该如何破解地方高校校园文化品牌同质化的发展瓶颈，在高校校园文化的全国“考卷”上，把文化育人这道“大题”，答得既不出错，又能出彩？找准特色是关键。学校以“融融校间情”大型广播嘉年华为契机，把文化育人与思政教育、人文教育、科学文化教育等进行有效整合，将文化育人理念融入学校“崇真尚美”的校训精神内核，走出了一条以“融融校间情”为特色的“互动式”文化育人模式。

（一）注重内容创作与校园特色相交汇

大学校园文化建设最重要的传播载体是校园媒体，而校园广播为大学校园文化建设提供了直观鲜明的舆论阵地和导向。武汉纺织大学广播台坚持立足校园，提升校园文化培育引导的针对性与实效性，使当下“00后”一代产生情感共鸣、形成价值认同并最终践行。

在传统“融融校间情”晚会的节目形式上，融入辩论赛、真人秀、小品、视频配音等多种形式，节目形态逐渐走向多元化。比如说，华中师范大学广播台素有高品质诗歌朗诵的传统，学生们慷慨激昂地抒发情感，在抑扬顿挫间展现内心的豪迈；中南民族大学广播台充满民族风情的载歌载舞，将其校园特色展示得淋漓尽致；中南财经政法大学广播台的视频配音风格活泼，既结合了大学生活也切实说明了人生道理，欢笑之余引人深思；华中科技大学广播台的视频配音完美还原剧中人物原本的台词和声音，令人拍手称奇；武汉理工大学广播台表演的话剧，故事感人肺腑，演员表演生动，收获掌声无数。

“融融校间情”晚会融合九大高校校园文化精品,将各个高校的有“声”力量融合到同一个舞台上,是各自校园文化的交流也是各自专业水平的展示,彰显着“有声”的魅力,暗自较量着“无声”的实力。学校致力于以“融融校间情”晚会为平台,汇聚更多“社会认同、专家认可、学生喜爱、便于传承且具有各校特色”的校园文化精品。

(二)注重参与人员与文化推广相交汇

先进的校园文化是高校的灵魂,也是高校应具有的凝聚力、向心力和感召力的源泉,高校校媒是校园文化建设的重要组成部分,是校园文化的有效载体,仍具有很强的渗透力和影响力。

“融融校间情”大型广播嘉年华除了舞台上各大高校展示学校文化特色的盛宴,舞台下的成果展示,尤其是各大高校参与“融融校间情”晚会内容创作、编排、打磨的校园文化建设主要参与者之间的交流互动,同样不容忽视。

为丰富“融融校间情”晚会活动内容,搭建平台,加强校媒队伍建设,进一步提升校媒发展水平,由武汉纺织大学党委宣传部承办的“武汉高校校媒沙龙”每年都会在阳光校区如期举行。届时,来自武汉大学、华中科技大学、武汉理工大学、华中农业大学等八所在武汉部属高校的近百名校园媒体学生骨干代表齐聚我校,就校园媒体团队的成员培养、文化建设和新闻网、校报、广播台及微博等校媒的定位、作用、管理、运作,以及新闻的采访、报道等问题进行了广泛交流与讨论。

谈起“融融校间情”晚会所带来的积极意义,湖北省广播专业委员会理事长陈思中评价道:“这个活动举办得非常好,九所高校坐齐聚交流学生媒体的发展,待各自返校后,又成为各自学校校园文化推广的主力军,收获颇多,希望能够将交流活动坚持下去,并扩大参加沙龙学校的范围。”

(三)注重品牌活动与思想教育相交汇

高校校媒一方面宣传校园文化,另一方面又对校园文化的指导思想、宗旨、目的和内容等起着深化和提升的作用。

以“融融校间情”为立足点,充分延伸拓展学校广播的品牌活动,积极与文化育人相融合，通过邀请由学生民主评选出来的学校各职能部门以及学科带头人、模范教师、典型学生等一大批学生身边的模范人物，成为“纺大代言人”，如图书馆馆长谈如何利用图书馆；后勤集团总经理谈节约水电粮食、日常文明礼仪；教务处长谈课堂教学、尊重教师；组织部部长谈为什么入党；心理健康中心主任谈心理健康教育重要性；国际处长谈国际视野等，整理录音内容，通过广播台在整点、半点报时时段进行播放，提高广大师生的审美情趣和鉴赏水平，引导广大师生树立正确的世界观、人生观和价值观，促进学校形成良好的校风、教风和学风，增强校园文化的生命力。

除此之外，我校不仅打开门将各兄弟院校“迎进来”相互交流，还积极“走出去”，广泛参加其他高校的校园文化活动，如武大的“声动达人秀”武汉地区大学生配音大赛、地大主持人大赛、财大“声之韵”晚会、民大“融声汇影”毕业生晚会等，加强高校间工作人员的互相沟通和学习，促进高校间的文化交流。也正是通过“融融校间情”晚会的平台，武汉各高校之间的交流也越来越频繁，情谊也愈发浓厚，实现高校间文化资源共享，真正做到“融于校，情愈浓”，最终推动高校校园文化建设的发展和繁荣。

附：

一台学生晚会为何持续 26 年热度不减

“福音来咯！本人排队顺利拿到“融融校间情”晚会的两张票，可是明晚临时有事不能去，忍痛割爱，在此出售两张门票，起拍价 10 元。”

前段时间，此帖在武汉纺织大学校园贴吧上刚一发布，立刻引起轰动。不到 10 分钟，该帖就被置顶，近百网友跟帖竞拍。

这场“抢票”大战终止于一位名为“麦兜的世界”网友情深意切的留言。“去年就答应带女朋友去看的，可惜排队的人太多，没拿到票，今年的“融融校间情”晚会正好碰上是女朋友的生日，这一次无论如何都要满足女朋友心愿，带她去看次“融融校间情”晚会的现场。”

“融融校间情”晚会到底是什么？为什么武汉纺织大学(原武汉科技学院，现简称武汉纺大)1988 年创办的一台普通晚会，历经 26 年之后，还能长盛不衰？

“融融校间情”晚会应学生需求而生

1988 年的一个冬夜，在武汉纺大一个阶梯教室里，原本只能容纳三四百人的场地，已被近千名同学层层围住，教室内不时爆发出阵阵笑声和热烈掌声。

这是武汉纺大联合武汉部分高校广播台举办的一台诗歌朗诵会。没有正规的舞台，学生自己买来各色彩纸动手进行装饰；没有像样的道具，他们干脆套上过年时才穿的棉袄，轮流登台朗诵。

“学校当时就很想尝试组织这样一个校际的联谊活动，让不同学校广播台的同学彼此有交流沟通的机会，增进相互感情，促进共同成长。两年之后，也就是在1990年，我们将这个活动正式取名为“融融校间情”。”武汉纺大校长韦一良这样介绍“融融校间情”晚会的历史。

2004年前后，因为武汉纺大刚刚实现多校区办学，三个校区相距较远，“融融校间情”晚会一度被搁置，停办了两年。

但是，学生们始终没有忘记他们钟爱的“融融校间情”晚会。

2006年，新上任的校党委书记尚钢首次出席“与学生面对面”的交流会，便听到学生代表的强烈呼声：希望恢复并重建我们的“融融校间情”晚会。

“请同学们放心，“融融校间情”晚会是咱们学生自己的活动，学校一定会支持到底，咱们不仅要把“融融校间情”办下去，还要办好，办出彩！”已经听懂学生心声的尚钢书记当场公开表态。

会后，尚钢书记立即将承诺付诸行动，他亲自带队，把“融融校间情”晚会的活动重新张罗起来。经过一段紧锣密鼓的筹备，“融融校间情”晚会终于在这一年岁末重新举办。

这次晚会结束时，尚钢书记走上舞台现场承诺：“同学们，你们放心，“融融校间情”晚会每年都会在武汉纺织大学这个老地方和大家见面，不见不散！”寥寥数语，却情真意切，感动了在场无数的人。

为了将“融融校间情”晚会打造成武汉纺大的品牌活动，学校设立“校园文化建设”专项经费，全力支持“融融校间情”晚会的筹办。具体负责这项工作的校宣传部始终秉持“还原真实大学生活，唱出学生真情实感”的举办宗旨，每年都会召开专题研讨会，分享过往晚会的举办经验，讨论本届晚会的创新点。

“好看好玩好过瘾”

既没有明星大腕，也没有绚丽的舞台，一台由学生自编自演的“融融校间情”晚会却成为学生心目中的“年度狂欢嘉年华”。成功的秘诀在于，这是学生自己的舞台。

“融融校间情”晚会，最初就是以武汉各大高校广播台为纽带，联合打造的一台晚会，因此语言类节目特色鲜明。最初，播音朗诵为主要表演形态，进入21世纪以来，逐渐加入了辩论赛、真人秀、小品、视频配音等多种形式，节目形态日益多元化。尤其是利用多媒体编排而成的视频配音，作为每年“融融校间情”晚会的重头戏，都会引来满堂喝彩。

2014年的晚会上，由武汉纺大带来的视频配音《宅人终结者》，在不到15分钟的时间里，5个参加配音的学生，模拟了数十种风格迥异的声音变化，串联起17个经典影视作品桥段。毫无违和感的场景转换，精准巧妙的节奏把握，将时下网上的热门话题、焦点人物、网络新词等流行元素都一网打尽，让熟悉的经典影视作品重新发“声”，引得现场观众直呼过瘾。

这样的例子在“融融校间情”晚会的舞台上屡见不鲜。除了还原学生日常生活，很多节目都源自学生的创意。

华中师范大学广播台素有高品质诗歌朗诵的传统，学生们慷慨激昂地抒发情感，在抑扬顿挫间展现内心的豪迈；中南民族大学充满民族风情的载歌载舞，将其校园特色展示得淋漓尽致……“融融校间情”晚会上每一个节目，都是各校学生的诚心之作，大家以感情为纽带，分享彼此的故事，唱出共同的青春。

节目中有学生自己的影子

长江大学今年带来的节目是幽默辩论——《校园早间广播该不该放？》。因为题材贴近学生生活，在现场引发了学生的强烈共鸣和积极互动。

据了解，在长江大学，靠近广播台喇叭的学生反映校园早间广播影响了大家的作息，对生活造成干扰，要求停止早间广播；而位于学校另一端的学生则因为听不到校园早间广播，倍感失落，强烈要求在宿舍周边安上喇叭，让大家都能听到校园广播，了解学校最新动态。

“了解到这个情况后，我们在全校范围内进行调查，发现这个现象的确困扰了很多学生，成为学生私下讨论的热门话题，于是我们就想把这个学生关心的话题搬上“融融校间情”晚会的舞台，这也正好契合了“融融校间情”服务学生的出发点。”长江大学广播台指导教师徐小安介绍说。

谈到编排《宅人终结者》的初衷，武汉纺大现任广播台台长、大三学生刘娅楠也有相同的感受，“我们之所以想到‘宅’这个主题，也是因为这就是当下我们学生中很常见的一种现象，包括我自己，除了上课，很多时间都是宅在寝室，甚至吃饭也都是打电话叫外卖。我们希望通过这种轻松诙谐的方式，传递出一种阳光积极的生活方式，鼓励学生多走出去，看看外面的世界，呼吸新鲜的空气。”

“融融校间情”晚会学生表演的节目反映的是学生自己的生活，展现的是学生自己的影子。

“这个晚会办得很接地气，特别符合我们大学生的喜好，演的都是我们生活中实实在在的事儿。”中南财经政法大学一名大三学生谈起“融融校间情”晚会时，难掩激动和喜悦之情。

“现在的学生大多是90后，要想做好学生工作，你必须得了解他们喜欢什么，想什么。每年来“融融校间情”晚会走一趟，就大概知道他们的兴趣点了，还是很有收获的。”华中师大辅导员王小溪看完表演后感叹道。

真情实感的节目内容，创新好玩的节目形态，工作人员全心全意地付出，就这样，“融融校间情”晚会一步步走到了今天，走出了武汉纺大的校园，走进了学生的记忆深处。

（原载《中国青年报》2014年12月25日03版　通讯员 张丽君 记者 谢湘）

地方高校如何办好辅导员职业技能大赛

一、案例介绍

2008年9月至2013年3月，笔者担任武汉科技学院（武汉纺织大学）党委学生工作部（处）部（处）长、团委书记，在学校党委的坚强领导下，为了提升辅导员的职业能力和工作水平，推动这支队伍稳定、快速、职业化发展，2011年上半年，学生工作部联合学校人事处、校工会举办了武汉纺织大学首届辅导员职业技能大赛，打破了一直以来重理论知识传授、轻实践能力培养的传统辅导员培训模式，更好地促进了辅导员队伍整体素质的提升，加速了队伍专业化、职业化建设的步伐，强化了辅导员的职业意识和竞争意识，走在了省属高校的前列。之后的2012年，教育部开始举办全国高校辅导员职业能力大赛。

（一）加强辅导员赛前培训

高校辅导员综合素质的提升除了通过自身的学习和进修外，更多的是参加学校组织的培训。我们在赛前多次邀请省内外优秀辅导员如武汉大学的李勤、华中科技大学王小月等教师到校传授经验，举办学工论坛、辅导员研讨会、经验交流会、辅导员沙龙等活动，提升辅导员的综合素质。在思想政治教育工作中，具备思想政治教育、教育学、心理学等专业背景的辅导员占很大优势，不具备先天条件的辅导员可以利用各种方式学习和充电，通过自身的努力补足业务短板。如果不具备一定的思政专业基本理论、知识、方法，开展工作的技巧和方法就会很单一；如果对学生工作实务不太熟悉，比如学生伤害事故处理、学籍管理规定、学生行为规范、违纪处分、奖贷助补免政策等，就很难处理学生中的相关事务；如果缺乏一定的心理健康、就业指导、法律知识，就很难有效地做好学生的教育引导工作。辅导员要善于利用所在院部的资源，多向有经验的教师请教，经常阅读相关书籍、查阅案例资料，还可以通过进修增强自身的知识储备，不断提升理论素养。培训结束时，组织基础知识测试，涵盖了思想政治教育专业基本理论与方法、马克思主义中国化相关理论及知识、大学生思想政治教育工作实务相关知识以及法律法规知识，并考察了辅导员对信息的理解分析和问题解决能力。通过赛前对相关知识的梳理、复习、理解，可以真真切切地掌握相关理论、政策、方法；通过赛中测试，可以清清楚楚地发现自己理论知识的不足与差距；通过赛后的总结、分析、再学习，可以扎扎实实地巩固辅导员的专业基础知识和岗位能力。

（二）指导二级学院扎实做好院级选拔赛

本次辅导员职业技能大赛内容分为“主题班会、工作 PPT 展示、学生信息辨识、情景模拟、无领导小组讨论”五项，并配合学生满意度测评。要求各学院先期开展预赛，主要围绕主题班会和工作 PPT 展示进行比拼，各学院推荐一名优胜者参加学校的决赛。主题班会是班级教育活动的形式之一，通过学生的参与、讨论、互动，来提高对某种事物、现象或者观点的认识与理解，从而将正确的思想、价值观传递给学生。辅导员必须结合时事、社会现象以及班级实际等方面精心选题，严谨设计，并认真组织实施，体现内涵与深度，同时，突出学生的主体地位、尊重学生，推动学生主动思考、探索、辨析，引导学生分析问题、解决问题，并进行恰到好处的分析点评、总结，使学生能在主题班会中受到教育、鼓舞和熏陶。二级学院高度重视辅导员队伍建设，加大经费投入力度，给予相应的政策倾斜。辅导员职业能力大赛不单是选手之间较量，也是各学院之间的较量。学院的重视程度、激励机制、办公环境、设备设施等都关系着辅导员队伍建设的水平。少数学院投入力度不够，硬件条件有限，导致辅导员的潜能无法得到发挥。对参赛选手进行赛前的指导和培训，减轻参赛选手的工作负担，建立激励制度、考核制度等，都是激发辅导员积极参与大赛的有力保障。从大赛的影响看，对辅导员个人成长、学工队伍的成长大有益处，学校应该高度重视、大力支持，发掘培养优秀的辅导员。

（三）精心组织校级决赛

决赛分为班情熟知、情景案例分析、无领导小组讨论三个环节，聘请相关专家、在校学生工作委员会成员、相关职能部门负责人、二级学院党委书记担任评委，当场亮分。2011 年 5 月 31 日，由武汉纺织大学学生工作部、人事处、校工会联合举办的武汉纺织大学首届辅导员职业技能大赛决赛在南湖校区 T201 学术报告厅隆重举行，来自各二级学院的 17 名一线辅导员分别就班情熟知、情景案例分析、无领导小组讨论环节参加了比赛。湖北省教育厅思政处副处长童静菊亲临大会，勉励我校辅导员不断提升自身素质，做大学生名副其实的人生导师和知心朋友。校党委书记尚钢讲话并宣布决赛正式开始，副校长彭育园、校纪委书记刘功成出席大赛。华中师范大学思政研究所所长、博士生导师万美容教授，学校老领导王金华教授、学校学生工作委员会成员，相关职能部门负责人、二级学院党委书记担任评委。各学院分党委副书记、学工部团委工作人员以及全体辅导员到场观摩了比赛。

童静菊发表了热情洋溢的讲话，充分肯定了我校在大学生思想政治教育和日常管理方面的工作，希望辅导员努力成为大学生名副其实的人生导师和知心朋友，并对辅导员提出了三点要求：一是要完成由“一杯水"到"长流水"的转变，不断提高自身的业务能力与修养；二是完成"蜡烛"到"长明灯"的转变，通过不断学习完成自我的成长和发展；三是实现"单打一"到"全员育人"的转变，真正做到教书育人、管理育人、服务育人和环境育人。

尚钢充分肯定了我校的大学生思想政治工作和辅导员队伍建设，称赞辅导员队伍是一支特别能战斗、特别能吃苦的队伍。他以毛泽东同志"本领恐慌"和"本领危机"的讲话为切入点，殷切希望辅导员：一要加强理论学习；二要加强作风建设；三要创新工作方式方法，再接再厉，扎实工作，开拓创新，把我校大学生思想政治教育工作推向新的水平。最后，尚书记宣布武汉纺织大学首届辅导员技能大赛决赛正式开始。

上午的比赛围绕班情熟知和情景案例分析两个环节展开。选手们对所带年级的学生了如指掌，赢得了评委们阵阵掌声，展现了良好的工作形象。情景案例分析主要考察辅导员分析判断能力、解决问题能力以及对相关知识的运用能力和沟通技巧；帮助学生排忧解难、缓解压力、调节情绪、改变认知，常态化开展谈心谈话活动，有效处理突发事件、维护校园安全稳定，这些是辅导员工作的核心内容。案例分析中，辅导员在台上从容淡定的态度、快速敏捷的思维、问题实质的把握、解决思路的流畅，是辅导员平时面对突发事件、特殊问题长期积累而来的一种娴熟的职业反应模式，体现了良好的综合素质。

下午的无领导小组讨论环节中，参赛辅导员按抽签顺序分成两组，围绕议题畅谈自己的见解和方案，较好地表现了自己的应变能力、语言表达能力、修养风度和团队合作精神。

华中师范大学思政研究所所长万美容教授给予了点评，称赞武汉纺织大学辅导员展现出很强的政治敏锐性、较高的理论水平，以及阳光的形象、阳光的心态给了他深刻的印象，为武汉纺织大学拥有这样一支阳光的学工队伍感到非常高兴。同时，他也对辅导员们全天的表现给出中肯建议，希望我校辅导员教师进一步强化系统思维方式，注意培养问题意识，提高思想政治工作的时效性、针对性。

最后，电子电气学院辅导员凡蓉蓉和管理学院辅导员尤雯文荣获"武汉纺织大学首届辅导员职业技能大赛技术状元"；国际学院辅导员王晶、环境学院辅导员李琼瑛、机械学院辅导员周玉艳、艺术学院辅导员王芳、化工学院辅导员王娟娟、高职学院辅导员黄勇、数计学院徐喆、外语学院辅导员常利利 8 名辅导员荣获"武汉纺织大学首届辅导员职业技能大赛技术能手”；会计学院辅导员魏剑、数计学院辅导员李静宇、纺织学院辅导员张雷、外经贸学院辅导员张辉与王欢、电子电气学院辅导员刘黎、化工学院辅导员李永强 7 名辅导员获优秀奖；徐喆获 PPT 工作最佳展示奖；李永强获主题班会最佳组织奖；电子与电气学院、数计学院荣获“武汉纺织大学首届辅导员职业技能大赛优胜单位”。

辅导员职业技能比赛是学校实施“辅导员队伍素质提升工程”的一项重要内容。在比赛过程中，来自各学院的一线专职辅导员发挥水平、展示才华，充分体现了近年来我校加强和改进辅导员队伍建设所取得的成效。此后，我们深入开展获奖辅导员的表彰和经验推广活动，以此次大赛为契机，进一步推进我校辅导员队伍职业化、专业化、专家化建设，提高我校思想政治教育工作水平，为推动学校发展提供强有力的人才支撑。2013 年 3 月，凡蓉蓉荣获湖北省“十佳辅导员”称号，同时被湖北省总工会授予 2013 年度“湖北省五一劳动奖章”。

本次辅导员职业技能大赛成效显著，影响深远，着力于提高辅导员队伍的工作水平和职业素养。

一是提高了辅导员政策理论水平。通过备战比赛，辅导员们深入学习教育部、学校有关辅导员工作的文件、政策、规章和制度，有效提高了辅导员的基础理论水平，尤其对于新进辅导员更是一次难得的业务培训，增强了辅导员的政治素养，提升了职业认同感。此外，辅导员职业能力大赛为辅导员提供了一个展示工作的机会，拓展并丰富了辅导员的职业发展环境。通过大赛，展示了辅导员坚定的政治素养、娴熟的工作能力、良好的职业形象，让全校认识到辅导员是一项崇高的育人事业，而不是简单地处理学生事务；也让辅导员们感受到工作的价值所在，愿意全身心投入自己的时间和精力，把这份工作当作事业来经营，从内心萌生出一种强烈的职业热爱感和认同感。

二是夯实了辅导员工作基础。辅导员职业能力大赛主要包含基础知识测试、主题班会、案例分析、谈心谈话、学生信息辨识、情景模拟等内容，每个内容都紧紧地围绕着辅导员的专业岗位知识和业务能力而设置，是对辅导员职业能力的全方位考察与检验，督促辅导员进一步夯实工作基础，较好推进了学生日常管理工作，为辅导员对学生开展个性化指导奠定坚实基础。

三是开展了工作经验交流，促进学习提高。比赛中各学院辅导员同台竞技，增进沟通，加强交流，比赛中展示的良好工作方法和思路已成为赛后辅导员们关注和交流的话题，部分经验被广泛推广，为开展大学生日常思想政治教育工作提供了有力支撑。

四是促进了学习型辅导员队伍建设。随着辅导员职业能力大赛在院系的开展，许多院系鼓励并要求所有辅导员积极参赛，一方面促使辅导员学习相关的知识，另一方面也激发了他们学习的内动力，并在学习过程中对照、反思自己的工作，感受学习带给他们的成长快乐。比赛掀起了抓业务、赛能力、比学习、促交流、提水平、专业化的热潮。广大辅导员积极思考，不断提升理论水平，不断交流工作经验，提升处理实际问题的能力。

五是推进了辅导员队伍专业化建设。近年来，学校积极探索为大学生成长成才开展教育、管理、指导、服务和素质拓展等方面的专业指导。比赛中设置专业化考核模块，进一步推动辅导员明确专业化方向，推进了辅导员队伍专业化建设。

六是进一步增强了辅导员队伍凝聚力和战斗力。辅导员通过比赛展示自己的涵养、方法、技能，既考验了辅导员的心理素质，丰富了辅导员的内心世界，塑造了坚实的专业技能和良好的职业素养，充分展示了辅导员队伍爱岗敬业、奋发向上的精神风貌，也从一个侧面展现出我校学生工作开拓创新、大力提升大学生日常思想政治教育科学化水平的良好局面。

二、分析与启示

辅导员能力大赛是高校教育工作中的一项重大创新，是提升辅导员职业能力的一个重要平台，也是对高校辅导员队伍建设成果的大验收，对促进辅导员职业化、专业化进程，对提高高校思想政治教育水平和学生管理工作质量，均具有十分重要的意义。大赛的目的是搭建平台，使高校辅导员相互交流、共同展示，达到相互借鉴、相互学习、共同提高职业技能的目的。

(一)创新理念，彰显大赛影响力

一是高校要转变观念，以发展的眼光，强化辅导员职业能力提升工作。大赛既要体现人自由全面发展的理念，又要顺应时代发展的要求。

同时，大赛要遵循理论与实践相结合、主题与需求相结合、教育与指导相结合的原则。

二是辅导员能力大赛应注重宣传和思想引领工作。要特别注重统一思想，达成共识，调动学院及辅导员的自觉参与意识，让辅导员充分认识到辅导员能力大赛是提高其理论水平、工作能力和业务水平的有效途径，大赛既是个人工作模式与才能的展示，更是自身寻找差距、学习先进的机会和平台，促使辅导员带着问题参与其中。

三是扩大大赛的影响力。将辅导员能力大赛作为一个品牌进行宣传和推广，将其打造为面向高校专业教师、管理部门干部展示辅导员职业影响力的一个平台，成为高校辅导员这一岗位和职业在高校乃至社会得到高认同度的一个重要渠道。

（二）以赛促建，完善大赛保障机制

完善、科学的保障机制是确保大赛成功的先决条件。

一是科学制订职业能力大赛方案。方案下发前，要征求学院及一线辅导员意见，集思广益，确保大赛的目的及要求人人皆知，从而实现层层落实，确保大赛的常态化开展。

二是健全合理的辅导员能力大赛机制。从制度上完善对大赛的引导，建立评估、督导、检查等相应制度。如考核制度、奖罚制度、激励制度、过程督导制度等。特别要注重对学院工作的督查落实，如对竞赛规模、学生参与人数、评比评审程序、初赛和复赛的质量等问题要重点关注。同时，建议注重校际合作，邀请主管部门领导和专家担任评委，以加强指导并相互探讨和学习。

三是完善大赛内容。在与省赛项目紧密结合的基础上，充分考虑本校辅导员职业能力方面的实际情况，不能一味为赛而赛，比如，针对学校辅导员团队能力不足的情况，可以在大赛环节中增加以二级学院为单位的辅导员团队项目，提升团队的凝聚力和核心竞争力。

（三）强化培训，拓展大赛成果

一是要注重日常积淀。从比赛的整体情况来看，只有少部分辅导员能整体驾驭每场赛事活动，赛场上表现出良好的应变和问题处理的能

力。但俗话说“一花独放不是春,百花齐放才是春”。因此,在日常工作中,高校要引导全体辅导员对学生日常管理及思想教育中的案例(如思想教育类、指导服务类、学生事务类、心理辅导类、人际关系类、突发应急类)进行分类搜集和梳理,积累经验和措施,达到在日常工作中学习,在学习中提升的效果。

二是要强化培训。赛前,学校和学院要组织辅导员开展系统化的培训工作,让辅导员掌握职业能力提升的方法;赛中,要加强专家评委的指导、点评和互动环节,让参赛及观摩的辅导员认识到存在的不足及努力方向;赛后,要强化大赛的赛后总结工作,对每项活动中出现的问题汇总和分析,梳理出辅导员备赛和比赛过程中究竟能学会什么、成长多少才是关键,因此,应该积极探讨对策,积累宝贵经验,尤其是参加过省级培训及入围比赛的辅导员教师们要将备赛和比赛的经验进行分享交流,进一步巩固和深化大赛的成果和内涵。

三是强化科研。要将大赛项目转化为科研成果,包括编写经典案例丛书、撰写科研论文等。可以设立大赛类科研课题,鼓励辅导员从事科学研究,不断提高辅导员对职业技能科研的兴趣,提高辅导员的科研能力和水平,真正达到“以赛促学,以赛促研”的效果。

辅导员职业技能大赛既是辅导员沟通和交流的平台,更是勇于挑战自我、突破自我的舞台。辅导员通过比赛展示了职业形象和职业风采,丰富了内心世界,塑造了坚实的专业技能。参赛辅导员从比赛中取得的快乐和收获更是一笔精神财富。在辅导员职业技能大赛中,涌现出一批又一批的优秀辅导员,他们用自己的青春和汗水,展现出新时期辅导员的从容、自信和魅力,让社会各界对辅导员这一职业有了全新的认识。他们坚守岗位、传播正能量,为高校的思想政治教育贡献着青春和力量。

第四篇

教师队伍建设与科技创新管理篇

地方高校如何引育人才

一、案例介绍

教育与人才紧密相连，教育培养人才，人才振兴教育。党的二十大报告关于教育部分的标题就是“实施科教兴国战略，强化现代化建设人才支撑”，并进一步提出坚持教育优先发展、科技自强自立、人才引领驱动。科技是第一生产力，人才是第一资源，创新是第一动力，实现人才引领驱动需要教育优先发展。新质生产力的提出更加凸显了人才引领驱动的紧迫性。高等教育与创新的联系非常紧密，高等学校要通过人才培养和成果转化，服务国家创新发展。高等学校自身办学水平的提高，也离不开广大教师的创新贡献，因此需要真正实现人才引领驱动。

2017 年 5 月，笔者从学校党委宣传部部长调任人事处处长、人才办主任、党委教师工作部部长，在学校党委的领导下，坚持把青年教师培养作为教师队伍建设的奠基工程，整合优势资源，实施“人才高地汇聚工程”，深化人才工作体制机制改革，完善人才“引、育、用、留”全链条体系，构建人才发展载体平台，提升服务保障水平，营造了“引得进、留得住、发展好”的良好生态，使青年教师发展有政策、有平台、有空间、有氛围，人才队伍规模结构和能力素质持续得到优化，为学校高质量发展提供了基础性和战略性支撑。

为深入贯彻党的十九大精神和全国教育大会精神，激发各地锐意改革的精神，湖北省教育厅组织开展了2018年全省教师队伍建设创新事项评选。2019年2月4日，湖北省教育厅公布了2018年湖北省教师队伍建设创新事项入选名单，全省共评出教师队伍建设创新事项20个，其中基础教育、高等教育各10个。我校教师队伍建设举措《武汉纺织大学：实施“人才高地汇聚工程”，培植青年教师成长发展沃土》成功入选2018年湖北省教师队伍建设创新事项，标志着学校在教师队伍建设方面跃上新台阶。

一是机制先行明路径。实施“青年教师发展计划”，为青年教师提供“教师发展研究”“教师专业培训”和“教师教学咨询”等多方面的教学支持与服务；组织“青年教师能力提升培训班”，5年来共计举办教师培训40余次；制订订单式培养方案，设定个性化的科研指标。

二是平台支撑助发展。实施“阳光学者计划”，推进“英才成长计划”，设立研修基金，推进“服务地方经济发展工程”。

三是评价导向激活力。在职称评审中设置“绿色通道”，特殊人才不受资格条件限制；设立“教学卓越奖”，评选“四有”好老师，并给予相应奖励；为新入职教师提供“学术保护期”，核拨相应岗位绩效。

四是夯实基础造氛围。将青年教师的业务精湛和师德高尚摆在同样重要的位置；建立关怀帮扶机制，解决新入职博士教师住房、配偶安置、子女入学等问题；积极选树典型，开展“青年学者论坛”“青年学者风采”等典型宣传活动。

二、分析与启示

人才是第一资源，高校人才引进与培育，尤其是引进具有海外学习或研究经历的国际化高层次人才，加强青年教师的培养使用，是建设一流师资队伍的有效途径，对学科建设、专业发展、学生培养和提升高校竞争力发挥着至关重要的作用。

（一）制定特色合理引才机制，营造尊才爱才浓厚氛围

中西部地方高校要结合地区与学校发展规划和学科布局，统筹考虑教学、科研和服务社会的实际需要，制订科学合理、各具特色的引才计划和政策。围绕学科建设、科技创新和人才培养，做好顶层设计和超前谋划，要紧紧围绕办学层次、办学类型和建设目标，通过对办学特色、学科方向和专业结构的深入分析，立足于自身人才培养模式和办学特色，制定“有重点、有侧重、不扎堆”的高层次人才引进策略，努力建设一支数量充足、学风优良、结构优化、富有创新精神的人才队伍，构建由若干学术大师、一批领军专家和一大批青年才俊组成的人才金字塔，培养大批有显著学术成果的骨干力量。最重要的是制定特色鲜明的人才引进办法与程序，重点吸引适合学科发展的特定层次青年人才，致力于培育本校特有的人才培养项目，针对人才不同层级的需求制定相应政策，保证基础学科专业师资力量，集中资源引进特色领军人才，构建与国家地方各级各类重大人才计划对应衔接、相互促进的发展体系。

（二）加大人才工作经费投入，创新拓宽信息宣传渠道

优先将人才引进经费列入学校经费预算，按照有利于资源优化配置的原则，突出高校重点学科建设、创新协同机制，加强科研基础设施、装备条件与平台建设，形成开放共享的科研工作氛围，为各类人才创造良好的工作条件。根据拟聘人才的学术水平与发展潜能，在科研启动经费、安家费、科研平台搭建、研究团队人员引进等方面提供优厚的政策支持和待遇保障。

引才方式和渠道也应不断创新拓宽，打破常规宣传招聘方式，多途径主动吸引人才，充分调动各方面资源，通过知名专家学者、海外校友联络员、海外引才工作站、招聘代理机构、国际学术会议和新型媒体网络等多种渠道和形式开展引才宣传和推介，主动利用一切可利用的方式、手段、资源物色人才，建立人才交流与合作关系，培育国外智力人才市场，建立内容丰富、信息翔实的海外高层次人才储备库。

（三）设置青年教师倾斜政策，全方位助推青年人才成长

平台搭建是核心，团队配套是保障。为帮助青年教师尽快适应高校教学科研工作，地方高校要制定一系列向青年教师倾斜的支持政策，例如助教制度、职称评审绿色通道、教学科研双团队指导、能力提升培训班；给予引进的青年教师一定期限的学术保护期，为国内外访学研修、学位提升提供支持；通过设立研修基金鼓励开展企业实践，让新进教师科研工作不断线、教学学习更深入，全方位促进青年教师业务水平的提升，服务地方经济发展，形成校地合作的长效机制。

（四）改革薪酬待遇评价体系，充分激发释放人才活力

科学设置绩效工资指标，公正评价人才绩效贡献，采用年薪制、长聘短聘结合、预聘制等模式，建立正常的薪酬增长机制，解除后顾之忧，激发劳动、知识、人才、创造的活力，充分发挥其作用。将以岗定薪、按劳分配、多劳多得、优绩优酬作为基本原则，坚持向教学、科研一线倾斜，设定专项教学、科研或突出贡献奖励，注重稳定和吸引优秀中青年人才，奖励在教学、科研、管理工作中的突出成绩，进一步发挥薪酬分配的导向激励作用。

高校应将有限的经费最大限度地用于科研项目支出和项目组人员绩效支出，给予项目负责人充分的信任和自主权。对特定的突出贡献，从奖励教师和二级院部两个方面，明确奖励或绩效标准。同时高校也应对中青年教师提出期望和要求，坚持合同管理、严格考核，考核结果作为岗位绩效发放、岗位续聘和解聘的重要依据，真正建立起“按能力上岗、按贡献取酬”的用人机制。

（五）提高人才管理服务水平，保障智力才能充分发挥

高层次人才引进工作不仅局限于引进环节，更要致力于加强人才管理服务配套措施，主动创造条件和环境，充分挖掘、发挥人才作用，尤其是地方高校政策支持力度相对缺乏优势，更要提升人才服务意识和服务质量，才能在高校人才竞争中取得一定优势。高校各职能部门要将管理

重心转移到服务上来，加强统筹协调，整合工作力量，简化办事手续，帮助他们尽快熟悉工作，融入学校，推动建设无障碍、一站式、个性化、全方位的服务平台。建立人才跟踪服务和沟通反馈机制，定期了解其发展需求、成长状况和学术进展，协调安排好引进人才的住房、配偶工作、子女入学等各项事宜，努力改善他们的工作和生活条件，及时解决其工作生活中的实际困难，消除后顾之忧。

附：

“纺大模式”让每名教师绽放光彩

《楚天都市报》（记者张屏 通讯员刘戈 郑婷）王栋入选中组部“万人计划”青年拔尖人才（自然科学类），今年湖北省属高校仅1人入选；外聘专家雷格德诺夫·布利亚尔入选国家高层次人才计划；夏东升、孙菊香获选“湖北产业教授”，李建强获选“湖北名师工作室”主持人，12名教师入选湖北省人才计划。

“阳光学者计划”向本校教师开放，5名阳光杰出学者、5名阳光特聘教授、10名阳光青年拔尖人才脱颖而出。

首届国际青年学者阳光论坛吸引海内外近40名青年学者现场签订工作意向协议书，半年内共拟引进117位博士和高层次人才。

这是武汉纺织大学今年上半年的部分成绩。作为全力建设“双一流”的中部省属高校，该校在进一步明晰学校办学目标、特色的同时，真正落实“人才是学校事业发展的第一资源”理念，打造引育并重的“纺大模式”，让每个人都能奋勇争先，绽放光彩。

无限拓展纺织边界引来大批同路人

作为中国唯一一所校名中有“纺织”的高校，武汉纺织大学早早就将“纺织”的边界拓宽为“现代纺织、大纺织、超纺织”。“我理解，凡是无序的、达到一定细度的材料，都能与纺织有关。纺织是基于材料科学的加工技术，绝不只等同于穿衣戴帽，它在工业中的应用越来越广泛。”武汉纺织大学校长彭育园说。

确实，纺大人的研究领域很有趣：徐卫林团队研究如何纺出人造器官，“高性能纤维研究”团队为烟囱制作的口罩能拦截高温烟气中99%以上的pm2.5颗粒；王栋团队正开发“压力布”，它做成的鞋垫、床单等能帮人监测健康状况；刘侃团队做癌症诊断芯片，想实现“液体活检”；杨丹团队做的是“软猬甲”，用3D材料做成的3D防弹衣；姚金波团队用中草药染出不易掉色、上色均匀的莫兰迪色面料……

这里的环境也宽松，各团队都涵盖多个学科，学纺织的不学纺织的，都在一起碰撞idea，往往能做出好东西。当初被湖北省海外高层次人才招聘团从美国名企引进回国时，王栋就是看中了这一点，才舍弃了去更好的学校的机会而来到纺大。几年后成为他团队成员的刘轲来得更爽快，他是西安交大的博士，过来和王栋聊了半小时就觉得有搞头，马上决定加入。

理想也是生产力。很多人抱有这样的干劲："即使是省属高校，学科也要建设到国内一流。"

引进女婿，不气走儿，有能者便能居上

学校要发展，势必要大力引进人才。可若一味迷信"外来的和尚好念经"，往往会挫伤教师们的积极性，形成"引进女婿气走儿"的尴尬局面。

今年，武汉纺大将"阳光学者计划"从以前单纯的引才政策转变为校内专家学者开放申报，聘期4年，吸引近90人申请。经个人申报、所在单位推荐、相关部门审核、学术委员会专家评议，以及校长办公会、党委常委会审定，5名杰出学者、5名特聘教授、10名青年拔尖人才成功入选。其间，申请者材料全部进行公示，接受全校监督。

入选是荣誉，更是责任和义务。据介绍，"阳光学者"有严格的聘期目标任务，除实现自身发展，还需担当起建平台、带团队、带方向、推动学科快速发展的重任，学校依据严格的考核结果等发放岗位绩效、进行岗位续聘和解聘。年度考核、中期考核、聘期考核不合格者，均将按合同面临严格"问责"。如有违反学术道德规范、法律法规，或有弄虚作假等行为的，将被取消称号并解除聘任合同，停发并追回已发放的岗位绩效。受聘期内，亦不得再受聘其他省（市）、高等学校特聘教授职位。

为让教师始终保有学习和进步的活力，该校还打破"一评定终身"的模式，摘掉"铁帽子"。武汉纺大人事处处长高建勋说，该校推行各类人员合同管理，建立上升和退出渠道，通过竞争性上岗聘用，在第三轮岗位聘用中，岗位等级晋升503人，岗位等级降低34人。

给新人两年保护期静待繁花满园开

入职一年，29岁的周偲发表3篇SCI论文，获批一项国家自然科学基金。从兰州大学博士毕业后到武汉纺大电子与电气工程学院任教的她说，学校对年轻人的爱心和耐心是她较快出成果的保证。

周偲说，学校给予新进博士两年保护期，新人在科研团队和教学团队跟岗，在学习中寻找未来的方向。她加入了汪胜祥教授的科研团队，继续博士时期的研究，申请国家基金时，学校提前半年就督促，并请来专家手把手指导；她也在教学团队中常听经验丰富的教师的课，还做助教。至于工资，则比照行政人员标准，学校还为每名新进博士提供学校附近完全产权的限价房一套，价格不到6000元/平方米。

武汉纺大服装学院副教授沙莎，博士毕业才两年，已有了自己的工作室。2017年7月，沙莎从江南大学博士毕业后到武汉纺大任教，当年12月被评为湖北省"楚天学子"，2018年12月被聘为副教授，目前她主持着一项国家自然科学基金项目、一项生态纺织教育部重点实验室开放课题、一项湖北省服饰艺术与文化研究中心基地重点项目。"成熟的科研团队、自由的学术空间、较好的科研平台，能促进年轻教师成长。"她说。

武汉纺织大学校长彭育园说，接纳、吸引新进博士进入到"双团队"，就是让学校名师们做好"传帮带"，把新进博士领进门、指方向、扶上路。学校愿给他们时间和空间，静待花开。

（原载2019年9月5日《楚天都市报》）

如何加强高校辅导员队伍建设

一、案例介绍

高校辅导员是高等学校教师队伍和管理队伍的重要组成部分，具有教师和干部的双重身份。作为新时代大学生成长成才的"人生导师"，高校辅导员承担着为党育人、为国育才的重要历史使命。辅导员工作内容繁多，工作强度大，加之部分辅导员综合素质、业务能力有待提高，工作方式方法有待改进，进一步加强高校辅导员队伍建设，做实做细高校学生思政工作，是努力培养担当民族复兴大任的时代新人，培养德智体美劳全面发展的社会主义建设者和接班人的必然要求。

2008年9月，学校党委任命笔者为武汉科技学院学生工作部（处）部（处）长、团委书记。当时，武汉科技学院几年前才并入一所中专学校（湖北省对外贸易学校）和一所专科学校（湖北财经高等专科学校），存在三个校区办学的情况，全日制学生超过 3 万人，辅导员队伍素质参差不齐，建设力度不足，部分学院忽视了辅导员的专业素养培养，缺乏制度保障且培训模式单一，无法保障辅导员队伍整体素质的持续提升。笔者在学校党委的正确领导下，带领团队成员根据教育部印发的《普通高等学校辅导员队伍建设规定》《2006—2010 年普通高等学校辅导员培训计划》等文件精神，把辅导员队伍建设作为教师队伍和管理队伍建设的重要内容，不断创新机制，大力推进辅导员队伍建设，逐步探索出“科学化促效率，民主化促质量，专家化促成长，专业化促素质，人性化促发展，动态化促活力，特色化促水平”的辅导员队伍建设路子，着力打造一支高素质专业化职业化辅导员队伍，为加强和改进大学生思想政治教育、维护学校稳定奠定了坚实的工作基础。主要采取了以下措施。

（一）完善“三个体制”，创新管理机制

坚持“责任制管理”思路，以管理科学化促进队伍工作效率的提高。一是完善决策体制。建立大学工作格局，成立以书记、校长为组长的学校学生思想政治教育工作领导小组，并在各学院（系）成立相应机构，实行“一把手责任制”，优化辅导员成长的政策环境。二是探索运行体制。推进管理重心向学院转移，不断探索新形势下的导师制，拓展学生工作教育覆盖面和渗透力。三是健全协调体制。学校成立学生工作委员会，整合教务、后勤、保卫等资源，把辅导员队伍建设放在与学校教学、科研队伍建设同等重要位置，统筹规划，形成党委统一领导、党政齐抓共管、专兼职队伍相结合、全校紧密配合的工作网络。

（二）严格“三个程序”，创新选聘机制

坚持“高标准进入，严把入口关”思路，以选聘民主化促进队伍质量的提高。一是健全工作制度。严格实施《武汉科技学院辅导员工作条例》和《武汉科技学院辅导员考核办法（试行）》。二是硬化选聘标准。将中共党员、硕士学位、学生干部经历等设为辅导员应聘条件的硬性指标，使辅导员人员补充处于一个高起点。三是规范选聘程序。成立选聘领导小组，通过笔试、面试、公示等程序层层选拔。目前，学校辅导员中具有硕士以上学位的有 59 人，占辅导员总数的 76.6%，其中有博士 3 名；

40岁及以下的有70人，占辅导员总数的90.9%。学校辅导员具有中级及以上职称的有16人，占辅导员总数的20.8%，学校24.7%的辅导员具有副处级以上行政职级。

（三）搭建“三个平台”，创新培训机制

坚持“可持续发展”思路，以专家化促进辅导员队伍成长。一是搭建学习培训平台。坚持岗前培训、岗中培训和骨干培训相结合。去年，79人次外出学习培训，其中2名辅导员到境外进行了访问学习，去年下半年，对辅导员进行为期1个月的培训。二是搭建交流平台。坚持定期召开学生工作例会、举办辅导员沙龙和分团委书记例会，通过学习文件、交流信息来解决问题。三是搭建科研平台。学校每两年举办党建工作年会，专题举办辅导员论坛。鼓励辅导员撰写论文，参加思政相关学术会议。倡导辅导员参与思想政治理论课教师科研合作，设立面向辅导员的专项学生工作研究课题。

（四）实施“三项举措”，创新保障机制

坚持“作风生命线”思路，以作风建设为突破口，以专业化促进辅导员素质的提高。一是实施挂牌上岗制度。学工系统每位人员上班期间都需佩戴标牌，增强责任意识和岗位意识，以此约束和规范行为举止。二是实施值班制度。每天坚持分管学生副书记总值班，二级学院、学工处辅导员日夜（含双休日全天）值班，值班人员全部入住学生宿舍。三是实施“五个一”制度。辅导员每周深入学生宿舍1次、深入学生课堂1次、检查学生自习1次、参加晚点名1次、与学生谈心1次，了解学生，指导学生，服务学生，使各项工作落到实处。

（五）落实“三个统一”，创新激励机制

坚持“以人为本”思路，以人性化促进辅导员发展。一是物质激励与精神激励相统一。对入住学生宿舍的辅导员给予工作补助和值班费。通过评选优秀辅导员等活动，使辅导员在关爱的环境里愉快地工作和成长。二是教学与行政双向发展相统一。鼓励辅导员参与思想政治、心理健康教育、就业指导、文化素质等相关课程的教学工作。注重从辅导员中选拔任用中层干部。三是学校发展与个人发展相统一。学校立足校情,提出辅导员“一专多能”发展目标,为辅导员提供思想政治教育等四个专业发展方向。目前,全校80%以上的辅导员确定专业发展方向,在读思想政治教育博士学位的有3人,取得职业规划师资格的10人,取得各类心理咨询师资格的辅导员有18人,绝大部分辅导员考取了高校教师资格证书。

(六)注重“三个结合”,创新考核机制

坚持“制度化、动态化”思路,对辅导员进行单独集中考核,以全程监督、多方考评、动态管理激发辅导员队伍活力。一是注重平时考核与年终考核相结合。学期中组织学生工作交叉检查,平时对辅导员工作情况进行记录,年末学校考核时辅导员作出自我评价。二是注重领导考核与学生评议相结合。以“学生反响”作为辅导员考核的重要依据,每学期由考核小组随机抽取各学院三十名学生,组织匿名填写学生问卷。重视所在学院领导对辅导员的考核,并参考同事评价。三是注重考核结果与使用待遇相结合。辅导员考评等级与绩效津贴挂钩,考核结果作为辅导员评优、晋升提职的重要依据。

在学校领导的关心和各二级单位的共同努力下,我们创新机制,建设高素质的辅导员队伍,使其有效维护了学校的安全稳定,促进了和谐校园建设,形成了学生工作特色品牌,全面提高了学生的综合素质。学校荣获“湖北省大学生思想政治教育先进高校”称号,1名辅导员荣获“湖北省十佳辅导员”称号,获得“湖北省五一劳动奖章”。

各学院通过整合资源,在思想政治与道德素养、社会实践与志愿服务、科技学术与创新创业、文体艺术与身心发展、社团活动与社会工作、职业培训与职业技能等方面,结合专业特点,形成院院有特色、个个有亮点的学生工作新格局。如机电工程学院的“铁人班”、环保文化节,会计文化节,人文社科学院的“唐三彩”人才培养模式,外经贸学院的SMT立体交互式育人模式等,受到社会广泛关注。2009年3月6日,湖北省教育厅《情况反映》第4期以“武汉科技学院创新机制推进辅导员队伍建设”为题,报道了武汉科技学院在辅导员队伍建设工作中,通过创新管理、选聘、培训、保障、激励、考核等六个方面机制所取得的成绩。

2009 年 3 月 25 日，教育部门户网站主页刊发了我们的做法。

二、分析与启示

作为开展大学生思想政治教育的中坚力量，高校辅导员队伍的建设质量直接关系着立德树人根本教育任务的完成效果。高校辅导员队伍需要对大学生群体进行思想政治教育、日常生活管理、心理健康咨询以及就业创业指导等，责任重大，是高校教育体系中不可或缺的重要组成部分。加强高校辅导员队伍专业化建设，可以进一步优化资源配置，推动学校的发展和建设，实现教学资源的合理应用。同时，专业的辅导员队伍还能够为学生提供精准有效的个性化服务，助力学生全面发展和健康成长。高校辅导员队伍专业化建设不仅关系着学生成长成才，还与学校教育发展、社会进步有着紧密的联系。因此，必须大力加强新时代高校辅导员队伍专业化建设。

（一）建立准入制度，树立辅导员专业化发展理想

加强高校辅导员专业化建设，需要从源头上提升辅导员队伍的综合素质。在招聘辅导员时应该根据辅导员岗位的核心能力以及招聘岗位的实际情况，细化报考条件。明确辅导员选聘标准，严格辅导员选聘程序，严把辅导员入口关，真正吸纳素质高、知识宽、能力强的人员加入高校辅导员队伍，切实从源头上保证辅导员队伍质量，从根本上解决辅导员队伍专业化问题。在考核选拔的时候应该进一步加强政治引领。学校应确保招聘的辅导员拥有较强的政治判断能力，能够坚决贯彻党的路线方针，同时还拥有良好的集体荣誉感。辅导员选聘时，既要重视辅导员的政治业务素质，也要重视辅导员的专业知识背景。比如，结合学生的学科专业要求，在马克思主义理论、教育学、政治学、心理学、管理学等多个专业方向进行条件筛选。在条件成熟时，尽快建立高校辅导员准入制度，明确职业准入标准，构建高校辅导员职业资格认证体系。树立辅导员专业化发展理想，坚定辅导员走职业化、专业化发展的信念，鼓励辅导员干一行、爱一行、专一行。

（二）明确工作职责，谋划辅导员事业发展阶梯

明确工作职责，找准辅导员角色定位，有利于辅导员进行专业知识学习、专业技能训练，有助于发挥辅导员的示范引领作用，提高辅导员工作的实效性和针对性。随着我国高等教育改革的深入，学生就业实行双向选择，大学生经济压力、就业压力日益增大和心理问题不断增多，辅导员的工作职能开始从管理职能向专业服务职能拓展，辅导员从原来的单一管理者角色向教育、管理、服务的复合型角色转变。辅导员要准确定位角色，尽早制定职业生涯规划，树立事业发展目标，激发对专业知识和技能的追求，点燃工作激情，实现快乐工作、和谐发展。

（三）加强专业培训，完善辅导员知识培养体系

辅导员培训是一项系统工程，应该多方位、多途径、多渠道开展，从而全面提升辅导员队伍知识素质。高校要坚持对辅导员进行岗位培训，采用长期培训与短期培训相结合、脱产培训与在职培训相结合、讲座报告与沙龙讨论相结合等形式多样的方式，对辅导员进行知识能力培养。在队伍培训的过程中应该关注辅导员职业生涯规划发展，调动工作主观能动性，使其能够树立坚定的职业理想，培养终身学习理念。队伍培训要更注重实际效果，不宜设置过多过杂的培训课程。高校可以设计线上线下融合式培训课程体系，让辅导员队伍能够结合自身需求选择相应的课程学习，提升他们的专业素养和工作能力。高校应鼓励辅导员承担部分教学任务，促使其不断学习新知识。还应该设立辅导员科研专项基金，鼓励辅导员承担和参加课题研究，不断提高其科研能力。有条件的高校还应该在研究生教育阶段尽快设立高校辅导员专业，制定专业的培养目标，开展系统的专业教育，建设专业化的学科体系，满足推进辅导员队伍专业化建设对知识结构的要求。

（四）明晰职责分工，创新辅导员科学管理模式

明晰职责分工是推进辅导员队伍专业化建设的主要手段，通过细致、合理分工，可以实现效率最大化。根据工作内容不同，可以把辅导

员分为事务型辅导员和业务型辅导员。事务型辅导员主要负责证件办理、勤工俭学、学生贷款等事务，具体措施可在学校层面设立大学生事务“一站式”服务中心，直接面向学生开展公共服务，从而整合集中学校资源，发挥专业特长，简化办事程序的目的，保证学生获得平等、专业和快捷服务。业务型辅导员又可以分为思想政治辅导员、心理健康辅导员和职业指导辅导员等，让业务型辅导员从大量的学生事务中解脱出来，从“勤杂员”的职业倦怠中解放出来，实现辅导员队伍建设在专业化发展上的突破。

（五）完善发展机制，拓宽辅导员队伍发展空间

完善辅导员队伍发展机制，是推进辅导员队伍专业化建设的主要动力。现今，辅导员主要是按教师系列进行职称评聘，即助教、讲师、副教授、教授等职称评审。但是由于其事务性工作多、工作繁重，在科研论文等硬件考核方面明显不如专业教师，在职称评审中没有优势，影响了其工作的积极性和主动性。针对高校辅导员队伍专业化建设的管理评价应更加科学化，丰富评价手段，细化评价内容。高校应完善辅导员队伍的职称评定制度，成立辅导员职称专门聘任委员会，实行评审标准单列、指标单列、评审单列，进一步强化辅导员的职业认同感。高校还应建立和完善辅导员队伍职务晋升制度，从职务晋升角度促进辅导员队伍的发展。

综上所述，高校辅导员队伍是保障高校发展建设的重要力量，在高校教育中发挥着不可忽视的作用。高校辅导员队伍专业化建设是一项长期系统工程，是提升高校大学生思想政治教育工作水平的基础和保障，高校必须高度重视辅导员队伍专业化建设，采取切实有效的措施扎实推进，提升高校人才培养质量。

地方高校如何办好国际青年学者论坛

一、案例介绍

近年来,为加速学校“双一流”建设步伐,国内一些高校纷纷举办国际青年学者论坛。国际青年学者论坛是高校通过邀请海外青年学者,以学术交流、参观考察、举行学术讲座等学术活动为手段,介绍自己的研究工作与成果,使高校了解青年学者的学术实力,让青年学者了解高校的学科建设情况及工作生活条件,双方达成合作协议的学术交流会议。在“双一流”建设的大背景下,高校的国际化工作越来越被重视,论坛以学术前沿和热点问题的学术研讨与合作为契机,旨在为海内外青年学者搭建学术交流和成果展示的平台,着力建成发现青年才俊的竞技场,研讨学术前沿的大舞台,展示学校形象的示范窗,促成一批海外人才加盟,为学校高质量发展提供人才支撑,如何高效、成功地办好国际青年学者论坛,也成为高校行政管理人员及二级院部领导关心重视的问题。

2019 年 5 月 28 日,武汉纺织大学成功举办首届国际青年学者阳光论坛暨纺织与材料国际学术会议。举办“国际青年学者阳光论坛暨纺织与材料国际学术会议”是学校全面深化新时代教师队伍建设改革的一项引才品牌工程,是落实“人才强校”战略的重要举措,是拓宽引才途径、广泛汇聚英才的一次有益尝试。自 1 月底论坛邀约发布以来,有 839 名青年学者报名。经过多轮遴选,来自美国、英国、法国、德国、加拿大等 17 个国家和地区的高校或科研院所的 44 名青年学者参入了本次论坛。经过一天的学术研讨、实地考察和参观交流,与会青年学者对学校的工作环境、学科平台、科研实力、引才政策、文化氛围等方面都有了一定了解。当天,校长彭育园与陈攀等近 40 名青年学者现场签订了工作意向协议书,取得了良好的效果。笔者担任学校人事处处长、人才办主任,全程参加了论坛的前期筹备工作、会议期间的组织和协调工作,以及会后的善后工作。下面浅谈笔者在举办国际青年学者论坛方面的一些经验与心得。

(一)精心谋划,做好前期筹备工作

举办国际青年学者论坛是一个系统工程,不同类型的高校因各自层次、规模不同,办会方式也有所差异。国际青年学者论坛的与会者都有一定的身份,不是专家教授,就是研究学者,若会务安排出现差错或生活接待有所疏忽都会造成不良的影响,不仅会使组织者感到尴尬,还会使与会者感到举办方不周到。因此,事先做好周密规划,对保证论坛顺利进行十分重要。确定举办论坛后,要建立论坛筹备小组,包括组长、副组长、成员若干人。筹备小组的主要职责是负责整个会议的前期筹备工作,具体包括以下几项内容。

第一,制订详细工作方案,确保会务工作有序进行。根据学校办会要求,会议筹备组首先要制订科学有效的整体工作方案。根据论坛的实际需要,会务工作可以分为嘉宾邀请与对接、文案撰写、视觉设计、宣传反馈、后勤保障、会场控制等若干部分,保障每个环节有效落实。根据会议的层次、规模不同,应预留不同的筹备时间。一般要提前半年做好一系列的筹备工作。首先,确定好参会的对象、邀请的专家教授、相关领导等。参会对象的确定直接影响着会议的规模,因此与会人员的确定非常重要。另外,如何吸引该学科领域著名专家的参加,也是能否成功举办论坛的重点和难点。一般情况该领域著名国外专家的日程会排得很满,而且可能至少半年前已安排好,因此想要邀请到他们,就必须提前预约,并且要及时确认。如我们提前半年就邀请了英国纺织学会主席海伦(HELEN)女士、澳大利亚迪肯大学副校长王训该教授。邀请国内著名专家和相关领导,也需要提前预约,而且要不断跟进确认,以确保其能参加。其次,确定论坛日程。一般根据论坛的主题、邀请参会的专家学者以及出席的相关领导来确定会议的日程。通常先由相关领导代表如高校所在地的组织部部长(人才办主任)讲话,以示相关部门领导对此次大会的重视和支持,也能借此从他们那里了解更多相关政策等信息和资源。然后确定论坛的主题报告、专题报告及报告人,再根据需要,合理安排茶歇、拍照合影、参观、交流讨论等活动。在论坛日程中,应清晰地注明论坛的日期、每项活动的具体时间、地点,以及组委会相关联系人及联系方式。论坛召开的时间和地点需精心选择,要经过仔细斟酌。

日期应适应多数与会者的方便，最好能避开重大节假日。论坛地点一般在学校内部场所，便于与会人员深入院系参观考察。

第二，成立工作小组，落实相关配套工作。根据实际需要下设会务组、现场参观组、材料组、后勤接待组、宣传报道组、安保维稳组等若干工作组，细致分工，确保责任到人。国际青年学者论坛除了要提前做好以上筹备工作外，还需落实好相关的配套工作，如会议宣传工作、通知发放、会议材料收集与制作、服务保障、会务工作小组和技术工作小组等。首先，提前做好相关申报工作。因为是国际青年学者论坛，我们按规定提前报省教育厅、湖北省人民政府审批，获批后高校方获得举办权。其次，会议请柬和通知的发出是会议前期准备完成的重要标志。为了能够吸引更多的青年学者前来参会，会同学术桥做好前期的宣传工作，尽早发出论坛通知，在通知中明确表述论坛的面向对象、研究领域、会议宗旨、日程、参与方式等内容，从而让更多的海内外青年学者知道以便参与。为参会者提供相应的会议服务，帮助参会人能够顺利参会，如提供会议邀请信，以满足外国参会人办理签证及国内参会者报销的需要，提供会议所在地及周边环境的介绍、会议期间的交通安排（包括客人从机场、火车站等到会场的交通、会议期间交通）、酒店和餐饮介绍、会议所在地的气候及天气介绍、相关地图、费用报销规定及流程等。此外，落实好论坛经费。俗话说："巧妇难为无米之炊"，举办国际青年学者论坛也不例外，必然会涉及财务问题。合理制定出会议的预算，包括参会发生的国际、国内交通费、住宿费、餐饮费、专家授课费、场地费、会务费等，连同论坛方案提交校长办公会议审定，从而确保论坛的顺利开展和圆满结束。

（二）务实高效，做好论坛举办期间的组织协调工作

国际青年学者论坛筹备工作都安排妥当后，就到了国际学术会议正式举办的阶段，这个阶段是最关键、最重要的阶段，前期一切的准备工作都是为了这个阶段论坛能够顺利进行，重点包括代表的报到入住、主会场顺利进行、院系分会场有序开展、科研平台考察参观顺利、意向协议签约以及全体代表合影等，这时工作人员的分工很重要。

从代表的住宿安排和接待、饮食的安排和接待、交通的安排和保障、会场环境的支持和会议的组织、财务工作、突发事件的处理都需要有专

人负责，根据工作量，每项工作可以组成一个专门的工作小组，这样可以责任到人，确保会议服务的周到无误和会议的顺利开展。在住宿安排上，应提供干净舒适的环境。在饮食安排上，因为参会人员可能来自世界不同民族和国家，饮食文化也会不同，所以在收集参会者信息时还应包括饮食特殊情况的信息收集，如是否素食主义者、是否忌口等。一切都准备就绪后，就可以根据参会人数、收集的信息和实际需要，进行论坛材料制作工作，如胸卡、席卡、论坛资料袋（包括日程、地点及住宿酒店的介绍、所在城市的介绍及气候与天气的信息、地图等）。

除了有专门的工作小组外，会议还需有总负责人和总协调人，这一点很关键。总负责人要对会议的各项事宜进行宏观把控，并对相关事宜进行决策。总协调人需要熟悉会议相关的各项事宜、协调会议各个环节及工作小组之间的关系、及时了解会议进展情况、实时反馈会议信息，以便出现问题得到及时处理，从而确保大会的顺利进行。

（三）细致周到，做好论坛结束后的善后处理工作

大会圆满结束后，还需做一些善后工作，如进行论坛的新闻报道、对文档进行分类归档、整理和分享合影及相关相片，由论坛组委会向全体工作人员、资助单位、参会的专家和学者等所有相关人员致谢、总结与分享论坛成果和经验教训，以及完成财务报销和决算等。会后工作做好后，整个论坛才算圆满结束。

二、分析与启示

学科发展的内在动力取决于学术交流的质量。国际青年学者论坛是一个学术交流的平台，海内外学者可以针对前沿学科开展交流和学习，促使学科内乃至学科间的不同思想相互碰撞交融，对学校学科发展起到积极的推动作用。同时，举办论坛也是展示学校学科实力，促进海内外、校内外学者之间沟通交流的窗口，可以向同行、专家、学者展示高校学科特色，让他们了解学校、认识学校、加盟学校，这对于高校吸引优秀人才具有重要意义。一场高质量的论坛要想顺利举办往往需要组织者全过程细致周到的安排。论坛的会务工作看起来很繁琐，但是十分重要，因此更要科学规划、合理安排，既顾全大局，又要重视细节。安全、

有序、高质量的会务工作能够体现高校会务工作人员的整体工作能力和服务水平，更能体现学校整体工作的规范程度。

（一）积极争取领导的支持

每一次大型活动的筹办，都离不开领导的重视。学校主要领导主持召开专题会议研究筹备工作，或专门就筹备工作作出批示，能够确保论坛的正确方向，加快活动进程。领导还可以提供政策支持，如 2019 年，武汉纺织大学为每个新进博士提供限价商品房一套，协助解决优秀人才的配偶工作和子女入学、落户等事项，解除引进人才后顾之忧。除专题研究方案、梳理流程、落实措施、解决问题外，按节点向领导小组汇报筹备工作进展情况，尤其是会议即将召开之际，也是领导最关心筹备情况的时刻，要适时提请领导在会议召开前到会场逐一检查落实情况，确保各项筹备工作万无一失。可以说，领导的重视能够凝聚合力、增强信心，确保工作顺利推进。

（二）精心制订活动方案

每次大型会议都要坚持提早谋划、提早介入、提早准备，提前制定“时间表”、绘出“路线图”、明确“责任书”。按照会前准备、会期服务、会后工作三大部分梳理每次会议的流程安排，具体包括前期衔接、制发通知、收集名单、安排座次、拟制文案、制作证牌、布置会场、后勤保障、报到准备、查漏补缺等 10 个方面，共梳理出 40 至 80 个不等的工作小项，并精心制订方案。

制订方案作为筹备会议的“顶层设计”和“头等大事”，一要内容全面。方案不仅要点明会议名称、时间、地点、内容、议程，提出会议主持人、讲话人、出席领导、参加人员及会议筹备工作领导小组名单，还要妥善安排会务、材料、后勤、宣传报道、医疗卫生、应急安全等各项工作，避免丢三落四、计划不周。二要任务清楚。任务有多少项、每项什么内容、各自要求是什么、对应的责任人是谁、什么时间完成等，都要认真商定、科学分解并标注清楚，既方便工作人员对号入座抓好落实，又方便领导督导检查。若制成表格附后，一目了然，效果更好。三要言简意赅。要开门见山直奔主题，写清干什么、怎么干、干到哪一步即可，不搞长篇大论，不说空话套话。以上只是制订方案的一些基本做法，会议不同，要求也不同，要因“会”制宜，灵活运用。

（三）高度重视统筹

“家有千口，主事一人。”一个单位专门从事会议筹办的力量是有限的，因此更需要这些有限力量统筹协调、分工协作，做到有条不紊。个别大型会议之所以顾此失彼、出现漏洞，主要原因是统筹不力。因此，举办大型会议首先要选好会议统筹者，由其全权抓好以下工作：统筹方案制订；督导方案落实，重点是鞭策落后，保证整体进度；搞好综合协调，形成工作合力；加强指导，释疑解难，促进工作开展；严格检查，达不到标准的坚决返工；解决或提请领导小组解决人员调配、经费支出、后勤保障等问题；做好收尾工作，整理资料，总结经验，善始善终。

此外，会议统筹者作为举办大型会议的“灵魂人物”，要有相当的权威、丰富的办会经验和极端负责的精神。在具体工作中，既强调统一管理，又推行分工协作、分块负责、分兵作战。充分调动二级学院的积极性。各学院要细化接待流程，落实接待人员安排，确保精准对接，充分发挥论坛在桥梁纽带和人才引进方面的积极作用。比如，在筹办此次论坛时，8 个学院设立分论坛，我们把学院办公室主任作为会务联络员。我们负责牵头揽总，既分配任务，又教方法，召开会务联络员培训会进行培训，一个一个过关，一个一个会议室检查验收，保证了会务工作质量。

《武汉纺织大学“阳光学者”管理办法》修订思路与实践

一、案例介绍

功以才成，业由才广。党的二十大报告强调“人才是第一资源”。做好人才工作，是建设社会主义现代化强国的现实需要，更是实现高等学校高质量发展的内在要求，也是赢取战略先机的必然选择。这就要求高校深刻领会教育、科技、人才统筹推进的时代内涵，始终坚持党对人才工作的全面领导，将推进人才队伍建设摆在事业发展的突出位置，加强前瞻性思考、全局性谋划、战略性布局、整体性推进，切实在做好人才引育、人才使用、人才服务上下功夫。

2017 年 5 月至 2022 年 4 月，笔者担任武汉纺织大学人事处处长、人才办主任。2018 年前后，学校积极争取获得博士授权单位，人才引育工作显得十分重要，一方面要引进人才，另一方面面临着校内人才的流失。为此，迫切需要有一个对接上级人才政策的校内人才管理办法。原有的《武汉纺织大学“阳光学者计划”管理办法》只针对校外引进的人才，对校内高层次人才缺乏激励，而兄弟高校通过“人才项目”不断地从我校“挖人”，好不容易培养起来的人才流失严重，迫切需要统筹人才引育工作，对校内外人才一视同仁，增加校内人才岗位绩效，修订完善现有的《武汉纺织大学“阳光学者计划”管理办法》（以下简称《管理办法》）势在必行。

《管理办法》历经调研立项、修订起草、论证修改和审议通过四个阶段，最终于 2018 年 10 月 30 日经 2018 年第 11 次校长办公会审议通过。

在文件的修订过程中，坚持以下原则。

一是适应学校高质量发展需要。进一步优化高层次人才管理体制，通过修订制度解决突出问题，着眼于从制度上解决实际工作中与学校发展不相适应的问题。

二是体现前瞻性和全面性。着眼于当前实际工作和未来一段时间内的发展要求，力争实现全面覆盖高层次人才管理工作的各个领域。

三是立足校情和借鉴兄弟高校先进经验相结合。从学校实际出发，与学校发展相适应，同时吸收借鉴兄弟高校先讲经验和做法。

四是增强可操作性。以修订管理办法的形式，坚持问题导向，对现行制度中不适应、不符合新形势和改革要求的条款做相应修改，将实践中证明行之有效的做法纳入其中，增强可操作性。

按照时间划分，《管理办法》的修订过程可以分为四个阶段。

（一）调研立项阶段

由人事处和发规处的同志组成调研小组，通过调研人才引育工作存在问题，汇总关于原有《管理办法》的不足以及在施行过程中遇到的困难等，提出了加强人才队伍建设的主要措施，即修订原有的管理办法。

（二）修订起草阶段

起草小组先后深入二级院部进行了大量的访谈，征求了所有二级院部党委书记、院长的意见，修订意见初稿形成后，又征求了科技处、教务处、学科办等部门的意见，这些部门对人才的教学工作、科研工作、学科建设工作目标任务提出了很好的建议，召开了二级学院院长座谈会，同时进一步听取了高层次人才的意见和建议，多次做了修改。

（三）论证修改阶段

这一阶段，人事处、发规处，进一步听取了有关单位和部门的意见，对《管理办法》修订的必要性和有关条款的可行性、操作性反复作了论证、修改。期间到兄弟高校走访调研，听取了他们的经验介绍。参考了相关高校相关人才计划管理规定。通过对比资料、分析学习、借鉴相关高校先进的管理理念，了解目前高校人才管理制度现状，为修订工作提供坚实的理论基础。综合这些意见，起草小组反复讨论形成最终修改意见，修改后报学校法律事务办公室。根据学校法律事务办公室的审核意见进行最后的修改，最后提交学校审定。

（四）审议通过阶段

最终于 2018 年 10 月 30 日经 2018 年第 11 次校长办公会审议通过。新修订的《管理办法》，细化了“阳光学者计划”资助类型为阳光杰出学者、阳光特聘教授、阳光青年拔尖人才，明确了各类型的申报条件，规定了“阳光学者”的待遇和聘期任务，强化了政策的吸引力和竞争力。首次将“阳光学者计划”从以前单纯的引才政策向校内专家学者开放申报，旨在从校内选拔一批业务能力强、符合学校发展需要的“阳光学者”予以支持，有利于克服“引进女婿气走儿”尴尬局面，激发和释放校内教师科研创新活力，实现高端人才建设引育并重。

人事处将新修订的《管理办法》通过文件（武纺大人〔2018〕45 号）的方式及时在人事处网页上公布，并大力宣传，主要通过制度宣讲会、教职工学习会、网络推介等平台大力宣传有关制度，让制度真正深入人心，提升师生员工制度建设的知晓率、惠及率。随后，评审工作正式开展。在评审过程中，坚持宁缺毋滥的原则，从近 90 名申请者中评选出 5 名阳光杰出学者、5 名阳光特聘教授、10 名阳光青年拔尖人才。按照“以能力上岗，按贡献取酬”的人才评价导向，评出正能量，评出了主流价值观。

2019 年 5 月 13 日下午，学校在阳光校区行政楼 115 会议室召开 2018 年度“阳光学者”聘任仪式暨学科建设交流会。时任校长彭育园与其他与会校领导分别为入选 2018 年“阳光杰出学者”“阳光特聘教授”“阳光青年拔尖人才”的 20 名教授和博士颁发了聘书。此前，学校历年的“阳光学者”都是面向校外专家选聘的，本次的“阳光学者计划”是向校内学者开放以来的首批“阳光学者”。笔者认为这是激发人才队伍活力的有力实践。既要将引进人才的视野放在校外、国际之中来“优化增量”，也要充分挖掘校内的潜力，“盘活存量”，进一步提升我校人才队伍的“质量”。阳光学者计划将严格实行合同管理，实行动态调整，充分发挥教师教书育人、干事创业的积极性和主动性，推动学校内涵发展和“双一流”建设。

《管理办法》也为学校建设高水平的人才队伍奠定了基础。在《管理办法》的贯彻实施下，学校依靠着良好的政策条件和发展平台，聚集了一批海内外优秀人才。2019 年 9 月 5 日的《楚天都市报》以《“纺大模式”让每名教师绽放光彩》为题报道了我校人才队伍建设的经验做法。文章指出，王栋入选中组部“万人计划”青年拔尖人才（自然科学类），当年湖北省属高校仅 1 人入选；外聘专家雷格德诺夫 · 布利亚尔入选国家高层次人才计划；夏东升、孙菊香获选“湖北产业教授”，李建强获选“湖北名师工作室”主持人，12 名教师入选湖北省人才计划。“阳光学者计划”向本校教师开放，5 名阳光杰出学者、5 名阳光特聘教授、10 名阳光青年拔尖人才脱颖而出。首届国际青年学者阳光论坛吸引海内外近 40 名青年学者现场签订工作意向协议书，半年内共拟引进 117 位博士和高层次人才；这是武汉纺织大学今年上半年的部分成绩。作为全力建设“双一流”的中部省属高校，学校真正落实“人才是学校事业发展的第一资源”理念，打造引育并重的“纺大模式”，人人因此能奋勇争先，绽放光彩。

二、分析与启示

高校的规章制度是学校为了组织和管理各项行政工作，按照一定程序制定的，在全校范围内具有普遍约束力的章程、规定和办法等规范性文件的总称。高校的规章制度是对我国教育法律体系的有益补充，高校规章制度建设也是依法治校工作的核心内容。

（一）做好制度配套建设

要依据制度的系统性原则，做好制度的配套建设。有研究者提出，高校规章制度配套建设应该有三个类型：一是高校与外部关系的配套建设，二是高校内部制度的配套建设，三是高校内部制度建设中存在的纵向配套建设。高校制度建设要与整个社会的大政方针、规章制度接轨，适应经济社会的发展；要与学校内部其他制度做好衔接，理顺和协调好各项工作的相互关系，保持制度的全局性；对于制定的每一项制度，要保持其系统性，环环相扣、条条对应，跟随工作发展，将配套建设贯穿制度运行的全过程。

（二）强化制度实施监督

习近平总书记指出："制度一经形成，就要严格遵守，坚持制度面前人人平等、执行制度没有例外，坚决维护制度的严肃性和权威性，坚决纠正有令不行、有禁不止的各种行为，使制度真正成为党员、干部联系和服务群众的硬约束，使贯彻党的群众路线真正成为党员、干部的自觉行动。"[①] 加强制度建设，不仅需要在"制定"上下功夫，更需要在"执行"上下功夫。要提高制度的执行力，必须强化对制度实施的监督和反馈，在执行中主动完善，在监督中被动完善。首先，要有明确的部门对制度实施进行监管、督办、落实，保障制度的执行力；其次，在制度内容中制定明确的监督和反馈的条款，规定反馈渠道，以利于有关部门随时掌握制度实施过程中出现的问题；最后，加强制度的宣传贯彻，重要制度要

① 习近平谈治国理政[M]. 北京：外文出版社，2014：379.

组织进行宣传贯彻，特别是涉及师生切身利益的制度，只有通过宣传贯彻、强化认知，制度才能有效执行。各级领导特别是党员干部要以身作则，切实增强制度意识和带头执行制度的自觉性。对于重要规章制度，征求利益相关方意见的过程，也是统一思想认识、强化制度执行的过程，动员全体师生员工对制度实施进行监督，人人树立维护制度权威的责任意识。

执行落地是根本。谋划变为现实，根本在执行。建立制度建设激励与问责机制，对制度建设工作领导与管理不力的部门、院部党政负责人予以问责，有效遏制制度建设中的本位主义、甩手主义、经验主义等现象，倡导营造“制度就是生产力”“执行制度就是执行效能”意识与氛围，使“执行到位、落地生根”成为学校的文化品格和实践气质，切实推动制度建设从文本到实践的转化、从目标到步骤的细化、从问题到行动的深化、从制度到文化的内化。

（三）健全反馈修订流程

检验制度建设效能的唯一标准是制度实践。制度实践的过程既是制度分析与评价的过程，也是制度反馈与修订的过程。制度反馈与修订需要对制度建设过程做出事实判断与价值判断，需要对制度本身的内涵与外延、内涵与外延的适切性，以及内涵外延与管理服务实践的匹配度、融合度等问题一一做出考量，这种考量是制度建设持续运行、久久发力的根本保障。高校要以章程实施机制建设为引领，紧扣“双一流”建设目标，紧扣党委领导下的校长负责制实施细则，通过“存、废、改、并、立、释”的方式，全方位反馈与修订，系统梳理学校规章制度，逐步理清学校管理服务过程中的各种责权利关系，有效解决现行制度缺失和体制机制障碍等突出问题，着力强化校院两级管理、学术管理、民主管理、社会参与、师生权益保护、法治工作等各类机制建设，确保学校规章制度的合法性、合理性、有效性、可操作性、适切性、匹配性，形成健全、规范、统一的高校特色制度体系。

（四）营造良好制度建设氛围

制度建设的氛围直接关系到制度建设的成效。要营造一个良好的制度建设氛围，首先制度建设要与学校发展相适应，把握制度建设的时机，过于超前或者过于滞后都不利于制度功能的发挥，要在学校发展的重要节点及广大师生员工需要的时机及时制定和出台有关制度；其次，每一项制度的出台要坚决、严肃，不能优柔寡断，更不能朝令夕改，要通过各种积极的措施引起全校的重视，扩大制度效力，保障执行到位，增强制度尊严；最后，要宣传和营造以人为本、民主和谐、公平合法的制度文化，树立正确的制度观，为制度运作提供良好的软环境。大力开展制度宣传教育，增强师生员工的制度意识，使他们正确认知和评价制度，形成制度信仰，对制度产生敬畏之心、信赖感和依赖感，增强学习、运用、执行、遵守和维护制度的积极性、主动性和自觉性。

（五）定期清理废止不合时宜的制度

为规范学校办学行为，进一步完善校内各项管理制度，提升学校依法治校水平，有效解决部分规章制度与学校改革发展不适应、不协调、不衔接、不一致问题，应建立校内规范性文件定期清理机制，定期对学校现行的各项规章制度和规范性文件进行集中清理、修订和完善。清理、修订与完善工作要以习近平新时代中国特色社会主义思想和党的二十大精神为指导，坚持依法治校和以人为本的原则，依据学校《章程》，结合国家法律、党内法规和上级政策规定，对规章制度和规范性文件进行排查梳理，做出保留、废止、修订或新立的处理，保证规章制度和规范性文件的合法性、程序性、针对性、可操作性，体现稳定性与前瞻性。学校规范性文件清理工作形式分为保留、废止、修订、新立四类。当前，尤其要做好废止工作，现行学校规范性文件存在下列情况之一的，将予以废止。与现行国家政策、法律法规、上级文件及学校章程相抵触的；无法适应当前高等教育发展形势和学校自身发展实际的；就某项工作内容，学校已制定新的规范性文件，但原有相关文件没有及时废止的。如 2020 年 4 月，华东政法大学经 2020 年第 6 次校长办公会议审议通过，全文废止了《华东政法学院选拔杰出中青年教授暂行办法》等 35 项制度。

如何加强地方行业高校青年教师师德师风建设

一、案例介绍

党的十八大以来,以习近平同志为核心的党中央坚持把教师队伍建设作为基础工作,高度重视教师思想政治和师德师风建设,强调师德师风是评价教师队伍素质的第一标准。先后出台一系列政策文件,对师德师风建设既立规矩亮底线,又整体部署系统构建新时代师德师风建设的制度体系,同时还特别强调要积极建立健全师德师风的长效机制。

高尚的师德师风是振兴教育的时代要求,也是学生成长的关键因素。习近平总书记在北京大学师生座谈会上强调,评价教师队伍素质的第一标准应该是师德师风。教育部也印发了《新时代高校教师职业行为十项准则》《关于高校教师师德失范行为处理的指导意见》等文件,明确了新时代高校教师职业基本规范,对进一步加强高等学校师德师风建设,落实立德树人根本任务,造就高素质教师队伍提出了明确要求。

2017 年 5 月,笔者调任学校人事处处长,2018 年兼任学校党委教师工作部部长,在学校党委的领导下,大力学习讲话精神,认真贯彻落实,从师德师风养成的内在引领、外在规则与大环境氛围三方面着力,强化长效机制建设。主要做法是“四个坚持”。

(一)坚持党委领导,着力健全体制机制

注重优化顶层设计,将教师师德师风建设作为重要的基础工作,构建形成党委统一领导,校领导班子成员分工负责,党委教师工作部总体协调,院(系)、职能部门共同参与的协同工作格局。成立教师师德师风建设委员会,健全领导体系和责任体系,对师德教育、师德考核、师德监督、师德激励、师德惩处提出意见。党委教师工作部与人事处“一个实体、两块牌子”,推进教师师德师风建设和业务能力建设有机统一、相互

融合。各院（系）成立师德建设领导小组，健全师德考核监督工作体制机制，明确各院系教师师德师风建设负责人及联络人，夯实工作基础。

（二）坚持制度先行，着力完善制度体系

大力加强制度建设。将师德表现作为教师招聘引进、职称评聘、推优评先、聘期考核、项目申报、教学评价等工作的首要要求，立好导向标、用好指挥棒，不断完善融教育、激励、考核、监督、惩处于一体的制度体系，持续优化以职业道德为核心的教师道德情操养成机制。先后制订出台了《关于进一步加强师德建设的意见》《师德师风教育实施办法》，明确指导思想和实施路径，将师德师风作为教师招聘引进、职称评审、岗位聘用、导师遴选、评优奖励、聘期考核、项目申报等的首要要求和第一标准，加强教师思想政治工作和师德师风建设制度保障。同时，印发《师德师风负面清单》《教师违反师德行为处理办法》等文件，建立违规行为的受理处理和责任追究机制，通过条件前置、刚性约束、监督延伸、奖惩结合，着力锻造德才兼备、德能相济、德技双馨的教师队伍。

（三）坚持正确方向，着力突出教育引导

首先，强化理论武装。完善教师月度理论学习制度，实现学习全覆盖。突出思想铸魂，用习近平新时代中国特色社会主义思想武装教师头脑，组织广大教师开展系统化、常态化学习，不断提升教师的理论修养和思想政治素质。其次，纵深推进师德专题教育。注重将师德规范教育和警示教育纳入各类培训体系，引导教师以案为鉴，自觉提升师德素养。构建分层分类教师培训体系，针对新入职教师、海外归国青年教师、在职教师、党员干部、行政人员、辅导员、研究生导师等开展师德培训课程、研讨会和讲座，内容涵盖教师行为规范、相关法律法规、职业道德培育等多个方面，满足不同发展阶段、不同岗位类别教师个性化发展需求，引导广大教师始终心怀“国之大者”，努力践行“为党育人、为国育才”的初心使命，争当育人楷模。

（四）坚持德法并举，着力落实师德第一标准

发挥先进典型示范引领。广泛开展最美教师、师德标兵、育人楷模、教学名师等评选活动，选树优秀教师，彰显榜样力量，形成示范引领效应，激励教师“赶学比超”。涌现出一大批先进典型，梅顺齐团队获评“全国高校黄大年式教师团队”，5 位教师获“荆楚好教师”称号、多名教师获“最美教师”荣誉称号等。充分利用学校官网、微信公众号、微博等多元传播载体，加大对先进典型的宣传力度，让身边人讲好身边事、用身边事激励身边人，传递师德正能量、弘扬时代主旋律，使师德建设更加贴近生活、贴近实际、贴近教师。严肃师德违规问题惩处通报。建立定期排查师德问题隐患和师德问题追责问责工作机制，加强风险研判，压实主体责任，依法依纪依规严肃惩处师德违规行为，落实师德失范“零容忍”。

二、分析与启示

建设教育强国，龙头是高等教育。高校作为实施高等教育的主要组织机构，要在教育强国战略中舞好龙头、担好重任，必须深刻理解并贯彻落实好习近平总书记关于教师队伍建设的重要论述，坚持以师德师风建设贯穿始终，着力塑造一支追求教育家精神的“四有好老师”队伍，全面强化立德树人的核心支撑。

从目前地方行业高校的招聘要求来看，部分高校招聘要求有留学背景，在此背景下，部分青年教师思想呈现多样化的趋势。同时受市场经济和当代多元思想的影响，部分青年教师在大学精神、教学水平、人文素质、科研道德、实践能力等方面存在较大差异。

一是师德师风建设重要性认识不够深刻。认知度的高低是高校青年教师师德师风建设能否落实的关键。地方行业高校中有青年教师认为，高校教师的中心工作无非是科研与教学这两部分内容，有没有科研、论文成果，这才是主要的，而思想政治观念是否符合主流、道德品质是否高尚则是次要的、虚的东西。同时，师德师风建设也缺乏具体的评价标准和量化指标，只要没有受到行政或党纪处分，不会对自身的职称

评聘、职务调整、考核等产生重大影响。一部分青年教师理论学习有所放松，忽视对自身进行思想政治教育和思想改造，对自身从事的事业缺乏理性、科学的认识。

二是学校相关制度不够健全。在师德师风建设过程中，部分地方行业高校缺乏科学的制度保障和方向引导，在一定程度上直接影响了高校青年教师的思想和行为。部分高校在引进青年教师时，注重学历。在教师考核、教育培训、职称评聘工作中，重科研轻教学，忽视教师课堂效果和学生评价。对师德考核重形式轻内容，师德师风建设仅停留在交流、演讲、表彰、学习人物榜样等表面工作，忽视了高校师德师风建设的精神内涵。同时，师德师风评价人员的专业性也在一定程度上对师德师风建设产生影响，大部分依靠文件和主观认知对教师进行评价，对反馈师德师风问题的甄别能力差，造成评价结果参考性低。

三是身份转换适应产生重要影响。随着改革开放的深入，市场经济、西方自由主义思潮的影响，部分地方行业高校留学归来的青年教师，过分追求权力主张、个性张扬，却忽略作为高校教师的神圣使命。招聘青年教师时，应届毕业生占多数，从学生到教师的角色转换需要一定时间去适应。在这一阶段，他们思想觉悟程度和自身言行修养没有形成较为成熟和系统的认知。而大学生思想正处于塑造期，青年教师在学习和平时的课堂上传达的思想和态度对青年学生有着潜移默化的影响。因此，培养青年教师良好的职业道德和师德师风意识，对青年学生人生观、价值观的塑造尤其重要。

（一）坚持立德树人目标，加强党对师德师风建设工作领导

在中国特色社会主义进入新时代的背景下，地方行业高校要围绕“立德树人”的根本目标，以加强高校党建工作为着力点。加强顶层设计，成立党委教师工作部，突出党委对青年教师的引导作用、对师德师风建设的引领作用，将师德师风建设纳入高校年度党建工作要点。充分发挥党组织的战斗堡垒作用和教师党员、领导干部的先锋模范作用，以开展各类主题党日活动和形式多样的青年教师党员培训为载体，不断提高青年教师的政治素养，培养其树立高尚的道德情操。同时，结合行业高校自身特点，探索师生党支部共建机制，定期开展师生支部活动，帮助师生端正思想，在发挥教师党员学术优势的同时，更好地实现育人目标。

（二）加强学习培训教育，增强青年教师主流意识形态认同

地方行业高校应当结合行业特点，强化青年教师的主流意识形态认同，践行社会主义核心价值观，确保教师能够在教学过程中，正确宣传党和国家方针政策，给学生树立一个正确的榜样。

一是抓好青年教师的岗前培训工作，严抓思想“入口关”。以《高等教育教师职业道德规范》为主要内容，对高校青年教师加强职业理想、职业道德、职业素养等方面的培训。丰富创新青年教师培训的方式和途径，增强吸引力、实效性，使青年教师树立起强烈的职业担当、教育情怀、人文观念。

二是鼓励青年教师积极主动学习我国传统文化，在社会主义核心价值观的指引下，将先进典范作为自己的榜样，同时营造良好的廉洁从教的文化氛围，时刻以教师职业的根本属性提醒自己，自觉承担并发挥自身的“育人”功能，对学生进行思想教育和价值引导。

（三）科学设置评价体系，搭建师德师风建设组织框架

科学设计高校师德师风评价体系，完善高校青年教师师德师风建设的组织框架十分重要。完善评价指标设定，确保评价体系的可操作性，同时提高评价人员的专业性。评价体系不仅能为师德师风评估人员提供科学标准，还强调各个评价指标间的关联性，通过不同指标间的相互参考，从而保证评价结果的综合性。在科学的评价体系下，可以通过成立高校师德师风建设领导小组，从组织层面重视师德师风建设，对于在师德师风建设过程中出现的问题，要在第一时间进行解决处理，进而将其产生的负面效应降低，避免出现青年教师不重视师德师风的现象。

“教育兴则国家兴，教育强则国家强”，地方行业高校青年教师师德师风建设是一项任重而道远的任务，不仅影响高校发展，更影响整个国家的未来。因此，需要完善行业高校师德师风建设方法体系，多措并举，以制度保障行业高校青年教师师德师风建设工作，促进地方行业高校青年教师师德师风建设。

武汉纺织大学首届“卓越教学奖”的评选表彰

一、案例介绍

教师在大学中的作用是不可替代的。大学所有职能的发挥都离不开教师，无论是人才培养、科学研究还是社会服务和文化传承创新，离开了教师，大学就失去了发展的基础。教学工作是大学的中心工作和核心任务，如何调动教师的积极性，让他们在教书育人过程中有自我实现感，把教书育人当作一种事业去追求，这是本科教学管理的重要抓手。

2017 年 5 月，笔者担任武汉纺织大学人事处处长、教师工作部部长，在营造教书育人文化、激励教师投入教育教学改革方面采取了一系列卓有成效的措施，有制度约束、教学帮扶、物质和精神激励，还有惩戒等措施。2018 年 11 月，为贯彻落实全国教育大会、新时代全国高等学校本科教育工作会议精神，坚持“以本为本”，加快建设高水平本科教育，全面提高人才培养能力，激发广大教师从事本科教学工作的积极性、主动性和创造性，根据学校党委的决策部署，我们制订并印发了《武汉纺织大学“卓越教学奖”评选办法》(以下简称(《办法》)，决定在学校设立“卓越教学奖”，每两年评选一次，每次评选不超过 3 名，获奖者将获得 10 万元 / 人的奖金。学校还为“卓越教学奖”获得者设置了“三优先”政策，即优先推荐为省级和国家级教师名师、省级名师工作室主持人等项目的候选人；优先推荐参加国内外访学、进修和培训；优先推荐“卓越教学奖”获得者在奖励周期内申报相应职称，2018 年 12 月 17 日，《中国纺织报》对我校设立“卓越教学奖”的做法进行了推介报道，引起了行业内的广泛关注。

《办法》明确，“卓越教学奖”是学校人才队伍建设的引领性工程，是本科人才培养的校级最高荣誉，是落实立德树人根本任务，把本科教育放在人才培养的核心地位、教育教学的基础地位、新时代教育发展的前沿地位，吸引教师精力首先在本科集中的重要举措。之所以要设立“卓越教学奖”,首先是为了改变以往对教师激励不足的情况;其次是随着学校教学文化的逐步形成,也需要这样一个奖项来进一步推动教学工作。在进行“卓越教学奖”评审的过程中,全校师生对“好教师”的标准有了进一步的思考和认识。“卓越教学奖”究竟要奖励什么类型的教师?武汉纺织大学设立该奖项旨在表彰师德高尚,长期在本科教学一线,为人师表、全身心投入本科教学工作,在师生中有良好口碑,赢得师生广泛赞誉,在教书育人方面做出突出贡献的教师。目前,学校已评出第一届“卓越教学奖”获奖教师(第二届也正在进行中),这些教师确实符合优秀教师的特点。也正因为如此,大家对这个奖项有了更高的认可度。学校将不断完善奖励激励机制和体系建设,激发教师的职业责任感和荣誉感,让他们不断追求卓越教学,成为我们教师的榜样。

(一)发布申报通知

根据《办法》,及时发布第一届“卓越教学奖”申报通知,并积极宣传相关政策。《办法》规定,申报“卓越教学奖”的教师须具备“六大基本条件”,即理想信念坚定、师德师风优良、坚持教学一线、育人效果良好、坚持教研相长、重视团队建设。近三年内存在违反师德师风等行为者,不得申报“卓越教学奖”。同时,要求各二级院部广泛宣传《办法》,传达到每一位教职工,激发广大教师从事本科教学工作的积极性、主动性和创造性,激励学校广大教师热爱教学、专心教学、乐于教学,争做“四有”好老师,并根据申请条件积极申报。

(二)提名推荐人选

卓越教学奖的申报采取教学单位推荐、校级教学督导联名推荐、教师个人自荐三种方式。符合评选条件的教师,可以向所在教学单位提出个人自荐申请;5名以上的校级教学督导,可以书面联名向教务处推荐人选,教务处将相关情况反馈给人选所在教学单位;教学单位综合教师个人自荐、校级教学督导推荐和其他符合基本条件人选的情况,组织教授委员会对上述人选进行评审,经本单位党政联席会议同意,公示无异议后,向学校进行推荐,并按照要求,向党委教师工作部提交相应的评选材料。各二级院部要按照《办法》有关规定,重点审核申报人的思想政治、师德师风和学术道德情况，确保推荐材料的真实性，实行师德师风“一票否决制”。对于推荐过程中把关不严，不能认真履行推荐职责的二级院部，将停止其下一年度的推荐资格。

（三）进行资格审查

党委教师工作部组织教务处、学工部、宣传部、工会、团委等相关部门，对各教学单位推荐的候选人的资历情况和教学、教研及竞赛情况进行初审，遴选有效候选人，并将候选人材料在学校网站上进行公示。

（四）专家跟踪听课

教务处组织专家对候选人的课堂教学进行听课，专家组根据课堂授课情况、近三年评教情况和候选人的事迹材料进行综合评价排序，按 1∶3 的比例提出推荐人选。推荐人选需提交本人主讲的一门课程约 20 分钟的课堂教学录像光盘一张。

（五）组织答辩评审

党委教师工作部组织相关职能部门负责人和师生代表召开评审会，进行会议评审，推荐获奖人选。评审过程中，需严肃工作纪律，坚持标准，保证质量，优中选优，宁缺毋滥；坚持“四公开一监督”，即政策公开、指标公开、考核方式公开、评议结果公开，接受群众监督，确保公开公平公正。根据专家听课、公开答辩以及平时教学效果等情况，综合确定推荐获奖人选名单。2020 年 11 月 11 日上午，学校在阳光校区行政楼 115 会议室召开第一届“卓越教学奖”评审会。分管教学工作的校领导，党委教师工作部、教务处、研究生处、教师发展中心等职能部门负责人，专家评委、申报人员及师生代表等出席会议。笔者简要介绍了“卓越教学奖”前期的申报情况，恳请各位专家评委本着对学校事业发展负责的态度，真正评出师德师风高尚、教学效果优异、学术造诣深厚、深受师生好评的优秀教师。校领导对评审工作提出三点要求：一是要坚持把师德师风作为评价教师的第一标准，注重奖励在教学中潜心投入、教学效果优异、育人成就卓越、师德师风高尚的优秀教师；二是要坚持把立德树人作为根本任务，严格把关，宁缺毋滥；三是要坚持公平、公正、公开原则，确保评选结果的权威性和严肃性。强调，第一届“卓越教学奖”评审一定要优中选优，真正评出导向性，在学校树立起教书育人的标杆，起到典型的示范作用。评审会分为现场述职和公开答辩两个环节。11 名申报人员依次围绕师德师风、教学改革、育人成果、团队建设等方面内容进行了 PPT 述职。评委们认真听取申报人员的汇报，仔细查阅相关申报材料，并就他们取得的业绩成果进行提问，最后进行了现场评议，确定了获奖建议人选。

（六）校长办公会议审定

学校校长办公会议审定获奖人选名单，公示 5 个工作日，无异议后，作为获奖的正式名单公布。2020 年 11 月 18 日，经学校校长办公会议研究，拟确定李建强、钟蔚（按姓氏笔画排序）等 2 人为武汉纺织大学第一届“卓越教学奖”获奖人选，并予以公示。公示时间从 2020 年 11 月 18 日至 11 月 24 日。如有异议，请于 11 月 24 日 16：00 前以书面形式（或电子邮件）向学校纪委、党委教师工作部反映。反映问题时应实事求是，并署真实姓名，以便调查核实。

（七）学校发文表彰

公示期间未收到异议，学校印发表彰文件，纺织学院李建强、服装学院钟蔚两位教师获得第一届“卓越教学奖”。学校对获奖者授予荣誉称号，颁发荣誉证书和奖金，进行宣传表彰。2021 年 9 月 9 日下午，我校庆祝第 37 个教师节表彰大会在阳光校区大学生活动中心举行。表彰大会上，校领导为第一届“卓越教学奖”获奖教师纺织学院李建强、服装学院钟蔚颁发纪念牌、荣誉证书、奖杯和奖金。至此，武汉纺织大学“卓越教学奖”评选圆满落幕，在学校教师群体中进一步营造了热爱教学、专心教学、乐于教学，争做“四有”好老师的良好氛围。

二、分析与启示

习近平总书记在党的二十大报告中对“实施科教兴国战略，强化现代化建设人才支撑”作出全面部署，要求“坚持为党育人、为国育才，全面提高人才自主培养质量，着力造就拔尖创新人才”。这为我们加快建设教育强国、更好落实立德树人根本任务、办好人民满意的教育指明了前进方向，提供了根本遵循。立德树人是衡量一所高校办学水平的根本标准。一所大学办得好不好，不是看它的物质条件何等优越、办学规模如何庞大，最根本的标准是看它培养出什么样的人才，看它对所在国家、民族以及对全人类所作的贡献。世界上高水平的综合性高校都设置专门的教师奖励制度来激励教师在教学方面作出卓越贡献。尽管我国目前也有“奖教金”这一类似的教师奖励，但是它的评价标准并不明确，主要仍旧针对教师的科研成果进行评定，对于提高教师的教学水平并无多大益处。因此，构建专门化的教师教学奖励制度，将有利于提高教师对于教学及学生学习的重视程度。

（一）重视教学质量，聚焦人才培养模式变革设置奖项

高等教育的根本任务是立德树人，高校的办学目的是为党育人、为国育才。教学是高校的核心工作，是高等教育育人的根本环节。在教学层面的变革中，教师无疑扮演着关键性的角色。教师的专业能力决定了教师参与教学层面变革的广度和深度，设置恰当的外部激励制度在一定程度上有助于教师参与教学层面的变革。卓越教学奖高度重视教学质量，强化教学的育人功能，引导教师调整重科研、轻教学的倾向，促使其重视教学，促进科研和教学均衡发展，关注教师在教学理念与过程、教学创新与成效方面的具体做法，确实带动了教学层面的革新。目前，不少高校设置“最美教师”“优秀教师”等荣誉称号的表彰和业务性的奖励，但奖励的标准主要侧重于师德方面的考量以及所谓的成果——论文、著作、课题等，因此有必要聚焦教学层面的变革设置奖项，使奖励的重心从科研转向教学，引导教师重视教学质量，推动综合改革，提高办学水平。

（二）吸引广大教师参与，奖励真正意义上的教学团队

随着时代的发展，教师职能已从单向度的文化传递向文化的融合、教学主体的相互理解转变，教学团队成为提高教学质量、促进教师专业

发展的重要平台。大量文献研究也表明,教师合作不仅有助于教学的改善以及学校层面变革的实施,更易生成基于现场的教师专业发展新模式。目前,我们是要求教师获奖后再组建教学团队,如《办法》规定,"卓越教学奖"获得者需要完成"六项任务",要积极围绕主讲课程组建优秀的教学团队,指导 1 ~ 2 名青年教师,积极开设全校性通识课程。现实中的确存在少数教师在专业发展中秉持个人主义,没有形成教学团队的情况。因此,引导教师专业发展从个人主义取向走向合作取向具有重大的实践意义,希望能够设置更合理的奖项吸引广大教师参与,有效促进教师专业的发展。

(三)运用透明具体的标准和程序,确保奖项的专业性和示范性

目前,教师奖励制度的评审存在以下问题:选择标准专业性不足,描述过于概括笼统,缺乏操作性定义;评审程序上参与主体相对单一、行政干预较强,这在一定程度上导致对教师专业水平的考量不足。今后,评审主体应该更多元化和专业化,评选标准应更具体透明、具有操作性。

首先,要突出学生视角,重视学生的体验。加强对学生学习过程和个体发展的有效引导,提高学生在评选中的参与度。其次,减少行政干预,组建由具有教育教学专业背景的专家学者、学生家长、用人单位代表等人士组成的评选工作委员会,教学成效要经过专业人员层层实地考察,客观评价学生学业发展和教学投入之间的关系。

如何做好地方高校教师职称制度改革

一、案例介绍

职称是专业技术人才学术水平和专业能力的主要标志,合理有效的职称制度是专业技术人才评价和管理的基石,对于团结凝聚人才、激励人才职业发展、加强人才队伍建设具有重要意义。2020 年 10 月,中共

中央、国务院印发《深化新时代教育评价改革总体方案》,明确提出各级各类学校应落实立德树人机制,改革教师评价,把师德师风作为第一标准,突出教育教学实绩,强化一线学生工作;高校特别是地方高校教师职称评价要突出质量导向,彰显教书育人特色,推进人才称号回归学术性、荣誉性与育人性,引导和激励教师潜心育人。各地方高校为响应新时代教育评价改革,纷纷出台新的教师职称评价等相关管理制度,贯彻落实立德树人这一根本任务。

2017年5月,笔者调任学校人事处处长,适逢教育部、人力资源社会保障部联合发布《高校教师职称评审监管暂行办法》,湖北省人社厅、教育厅下放省属高校教师职称评审权,这是国家进一步落实和扩大学校办学自主权的重要举措,也是进一步实施简政放权、放管结合和改进职称管理服务方式的重要内容,有利于推动地方高校明确自身办学定位,走好特色发展道路。在此改革背景下,2017年,我校获得了教师职称评审权限以及相应的职称确认、职称认定和证书核发权,能够自主组织开展教师职称评审和评价工作。这有助于提升学校的教育治理和管理服务能力,激发教师教书育人积极性和创造性,发挥用人单位的主导作用。为更好地开展和规范教师职称评审工作,学校调整了专业技术职称评审领导小组,下设办公室,挂靠人事处,笔者担任办公室主任,成员由人事处、科研处、教务处及研究生院负责人组成;成立专业技术职称评审委员会,下设各学科评议组并建立评审专家库;各学院成立专业技术职称评审工作小组,负责院内评审推荐工作。我们认真学习贯彻习近平总书记关于教育的重要论述和全国教育大会精神,深入落实党中央、国务院《关于全面深化新时代教师队伍建设改革的意见》《深化新时代教育评价改革总体方案》等部署要求,抓住关键环节、积极实践探索、破除"五唯"倾向,着力构建聚焦师德师风、教育教学、分类分层、质量导向、聘后管理的高校教师职称评聘体系,进一步激发教师立德树人、踔厉奋发的积极性、主动性和创造性,努力建设一支高素质专业化创新型教师队伍。

(一)以德为先,严格把关

坚持把师德放在人才评价首位。出台师德师风考核办法,建立平时考核、年度考核和聘期考核"三位一体"的师德师风考核体系,并将考核结果运用于教师培养管理全过程,作为职称评审、岗位聘用、聘期考核等工作的重要依据。明文规定违反师德师风规范行为者本年度不得参评，实行学术造假一票否决制，延长弄虚作假者处罚年限，加大对广大教职工监督力度，切实加强师德师风管理。

（二）破除五唯，注重育人

严格落实教授为本科生上课制度，严格考核教育教学工作量，突出教育教学实绩评价，同时以学生评教、教学督导员评价和教学团队评价作为重要参考。拓展教育教学认定范围，将基层教学组织、教学名师与团队、专业建设、课程建设、教材建设、教研项目等方面的成果，以及教学成果奖、教学竞赛获奖、指导学生学科竞赛获奖等方面的业绩纳入评价范围。青年教师晋升职称需有担任辅导员或班主任经历。完善教学型教师职称评审条件，将教学为主型教师职称评审条件单列，同时增设申报条件的选项，进一步拓宽教学为主型教师的晋升通道。

（三）分类评价，突出个性

针对不同类型人才特点，开展分类评价。区分教师、专职思政课教师、辅导员、实验员等四类人员，制定不同的评价标准；以岗位需求为基础，结合学科实际和业务侧重，将教师高级职务细分为教学为主型、教学科研并重型、科研为主型、社会服务与推广型等四种类型，并健全分类评价标准。明确职称评审基本条件，制定符合不同学科特点的差异化评审条件，丰富成果形式，着力构建有利于教师在不同领域和不同岗位发挥所长的多元评价体系。有利于各类人才发挥所长、深耕专业。

（四）突出实绩，广泛实践

职称评价进一步突出对人才业绩水平和实际贡献的评价。实行代表性成果评价，将教学成果、著作论文、标准规范、创作作品以及项目报告、技术报告、学术会议报告等多种形式的成果纳入评审范畴。充分尊重人才个性化多样化特点，建立“绿色通道”，在教学或科研方面业绩突出的优秀人才，经学校学术委员会审议，可直接申报高一级岗位，鼓励教师追求卓越，潜心教学科研。完善同行专家评审机制，申报“绿色通道”的教师，全过程委托第三方专业机构组织同行专家评审，由学术道德高尚、学术造诣深厚的同行专家，对申报者研究方向的重要性、学术影响力、发展潜力等进行多维评价，树立鲜明质量导向，推动教师坚守学术初心、优化学术生态。

（五）强化管理，突出考核

对获聘教师实行合同管理，明确岗位职责与目标任务，不断完善中期履职报告制度、聘期考核制度等，加强对获聘教师履行合同、承担任务、发挥作用等方面的考核。制定差异化的聘期任务，在科研方面围绕项目、成果、奖励等设置多种组合，给予教师充分的自主权。尊重科研规律和人才成长规律，妥善处理年度考核、中期考察与聘期考核、发展性评价的关系，既考察约定任务完成情况又兼顾教师成长发展实际，既关注已经获得的显性成果又关注教师持续的努力与探索，着力构建科学有效的人才评价体系。对聘期考核评价结果及时反馈、科学利用，以考核评价推动形成出干劲、出业绩、出人才的良好局面。

职称评价改革成效。一是突出教学业绩，让长期坚守教学一线、深受学生爱戴的教师有机会获评教授职称。外语、体育等学科一些教学功底深厚、深受学生爱戴、教学业绩突出的一线教师获得了教授职称，这大大激励了以教学为主的教师潜心教书育人，培养更多优秀人才。二是不唯资历，推动更多青年才俊获评高级职称。教师职称评审改革推行不唯资历、注重实绩的原则，使学历高、成果丰、业绩好的青年才俊有机会获评高级职称。近 3 年获评高级职称人员中，45 岁及以下、高学历人员占比大大提升，进一步激发青年教师锐意进取、开拓创新的高昂斗志，促进个人职业发展，提高了学校教师队伍活力，提升了教学科研水平。三是加强科研项目管理，推动科研水平提升。近 3 年，在国家自然科学基金项目资助中，学校立项数量逐年增加。（具体见《博后入职半年晋升教授，这所特色高校如此“破五唯”》，原载 2022 年 4 月 16 日《中国科学报》）

二、分析与启示

地方高校应深化职称制度改革，建立健全符合地方高校教师职业特点的职称制度。教师职称制度改革亟待建立多维度教师职称评审机制,从微观层面进行自主评聘,设计符合自身发展需求的评价体系,坚持以质量为导向、以代表性成果为导向,细化评价指标,分层分类、科学评价。既要符合教师群体多元发展规律,为教师赋权增能,又要满足高校对高水平教师主体的需求,激励广大教师全面落实立德树人根本任务,潜心教书育人、奋力科研攻关、勇担公共服务,培养一支高素质、专业化、创新型的高校教师队伍,为地方高校高质量发展提供制度保障和人才支撑。现阶段,地方高校教师职称评审制度改革工作重点是基于破“五唯”的政策理念,遵循地方高校教师发展的规律,研究破后立什么、怎么立,以及如何形成竞争择优、能上能下的评审机制。

(一)拓宽不同类型教师的职业发展空间,完善教师职称分类评价机制

现代大学具有三大功用:教学、科研、社会服务。做项目、发表论文本是大学教师学术研究工作的应有之义,本身并非问题。真正构成问题的是简单把立项数量、论文篇数等数量化指标当作衡量教师的唯一标尺。深化地方高校教师职称制度改革,应根据不同类型教师的岗位职责和工作特点,分类别分层次分学科设置评价标准和评价方式,不断健全教学型、科研型、教学科研并重型、社会服务推广型教师以及辅导员的分类评价办法。例如,对于主要从事教育教学的教师注重教学效果评价,突出教书育人实绩,重点考量其在教学工作中取得的标志性业绩成果;完善社会服务与推广型职称评价范围,突出技术转移转化业绩权重,将人文社科教师从事决策咨询、社会培训纳入评价范围,引导教师面向国家重大战略需求、区域经济社会发展以及行业转型升级需求开展科技成果转移转化。克服唯论文、唯“帽子”、唯学历、唯奖项、唯项目等不良倾向,真正使每一类型的教师都有努力的方向、晋升的空间。

(二)严格师德师风考核评价,规范思想政治性职称序列评审

一是要严格师德师风考核评价,将师德师风作为第一标准,引导教师将教书育人和个人修养相结合,做到以德立身、以德立学、以德施教。二是对从事学生思想政治教育的辅导员和思政课教师实施“单独评审”“单列条件”“单设指标”。若此类教师与其他从事教学科学研究的

教师采用统一评价标准，容易使此类型教师工作重点偏移，工作重心落在论文和课题上，从而忽视学生思想教育，本末倒置。高校应对此类型教师强化教师思想政治工作要求，把课程思政建设情况和育人效果作为评价的重要内容，努力建设一支“政治强、情怀深、思维新、视野广、自律严、人格正”的地方高校思想政治理论课师资队伍和辅导员队伍。

（三）健全职称评审绿色通道，激发人才活力

地方高校教师发展是个性与共性的融合，但职称评审制度是基于多数教师发展规律构建的，是一种综合业绩成果的评价方式。这对于在基础研究和前沿技术突破、重大工程技术难题解决等方面取得重大代表性业绩成果的教师适用性较低。因此，高校教师职称评审制度要避免“一把尺子量到底”，健全职称评审绿色通道，构建“质”的评议机制。研究基于“有限替代”的评价方案，允许在基础研究和前沿技术突破、重大工程技术难题解决等方面取得的重大代表性业绩成果替代某类综合业绩成果，从而打破“量”的壁垒，尊重人才个性化和多样化的特点，激发广大人才活力。

总之，地方高校教师职称改革的步伐不能停下，需要在实践中总结经验，在深化改革中继续前行，进一步完善教师评价机制、激励广大教师教书育人，同时加强监督，保证评审质量，为地方高校高质量发展提供制度保障和人才支持。

附：

博后入职半年晋升教授，这所特色高校如此“破五唯”

2021 年 4 月，博士后出站不久的朱泽策入职新高校，仅半年多就晋升为教授。

武汉纺织大学近日公布了 2021 年新晋教授名单，24 人中有 8 人是破格晋升。这是该校探索绿色晋升通道制度的第四年，朱泽策就是受益者之一。此前，他在武汉一所“双一流”高校做博士后。因满足获批国家自然科学基金面上项目等条件，他在入职武汉纺织大学的第一年，就破格晋升教授。

朱泽策在接受《中国科学报》采访时坦言，起初对晋升教授并没有抱太大希望，博士后在入校时就能评教授，以前更多听说的是海外人才，国内的学者很少有这样的情况。

武汉纺织大学人事处处长高建勋说，以前的职称评聘条件非常具体，比如什么级别的刊物发文多少篇，任职多少年，“这些量化的指标导致某方面很突出的青年教师无法晋升。人不可能面面俱到，我们想引导教师把擅长的领域做好。”

武汉纺织大学所探索的职称评审改革，主旨是为业绩成果特别突出的学者设置绿色通道，完善分类评价标准，是一场“破五唯”的真刀真枪实战。

“只要把擅长的做好，就能晋升”

在武汉的近百所高校中，211大学有7所，985大学有2所，“双一流”高校有7所。这些“标签”，武汉纺织大学一个也没有。

但就在2021年11月，这所学校产生了湖北省第一个省属高校自主培养的院士——徐卫林。作为中国工程院院士、武汉纺织大学校长，他还是这所学校培养的本科毕业生。

实际上，武汉纺织大学是全国唯一以“纺织”命名的大学，其材料科学、化学、工程科学3个学科进入了ESI全球排名前1%，纺织科学与工程被列为湖北省“国内一流学科”。

2021年1月，由徐卫林担任主任的“省部共建纺织新材料与先进加工技术国家重点实验室”正式获批运行。自2008年以来，该实验室获得了国家科技进步奖一等奖、二等奖，国际技术发明二等奖等诸多荣誉。

嫦娥五号月面展示国旗、天问一号探测器“火星着陆巡视器耐高温弹性密封装置”等重磅科技成果，正是出自徐卫林团队。

武汉纺织大学属于原纺织工业部直属的八所高等院校之一，“很多高校都改名了，我们一直坚守着特色发展的旗帜，围绕纺织产业链解决实际问题 。”高建勋说。

但就是这样一所坚持特色发展的高校，在近10年里，3次申请博士点失败。高建勋告诉《中国科学报》，申请博士点需要满足很多指标，科研经费、师生比等等，学科只是一方面，但还要看全校的综合指标，“我们还在继续努力。”

在他们看来，解决学校发展瓶颈的关键是人才，而职称是盘活人才的重要途径。在多年的人事工作中，高建勋也了解到不少年轻教师的困扰，比如某方面很突出，但因差一篇文章而无法晋升；科研成果已达到教授水平，但仍需熬够年限……

2017 年，随着湖北省下放高校职称评审权，武汉纺织大学开始思考如何打破人为障碍，借助职称晋升，盘活人才。2018 年，在时任校长彭育园的带领下，该校正式开启绿色晋升通道，该通道兼顾科研型、教学型、教学科研并重型、社会服务推广型四种类型人才。

“我们想让教师体会到，只要把擅长地做好，就能晋升，而不是过去那样面面俱到；我们要营造不管谁当评委，这个制度放在这儿就是标准的氛围，没有论资排辈。”高建勋说。

值得一提的是，与徐卫林一样，彭育园也是武汉纺织大学的本科毕业生。“他们对母校有很深的情结，希望母校能够得到更好的发展。”高建勋说。

下放职称评审权

“你的条件，可以直接申请教授。”

2021 年 4 月，博士后出站不久的朱泽策加入了武汉纺织大学。按照以往对教授晋升的了解，他在评聘时提交了副教授的申请，但学校却建议他直接申请教授。

理由是，朱泽策此前获批了 2 个国家自然科学基金项目，按照绿色晋升通道的要求，仅此一点就能满足申请教授职位的条件。

在评聘之前，朱泽策没有关注过绿色晋升通道，他只想有个安静的环境做科研。对于学校的提议，他也只抱着试一试的心态。

经过学部的答辩后，朱泽策顺利晋升教授。与他同期被引进直接晋升教授的人才，还有三位。

朱泽策告诉记者，之所以选择来武汉纺织大学任职，是因为他不喜欢复杂的人际关系，而从他所在的化工学院院长到校长，都让他感受到做实事的人。

余牛也是绿色晋升通道的受益者，不过他不是新引进的人才。2016 年他加入武汉纺织大学管理学院，2018 年晋升副教授。按照惯例，他至少要再等两年才能评教授。在 2021 年评职称时，余牛刚好得到了国家自然科学基金面上项目的支持，同样满足绿色晋升通道晋升教授的重要条件。

为了保证更加公平公正，对校内因资历等条件被限制的优秀人才，学校实施了盲审盲评制度，也就是将该学者的成果送到三所同层次高校的三位同学科专家进行盲评，全票通过方可进入学部组评议。

值得一提的是，武汉纺织大学将职称评审权直接下放到各学部，打破“一把尺子”的统一标准，鼓励教师在学部内竞争，学校领导也不得干预学部评审。

余牛还透露，该制度是双盲形式，学校和评审专家会签订保密协议，也不允许打听评审相关信息。盲审盲评出结果前，余牛很紧张，也没有抱太大希望，“我觉得破格应该挺难的，绿色晋升通道的制度毕竟一直在探索，中途有变也是可能的，而且同行专业的侧重点也无法把握，除了一点点运气，肯定要看硬功夫。”

在余牛看来，破格提拔对于年轻教师来说是最大的激励，“让我们能塌下心来做一番事业，让我们感到做事有回报。”

余牛说，很多高校是量化评比，看论文、奖项数量；绿色晋升通道是拿最具有代表性的成果去评比，只要达到条件，就允许申报，而且每年会随着国家政策及时调整。

就在去年，为保护教学型教师，该制度新增了教学方面的晋升条件，帮助曾经连续申报6年，还有半年多即将退休的外语学院教师姚范美圆了梦。高建勋说，教学是教师最本职、最重要的工作，如果教学排名在20%之后，晋升实行一票否决。他透露说，今年会加大力度，将指标提高到30%。

“不能评上教授了就‘躺平’”

“学校改革的目的是盘活人才，调动教师们的积极性，不能评上教授就‘躺平’。”近年来，余牛经常在开会时听到学校领导类似的讲话。

高建勋说，为了让想干事的人有更高的平台，评上教授的学者还可申报阳光特聘教授、阳光杰出学者。“如果评上教授就‘躺平’，一来考核不过关会触发相应的考核制度约束，二来也不能申报这些高层次人才项目。随着年轻人的不断追赶，‘躺平’的教师也会被推着往前走。”

余牛告诉记者，教师岗位的聘期考核一般以4年为一周期，如果聘期内没有任何进展和成果，也没有特殊原因，学校可能会采取进一步的措施，例如降级、降低待遇、调离岗位甚至解聘。在余牛看来，学校在调动青年教师积极性上也做了很多工作，例如举办新晋教授学术交流会、开展校外学者讲座交流等，最让他受益的还是学术氛围。

就在记者采访当天，余牛又碰到了该校阳光杰出学者、湖北省有突出贡献中青年专家夏火松来学校指导学生。即将60岁的夏火松始终保持着对科研的热情，还经常帮助青年教师做职业规划，为申请项目提意见，关心他们的发展。

对于这场“破五唯”的真兵实战，高建勋说，“我们要把那些想干事、能干事、干成事的人选拔出来，真搞科研，搞真科研。”

（原载 2022-04-16《中国科学报》，见习记者 田瑞颖）

地方高校如何提升科技工作水平

一、案例介绍

党的二十大报告首次作出教育、科技、人才“三位一体”战略部署，强调科技是第一生产力、人才是第一资源、创新是第一动力，要深入实施科教兴国战略、人才强国战略、创新驱动发展战略。高校是“三个第一”的重要结合点和“三大战略”的重要交汇点，是基础研究的主阵地、科技创新的策源地、创新人才的集聚地，应自觉对标“三位一体”协同推进的新要求，准确把握科技创新面临的新形势，自觉履行高水平科技自立自强的使命担当，以“四个坚持”做好“四有科研”，撬动科学研究范式和科研组织模式变革，以高水平科技创新服务中国式现代化建设。

武汉纺织大学是一所以工科为主体，涵盖理、工、文、法、经、管、艺、交叉等 8 个学科门类的教学研究型大学，是国家首批“中西部高校基础能力建设工程”建设高校、教育部“卓越工程师教育培养计划”实施高校、湖北省“国内一流学科”建设高校、全国十大时装名校。学校积极参与国家和区域创新体系建设，不断提升科学研究水平，主动服务地方经济社会发展。现有国家重点实验室以及国家地方联合工程实验室、教育部重点实验室等重点研究基地和一批新型校地校企研发机构。学校相继承担国家基金项目、国家重点研发计划等国家和省部级科研课题 600 余项，近年来，荣获国家科学技术进步奖一等奖 1 项、二等奖 3 项，国家技术发明奖二等奖 2 项，高等学校社科优秀成果二等奖 1 项，三等奖 2 项，入选全国美展艺术作品 5 项。学校注重成果转化，连续多年进入“中国高校专利转让排行榜（TOP100）”，技术服务合同登记额居全省高校前列，一批校地校企合作项目在 10 余个省份先后落地，产生了重大经济效益和社会效益。

（一）健全体制机制，激发科学研究“源动力”

探索构建“学校—学部—院系”三级学术治理体系，持续推进学部制改革，设立纺织装备与智能制造、纺织新材料与绿色制造、智慧管理与效益制造、创意设计与精美制造和人文社科等五大学部，积极推进学科交叉融合、高水平人才培养和高素质教师队伍建设等工作。完善科研管理机制，在科研经费、项目管理、成果转化、专利申请等方面制定（修订）一系列管理办法，赋予科技领军人才更大的技术路线决策权、资源调动权、经费支配权，进一步激发科研人员的创新潜能与活力。主动对接大健康产业，成立生物工程与健康学院，组建学校生物与大健康相关学科交叉研究团队，并不断提升基础研究能力。

（二）发挥优势特色，建设科学研究“大平台”

学校聚焦经济社会高质量发展需求，充分发挥学科优势特色，系统布局构筑大平台、组建大团队，加强重大科技基础设施和创新平台培育建设，组织实施重大科技任务。学校优化平台管理体制和运行机制，理顺平台与平台之间、平台与学院之间、平台与团队之间的关系，发挥平台在人才引进、承接项目、学科建设中的重要作用。加强平台建设绩效考评，注重平台实际产出和贡献，建立平台投入与绩效挂钩的建设机制。充分发挥平台在培育大项目、申报大奖项中的作用。截至目前，学校是湖北省属高校中国家级与部属科研平台数量最多的高校，已建设有省部共建纺织新材料与先进加工技术国家重点实验室、先进纺纱织造及清洁生产国家地方联合工程实验室、纺织纤维及制品教育部重点实验室、纺织印染清洁生产教育部工程研究中心、中华优秀传统文化（汉绣）传承基地、高端纺织装备先进制造学科创新引智基地等 6 个国家级平台。2023 年，学校与中国纺织科学研究院共建国家工程研究中心，与苏州大学共建国家工程实验室，与成都纺织高等专科学校共建行业产教融合共同体，与中国石化仪征化纤共建创新联合体。学校 3 个湖北省重点实验室中，2 个在 2022 年绩效考核中获评优秀（标杆），获后资助奖励 120 万元。4 个校企合作平台获 2023 年度湖北省新型研发机构备案，3 个中试基地（平台）获武汉市科技局备案。

（三）注重团队建设，增强科学研究“聚合力”

学校实行学科团队项目负责人制（PI），构建“学校统筹、学院主导、一级学科（群）为基础、PI团队为主体、成果产出导向、部门联动服务”的学科团队建设管理运行机制。支持以院士团队为引领，以青年创新团队等为重点，以学科交叉创新团队为特色的科研团队建设，在师资双聘、招生培养、成果认定、资源配置等方面给予大力支持，并建立学科交叉高端人才绿色通道，努力为团队长期稳定开展科研攻关提供坚实保障。近年来，学校科研团队在科研成果和服务国家发展方面取得显著成绩，历时八年研制的探月工程嫦娥五号探测器“月面国旗”在月球成功展示；与航天科工四院联合研制石英纤维的2.5D织物及其生产装备；与七一九所联合研制海下特殊用绳网结构与特种产品；成功揭榜“芳纶纤维国产化替代在船用轻型复合装甲中的应用研究”项目；耐高温弹性密封装置助力“天问一号”探测器顺利着陆火星。

（四）加快成果转化，注入区域发展“新动能”

学校建立科技成果转化重大事项学校领导班子集体决策制度，推动形成校长办公会、科技成果转移转化工作领导小组、院系多层联动、职责明确的协调工作机制。围绕产业需求进行科技创新，学校与湖北省、新疆维吾尔自治区等多个地方政府签订战略合作协议，培育共建9家产业技术研究院。一批校地、校企合作项目在10余个省份先后落地，在生物医用、智能可穿戴、高端纺织装备等领域取得了多项重要科技成果，产生了重大经济效益和社会效益。同时，学校作为湖北省先进纤维材料综合型技术创新平台牵头单位，支持创新平台探索建立符合科技创新和科技成果转化需求的新型创新载体，已连续多年进入“中国高校专利转让排行榜（TOP100）”。

（五）营造学术氛围，提升科学研究“真本领”

学校坚持以阳光论坛、专题学术沙龙为基础，常态化组织不同层次的学术沙龙和学术交流活动，打造校内“阳光学术、阳光科研”的学术科研生态。要求青年博士定期开讲，汇报科研进展；邀请副教授以上职称的教师不定期作报告，分享自己的科研工作和目前的研究成果；邀约校外专家学者到校讲学、把脉指导，建立开放合作的科研机制，通过外部多元关键主体协同参与，结合学术前沿热点，强化知识、资源和技术共享。为校内教师在确定研究选题、建立科研目标、明确应用场景等方面提供支持与指导，促进学科间的交流融合，为基金项目的申报创造合作机会。学校基于自身条件和基础，围绕自身特色和定位，集中力量、聚焦研究方向持续发力，提升创新能力，强化优势，提升科研核心竞争力。通过这些论坛和沙龙，近年来学校教师科研热情不断被激发，学术氛围日渐浓厚。

二、分析与启示

地方高校要坚持以特色强本色，以优势聚合力，对内构筑大平台、凝聚大团队、推动大交叉，对外承担大项目、撬动大合作，进而解决大问题、产出大成果，探索出科研组织范式由外延走向内涵、由封闭走向开放、由“单枪匹马”走向“纵队集团”的发展新路径。

（一）学校高度重视科学研究工作

学校第二次党代会提出，“要着力构建创新要素集聚、创新特征凸显、创新活力勃发的现代科研体系。”学校2021年科技创新大会提出“科研工作要抓住‘抓前沿、上水平、入主流、显特色’的策略”。学校科研工作的快速发展，得益于学校党委、行政高度重视科研工作，以及学校领导在科技工作上的正确决策部署，全校上下一心，对学校的发展进行合理定位，对学校科研工作体制进行大刀阔斧改革创新，先后出台了《科研成果评奖办法》《科研平台管理办法》，推进科技奖励改革，在全校营造了做国家需求的前沿科研、做真科研、做落地科研和做群体科研的良好氛围，有力促进了学校科研工作高质量发展。

（二）加强创新人才队伍建设

科学研究离不开人、财、物的支撑，其中“人”是关键因素。学校充分发挥集智攻关、团结协作的协同精神，激发人才队伍的活力。在今年“两代会”上，学校提出“3551”人才团队建设计划，近年来学校一直在大力推进“以才引才”工作。这三年，学校大力引进国家级人才，同时引进超过300名年轻有为的青年博士，就是为了加快建成一支高层次、复合型的人才成长梯队，为学校科技竞争奠定坚实的人才基础。

（三）加强科研项目申报统筹协调

学校对科研项目申报进行精细化指导和全过程咨询，加强统筹协调，深入学习科技方面的新政策、新导向，积极对照学校现行政策开展研讨，科学规范地指导科研人员做好项目申请书、经费预算书、合同（协议）等编制和签订工作，完善和规范项目推荐申报程序，建立形成涵盖立项申报、项目实施、预算执行、结题验收、成果保护及推广应用的全方位科研咨询服务体系，指导科研人员按照相关法律法规开展科研活动、依照预算合理使用经费，确保科研项目执行进度。通过统筹协调，大大提升了科研项目的运行效率，学校2023年申报国家自科基金324项，申报国家社科基金及各类专项127项，共获批立项45项，申报数和立项数均实现历史性突破。

（四）发挥榜样示范作用

学校每年坚持评选一批在过去一年里成绩显著的“科研标兵”，颁发“科学技术成果奖”，并举行科技创新大会表彰。学校通过这样的形式，一方面对有贡献的科技工作者进行嘉奖，凸显科研和科研人员的地位；另一方面通过树立榜样，筑牢校园里的学术氛围，让广大科技工作者以科研为荣、以创新为荣。近年来，学校里教师的科研热情不断被激发，为了巩固努力营造出的学术氛围，未来以校内教师阳光论坛为基础，常态化组织不同层次的学术交流，打造校内“阳光学术、阳光科研”的学术科研生态。要求青年博士定期开讲，汇报科研进展；邀请副教授以上职称的教师不定期作报告，分享自己的科研工作和研究成果；邀约校外专家学者到校讲学、把脉指导，建立开放合作的科研机制。通过系列活动，梳理研究成果的同时也促进了学科间的交流融合，更为基金项目的申报创造合作机会。

（五）完善协同联动机制

学校科技创新工作坚持完善全校协同联动机制，科发院和各二级学院落实主体责任，各职能部门相互配合，完善业务办理流程，为科研人员提供周到服务。同时，学校强化科技工作校院两级管理模式，鼓励学院充分发挥组织协调作用，加强科研团队建设，凝练学科特色方向，强化高级别科研项目组织申报与过程管理，努力培育标志性成果。

打造校地合作“共青城模式”

一、案例介绍

校地合作是实现高校社会服务职能、提高社会贡献率的根本途径，也是提高人才培养质量、学科建设水平的重要方式。校地合作可以为推动和服务地方经济高质量发展搭建新平台、提供新机遇。

武汉纺织大学共青城纺织服装产业研究院（以下简称产业研究院）成立于2021年3月31日，是共青城市政府与武汉纺织大学共建的研发机构，依托武汉纺织大学建设，接受共青城市政府、武汉纺织大学管理和指导，是一个相对独立的科研实体机构。通过成立研究院，旨在推动产教深度融合，服务和促进共青城市科技和经济发展，立足共青城纺织服装产业基础，强化校地双方合作，推进产业科技、时尚、绿色高质量发展，重点围绕服装设计、面辅料研发、智能制造、生产流程优化、数字经济等领域开展重点攻关，全面提升共青城纺织服装产业核心创新能力、持续发展能力及资源配置能力。致力于把“中国羽绒服装名城”打造成为世界羽绒科技的重要驱动者、羽绒时尚的核心引领者、可持续发展的有力推进者。把研究院打造成为国际领先、国内一流、江西特色的引领纺织服装产业高质量发展的战略高地。

近年来，产业研究院持续加强队伍建设与人才培养、科学研究和校企合作，围绕服装设计、面料研发、智能制造等领域开展技术攻关，打造武汉纺织大学国家重点实验室共青分中心。目前，该研究院已完成原创服装设计300余款，研发的纺织面料在市场取得良好效果，横向科研经费达到700万元。武汉纺织大学与共青城市合作形成的“研究院+产业园”的运营模式，在“2021九江市县域经济巡回看变化”活动中得到了九江市各级领导的高度认可。江西省副省长、省服装产业链链长罗小云专程到研究院进行了专题调研，充分肯定了研究院的产业定位及创新成果。产业研究院也先后荣获共青城市委、市政府授予的“发展新经济、培育新动能优秀企业”“共青城青年五四奖章集体”等荣誉称号，受到中央电视台、九江电视台等新闻媒体的报道。

（一）创新合作模式，构建机制畅渠道

学校高度重视校地合作工作，坚持从学校特色出发，精准聚焦产业，定向“说媒”，不断创新与地方政府的合作模式，共同建好产业研究院。2020年12月12日，校党委书记田辉玉赴江西省共青城市，出席武汉纺织大学共青城市纺织服装产业研究院揭牌仪式。2022年5月31日，笔者陪同田辉玉书记再次到共青城市，参加产业研究院建院一周年成果汇报展，并看望研究院师生。2023年11月16日，校长徐卫林院士赴共青城市参加“2023年第四届共青城羽绒服装周”活动，并看望研究院师生。

首先，学校将校地合作工作纳入每年工作要点。建立由分管校领导牵头、科研部门指导、研究院负责人管理、每年会商总结一次的工作机制，打通校地合作渠道。其次，全面统领学校社会服务规划。选派专人负责服务地方的各项事务，便于与兄弟高校、地方政府、企业沟通联系，建立信息共享机制。最后，学校不断健全服务地方管理体制。通过出台相应的管理办法，将服务地方的内容、途径、措施、评价、考核等规章制度明确化，使研究院教师在服务地方过程中做到心中有数、有章可循，充分调动教师服务地方的积极性。

（二）面向优势产业，谋实题解难题

纺织服装产业是共青城的传统优势产业，历经近半个世纪的发展积淀，经历了从无到有、从初生到壮大的历程，先后被授予“江西省纺织服装产业基地”“中国羽绒服装名城”“中国纺织产业集群试点地区”等称号，荣获“江西省纺织产业千亿工程突出贡献奖”。然而研发能力弱、款式老套，一直是共青城大多数服装企业的“心病”，也成为制约共青城市纺织服装产业高质量发展的短板之一。2021 年，学校与共青城对接，积极探索“研究院＋产业园”发展模式，成立武汉纺织大学共青城纺织服装产业研究院，围绕服装设计、面料研发、智能制造等领域开展技术攻关，努力整合双方优势资源，加强关键技术供给，提升产业持续发展能力。目前，研究院已建成服装设计中心、成果展示中心、新材料实验中心，完成原创服装设计 300 余款。同时还举办了服装设计成果展，自主设计的多个系列新潮羽绒服，吸引了 30 多家服装企业前来寻求合作。研究院下一步将从高性能新材料的研发入手，给当地羽绒服产业进行科技赋能，通过原创服装设计，对当地公司进行 ODM 赋能。同时，建立自己的数据库、版型库、设计库等，对当地乃至于江西省的纺织服装产业进行赋能，切实助力地方产业补短板、强弱项。

（三）针对区域需求，激活力创特色

近年来，共青城市在生产端和供应端大力深化实体经济与数字经济融合，全力推进纺织服装首位产业转型升级。对共青城来说，最大的产业需求就是做大做强纺织服装产业，带动实体经济发展。产业研究院平台有效对接区域需求，依托现有的产业基础，搭建服装产业的“共享大脑”，用数字化精准指导企业设计生产和营销。建立羽绒指数中心，构建定量及定性的海量数据体系，帮助企业精准进行市场研发、设计、生产、销售以及进行评估、验证预测。建立原创服装设计数据库，以中国传统文化为基础，通过科技、文化、艺术赋能设计，已完成原创服装设计 600 余款，成为江西省纺织服装科技创新联合体重要力量。建设海量数字化服装版型数据库，主要涵盖服装款式、号型规格、面料和样板等数据内容。建立品牌孵化中心，根据市场需求进行受众群体细化，培育了“青绒”系列品牌矩阵，拓展四季常服产业链条。通过理念创新、模式创新、技术创新，推进纺织服装产业制造从低端向中高端智能化、数字化、个性化迈进，促进产业由“共青制造”向“共青创造”转变。

（四）围绕校地共生，聚人才搭平台

产业研究院作为学校与共青城校地合作共生的代表，坚持“点对点”合作，让项目与需求相连；创新“前院孵化项目，后园转化成果”聚合发展路径，推动“院所企”技术定制、联合研发，将研究院科研成果与企业需求深度融合；坚持“手拉手”合作，让成果与市场相拥，紧盯市场需求和产业方向，定期推出产业化“好苗”进行成果转化；坚持“串成串”合作，让平台与产业相融。“链”接上下游，串起“朋友圈”，建好一流阵地，配置相关专业人才。产业研究院现有团队人数 44 人，以中国工程院院士徐卫林为产业技术总顾问，专职科研岗位人员 37 人，教授 3 人，博士 5 人。学校 30 余名研究生团队全职驻院，组建了涵盖材料、纺织、印染、计算机大数据、艺术设计、服装设计等专业的跨学科技术团队，探索形成了以“前园孵化项目，后园转化成果”的聚合发展路径，已建成服装设计、成果展示、新材料实验三个中心。近年来，共青城羽绒服销量达到 5300 多万件，纺织服装规上企业数量突破 100 家，“鸭鸭”荣登中国最具价值品牌 500 强。这些都是校地人才、项目、平台、成果互通互动、共建共生、共融共享形成良性循环的结果。

二、分析与启示

校地合作是高校服务区域经济发展的重要方式，近年来，中国高校越来越多地同地方政府开展各种形式的合作，合作内容一般包括科研转化、人才培养、战略咨询和高校建设等，并非千篇一律，而是根据双方的需求，就特色项目进行合作。立足新发展阶段，高校、地方政府应把提升服务企业效能和推动学校高质量发展作为落脚点，在制度保障、平台搭建、成果转化、机制创新等方面下功夫，推进产教融合，促进教育链、人才链对接行业链、产业链，服务地方产业发展。

（一）合作机制关键在于“长效”

完善的校地合作机制，重点在于推动形成更加紧密、高效的常态化联系。在制度设计上，要注重上下贯通、系统集成、闭环推进，既要建立领导层面的定期互访机制，也要推动职能部门的常态互通机制，并制定鼓励校地合作的奖励和支持政策，推动校地合作从顶层落实到各方面、全过程。要注重发挥地方、高校、企业等多方作用和整合多方资源，切实加强党委、政府的引导、提升高校创新能力、唤醒企业主体意识，持续做大校地合作的“朋友圈”。对地方政府来说，要发挥主导作用，大力支持企业和高校协调发展，在政策、资金、项目、场地、设备等方面发挥杠杆和支持作用，帮助研究院搭建创新平台。对高校来说，要加强交流互鉴，建立与地方政府、企业长效沟通合作机制，构建起人才共育、过程共管、成果共享、文化互补、管理互通的互利共赢合作机制，努力将研究院打造成为多维融合发展的创新育人高地。

（二）合作内容关键在于“精准”

提升校地合作的实效，重点在于将地方发展需求与学校专业学科特长进行精准匹配。要围绕地方战略布局和中心工作，聚焦产业需求和民生短板，与高校人才技术精准对接，实现创新链、产业链、资金链、人才链“四链”的深度融合，使专业人才创新活力和科技成果转化动力充分释放。学校要注重创新战略与地方发展方位的精准对接，要对接地方经济高起点高标准的定位，做好创新驱动、融合发展的顶层设计。要注重学科专业与产业需求精准对接，主动对接地方战略性新兴产业布局与重点企业需求，积极培育和发展与地方经济结构调整和产业转型升级匹配度高的特色学科专业，突出地方特色，优化专业设置，提升服务地方经济高质量发展的能力和水平。要注重人才引育与产业发展精准对接，要围绕产业引人才、建团队，与地方建立人才共引共用机制，发挥高层次人才的专业优势和资源优势，参与企业技术研发、经营管理等工作，提升教师实践能力，提高科学研究应用水平。

（三）合作模式关键在于“多元”

校地合作模式要突出多元化供给，强化协同攻关。学校要积极发挥人才、学科、科研平台等优势，有针对性地对接区域经济的龙头企业，寻找合作契合点，谋划落地重大合作项目，力争通过与龙头企业开展技术合作，使其做大做强，以品牌引领地方经济发展。同时，也要鼓励师生主动对接社会需求，紧密结合地方经济社会发展需要，推动科研模式由“个体科研”向“团队科研”、由“数量科研”向“质量科研”转变，做真科研、做群体科研、做落地科研，建立完善的激励机制，充分调动团队自主创新的积极性和主动性，营造创新创业的良好氛围，不断增强产业科研能力和成果供给能力，为地方产业创新发展提供支撑。

（四）合作目标关键在于“共赢”

校地合作最终的目标在于汇聚科技、人才资源要素，打造产学研转化平台和人才培养引进平台，促进地方和高校实现互惠互利。高校将专业深度融入地方产业，结合产业发展需求调整办学定位、改革学科设置、优化人才培养，实现人才培养与创新需求、产业发展紧密对接，为地方主导产业输送复合型、应用型、技能型人才，并促进地方经济社会发展。通过校地合作，也要积极鼓励地方将企业内训机构引入学校，双方共同组建“捆绑”式培训团队，使学校课程能紧跟企业和市场需求，将理论与实践相结合，让学校在设备、技术上获益，保证学生的技能提升，企业可产生巨大社会经济效益，培养大量紧缺人才。

第五篇

服务保障与综合管理篇

如何推进历史遗留“问题房”登记办证工作

一、案例介绍

武汉纺织大学南湖校区15号教职工住宅楼为湖北省房改办管辖内最后一批高校房改房之一，该项目2003年获批建设，2007年竣工后按房改房政策出售给校内教职工并交付入住。项目虽然入住多年，但由于建设审批手续不完备、资料缺失、单体建筑绿化率和规划验收未达标、竣工验收手续不全等原因造成教职工长期无法办理不动产权证（以下简称“办证”），给部分教职工的工作、生活和子女入学等带来诸多影响和不便，成为教职工的“心病”。多年来，教职工“办证”呼声越发强烈，“办证”问题不但影响教职工住房货币化补贴改革工作推进，更成为影响校园和谐稳定的诱因。近年，学校多次与东湖高新相关职能部门沟通，虽取得一定进展，但效果不太理想，办证工作一直未能完成。

2022年，学校新一届领导班子高度重视民生工作，学校党委、行政将解决群众“急难愁盼”事宜作为头等大事来抓。积极争取属地党委、政府的支持，大力推动办证工作，采取了有力措施，在不到半年的时间里，困扰学校近20年的房改房验收、办证这一历史遗留难题终于得到了妥善的解决，也解除了教职员工的后顾之忧。

（一）成立工作专班，配备办公条件

学校成立了由党委主要领导亲自挂帅，原基建处处长牵头的工作专班，抽调工作人员，在南湖校区设立专门的办公室，并配备专门工作经费，工作成效与中层干部年度考核结果挂钩，建立由资产与实验室管理处牵头，基建处、财务处、人事处、后勤保障处、离退休工作处、档案馆等多部门密切配合的联动工作机制，多次研究办证难的解决路径。

（二）深入开展调研，查找办证困难原因

学校成立房屋验收、办证工作领导小组，深入教职工、建设部门、退休老同志群体中，听取关于建筑验收和办证的困难所在。先后走访老领导、相关老同志 23 人次，召开专题座谈会 11 场，参会人员 120 多人次，收集相关问题线索和建议 65 条，摸清并分析形成阻碍建筑验收和办证的难题 14 个，并对问题的难易程度进行排序，问题之间的关联进行分析，制订了房屋验收、办证工作方案。

（三）多方收集资料，查补办证缺失材料

学校部分房改房建设较早，当时的审批程序或建设资料因学校部门调整或工作人员变动，部分资料缺失，新审批流程要求资料与过去有差异。为解决这个问题，学校安排人员前往档案馆查找资料，先后到学校档案馆、武汉市建设规划档案馆、审批机构中查阅建设审批资料 50 多人次；从老同志中寻找资料，请相关老同志回忆建设过程，协助查找相关资料；聘请相关专业机构补齐缺失资料，先后聘请房屋安全鉴定机构、土地测量机构、房屋测量机构等对房屋安全、土地分割、房屋面积等进行实测，聘请会计机构对售房款缴纳情况进行复核并出具专业报告。经过一年的努力，先后收集历史资料 180 多份、各类图纸 100 多张，出具专业报告 12 份，尽量补齐历史建筑的验收、不动产证办理所需材料。

（四）多方协调，积极争取属地党委、政府支持

楼房验收、房改房不动产证办理政策性强，学校积极与湖北省直房改办、武汉市住房保障和房屋管理局、武汉东湖新技术开发区管委会、武汉东湖新技术开发区自然资源和规划局、武汉东湖新技术开发区建设管理和交通局、洪山区自然资源和规划局等主管部门沟通交流。笔者时任学校办公室主任，多次陪同学校党委主要领导拜会省、市、区相关部门和领导，采取上门拜访，求教政策，请进学校，现场指导，资料审核，查漏补缺等形式，寻求政策支持。2022 年 6 月 22 日，笔者陪同校党委书记田辉玉一行赴东湖高新区管委会，区校双方职能部门就 15 号教工住宅楼项目不动产权证办理工作进行了深入细致的交流，区规划局、区建设局负责人分别就相关问题提出了建设性意见和推进方案。在学校的不懈努力下，经过多方争取支持，成功将学校教职工住宅 15 号楼纳入武汉市“不动产办理历史遗留问题”范围，破解了建筑手续不完备、资料缺失的历史难题。同时，由于政府职能调整，学校房改工作的审批权从省房改办转交到了武汉市住房保障和房屋管理局、土地权属从洪山区划归了东湖新技术开发区等诸多新问题，学校多次到有关部门沟通汇报，历时半年多时间，完成了南湖校区土地及房屋的测量、国有土地的分割、土地不动产证的换证、房屋管理权从洪山区划归到东湖新技术开发区的资料迁移等不动产证办理前期工作，并成功从东湖新技术开发区不动产登记中心取得了 15 号楼全部 216 份权属证明和 15 号楼裙楼及地下室的不动产证书，使不动产办理提上日程，变为现实。

为了让广大教职工少跑路、不跑路，学校多次在南湖校区家属区摆摊设点，并邀请东湖新技术开发区不动产中心工作人员、聘请专业律师来现场指导，收取资料、答疑解惑。对个别行动不便的老人提供上门服务，对家庭成员没有异动的全部实行代办。积极争取武汉市、区有关部门的支持，尽量到校内办理家庭成员有异动等特殊情况的不动产登记业务，让教师们不出校门就能完成房屋不动产证的办理。

2023 年 6 月 15 日上午，南湖校区教工房改房不动产证发放仪式在南湖校区尚美楼 1 号会议室举行。仪式上，学校领导向武汉市住房保障和房屋管理局、武汉东湖新技术开发区自然资源和规划局、武汉东湖新技术开发区建设管理和交通局赠送锦旗，学校领导、市区局领导为业主

代表发放了不动产证书。包括15号教职工住宅楼在内的300多户居民拿到属于自己的房改房不动产权证，高兴的心情溢于言表，大家纷纷在发证现场合影留念。

业主代表王金华教授高兴地赋诗一首：

今日颁发房产证，职工心情都高兴。

房改工作结硕果，党的关怀暖心中。

齐心协力办大学，学校明天更昌盛。

业主代表陶辉教授表示："感谢学校党委的坚强领导和办证工作专班的辛勤付出，拿到不动产权证书，解决广大教职员工的后顾之忧，今后将以更加饱满的激情和干劲投入工作中，为建设'美好纺大'贡献力量。"这番话道出了15号楼住户的感激之情。

二、分析与启示

党的二十大报告提出，要增进民生福祉，提高人民生活品质。实现"居者有其屋"，是千百年来人们怀揣的朴素理想，也是党和政府实现人民群众安居乐业的责任使命。小小房产证，作为房屋所有权人合法权利的凭证，尺寸虽小，却代表了国家对房屋所有权的法律保护。解决好办理房产证遗留问题，关乎群众的福祉和利益，体现的是学校党委行政的爱民为民之心。历史遗留问题既是一块难啃的"硬骨头"，也是一项政治任务和一件民生大事。由于复杂的历史原因，且适用法律法规曾不健全，历史遗留问题往往很难解决。然而，历史遗留问题不能永远遗留，有矛盾和问题并不可怕，可怕的是回避问题、推诿扯皮，对"旧账"视而不见、避之不及，以至于"旧账"拖成了坏账、呆账、烂账、死账。在着力解决"办证难"历史遗留问题上，我们要敢于担当、主动作为、攻坚克难，用"新办法"蹚出"新路子"，就"老问题"给出"新答案"。

（一）坚持高位推动，不再让问题"遗留下去"

要提高站位，增强担当意识，扛起政治责任，积极推进历史遗留问题的解决。客观上讲，"历史遗留问题"大都是难啃的硬骨头，其形成具有复杂性，其解决具有艰巨性，不可能毕其功于一役，但久拖不决，迟疑拖沓，消极懈怠，只可能把问题遗留得更久，把发展的步子拖得更慢。对待

“历史遗留问题”,要做到不解决不放手、解决不彻底不松劲、群众不认可不罢休。党员干部要立志把“历史遗留问题”解决在当下,让“历史遗留问题”在自己手中成为“历史”。历史遗留问题关系教职工的切身利益,学校发展大局与和谐稳定。各级领导要进一步提高思想认识,从学校发展大局和实际情况出发,正确对待和认识历史遗留问题,始终把群众的利益放在最高位置。要高度重视历史遗留问题,统筹谋划、精心组织,成立遗留问题领导小组,组建工作专班,统筹研究解决重大、复杂、疑难问题。加强经费保障,设立专项经费,保证推进历史遗留问题工作所需的经费。形成党委领导、专班牵头统筹、相关部门共抓的工作格局。

(二)坚持多方联动,新方法巧破老难题

历史遗留问题往往时间跨度长、涉及群众多、处理难度大。但再难,也要直面问题、勇于破解。各级领导要正视矛盾,深入基层调查研究,查找分析问题产生的原因,研究制定科学精准的解决措施,进一步凝聚各方智慧和力量,用心用力解决好历史遗留问题。积极争取属地党委、政府的支持,善于抓住国家政策支持的契机,积极向上级主管部门寻求政策支持。建立联席会议制度,定期召开专题会议,共同协商研究解决疑难问题;各相关部门和二级单位要精准施策、精准发力,从问题产生的源头加快解决历史遗留问题,确保今后不产生新的矛盾,不添加新的麻烦,不留下任何隐患。

(三)坚持高效落实,主动担当作为

坚持问题导向,分析历史遗留问题的成因,对症下药,制订针对性的解决方案,以“钉钉子”精神,锲而不舍,多渠道多路径分步实施。要主动作为,努力营造解决问题的良好氛围和环境。要把握主动,采取积极有效的措施、制定正确的解决方法。以务实的作风、科学的方法、过硬的举措,进一步强化责任落实,狠抓工作进度,逐件研究、逐项解决,确保历史遗留问题稳步化解、顺利解决,有力促进学校和谐稳定。

(四)建立长效机制,避免出现新的问题

学校基建处、资产处等各相关部门要梳理总结历史经验教训,规范建设项目管理,强化制度建设,坚持按章办事,充分调研论证,加强过程控制,进一步加大监管力度,堵塞漏洞,加强源头治理,避免出现新的历史遗留"问题房"项目。问题无处不在、无时不有,党员干部做工作、干事业就是要解决问题。"历史遗留问题"是高质量发展道路上的"拦路虎",是影响稳定的"绊脚石"。解决"历史遗留问题"是对党员干部的现实大考,考验的是智慧和胆识、是胸襟和格局、是作风和能力。党员干部要拿出敢于碰硬的勇气、功成在我的担当和务求实效的作风破难题、促发展。

如何做好高校大型会议活动的会务工作

一、案例介绍

会议是一种目的性强、组织有序、以口头交流为主要方式的群体性多向沟通活动。尽管各类会议的具体作用不尽相同,但作为实现领导意图、处理和决定问题的方式方法,任何会议都是为了达到一定目的而召开的。会议具有科学决策、宣传动员、总结部署、检查督促、调查研究、交流沟通、指导推动、密切联系等方面的作用。

高校所负责的会议一般从会议规模可分为大中小型会议,分别以人数、时长、级别作为分类标准;从会议内容可分为:一是部署工作,进行内部决策的工作会议,如中层干部会议;二是社会关注度较高,具有广泛影响力的学校会议,如校地合作协议签约会;三是教学类型会议,如开学典礼、毕业典礼;四是学术研讨性会议;五是工作完成之后的会议,如总结会、表彰会;六是务虚性会议。就某项工作的政治、思想、政策、理论等方面进行讨论的会议。会务工作主要包括会议的前期筹备及中后期的组织统筹协调人、事、物各方面,具备服务性、协调性及统筹性。

随着经济社会的快速发展和高校改革的逐步推进，高校规模不断壮大，与社会的沟通联系更加密切。会务作为解决高校内务外事的关键一环，其任务日渐繁重，内容日趋复杂，要求更为严格。高校办公室作为学校的综合协调部门，是学校各项重要会议的组织者和承办者，科学有效地开展会务工作，有利于塑造和维护学校的良好形象。

2024 年 4 月 27 日上午，2024 年湖北省属高校一流学科建设工作第一次推进会在武汉纺织大学举行。湖北省委常委，省政府常务副省长邵新宇出席会议并讲话。湖北省教育厅党组书记、厅长周静主持会议。武汉纺织大学、武汉科技大学、湖北大学、江汉大学分别汇报了一流学科建设推进情况及下一阶段工作计划。省教育厅、省发展改革委、省科技厅、省财政厅、省人社厅、省政府办公厅等部门负责同志，武汉纺织大学、武汉科技大学、湖北大学、江汉大学、长江大学、湖北工业大学、三峡大学、武汉工程大学、湖北中医药大学、武汉轻工大学、武汉体育学院等 11 所省属高校的书记、校长、学科建设部门负责人参加了会议。笔者作为学校办公室主任，会同学科建设办公室等部门精心做好会务工作，保证了会议的顺利召开。

（一）组建会务工作小组

接到会议通知后，我们迅速组建会务小组，设置综合协调组、联络组、接待组、宣传组、会场组、后勤组，明确各分组的具体职责，学校办公室负责协调组，学科办负责联络组、会场组，宣传部负责宣传组，后勤管理处、保卫处负责后勤组。在相关部门抽调工作人员，根据他们平时在工作中表现出来的特长，做到知人善任，人尽其才，把人员安排在合适的岗位，最大限度地发挥人力资源的作用。会务小组成立后，及时召开协调会，强调本次会议的重点和交代各分组的具体工作与职责，对每一个阶段工作提出要求，形成完整又详尽的人员分工责任机制。

（二）科学制订会议方案

会议方案是会议组织安排的总纲，科学合理、周详的工作方案，是做好会务工作的前提和基础。在思想准备上，会前深入学习省委有关一流学科建设通知要求，提高政治站位，夯实思想根基。在时间准备上，提早着手、超前谋划。实践证明,只有打出工作提前量,想在前、干在前,才能在会议筹办工作中争取主动,做到心中有数、忙而有序。

一是制订方案,要周密详尽。明确办会目的和办会重点,全方位地考虑各个环节,突出重点,明确主线,再合理安排会议议程,确保活动方案能够顺利实施,对于关键部分要反复思考再做敲定。及时掌握参会人员到会情况,遇到参会人员临近会前请假等突发情况,要及时修改会议方案和会议议程。如有代表乘车,需提前报备车牌号。

二是责任分工,要具体到人。方案要做实做细,每一项具体工作都要严谨细致,每一项具体工作都要明确到人。有人落实、有人检查、有人督促。不能出现遗漏。

三是检查落实。在会前对会议的各项任务和分工逐项推演,可采用依照工作清单排除的方式,确保工作没有漏洞、人员到位。例如:大型会议的通知一般都会提前发送,在前期落实出席人员时,或许会出现临时无法与会的人员,负责联络的人员一定要掌握好特殊情况,并报送大会主办方,及时调整,联络组人员在会议召开前一天发送温馨提示以作提醒。

(三)精心做好会前准备工作

会议方案,关键在于落实。会务工作就是保证会议如期顺利举办和闭幕的过程,那么如何保证这个过程有一个顺利的开端,也就是说如何做好会前的准备工作至关重要。要做好会务工作必须有目标、有计划,准备充分。会务工作的成效,主要取决于前期准备是否细致。会前准备工作主要包括以下事项:制定会议议程、日程和会议进度计划;做好会议通知的发送;准备会议材料,涉及领导讲话稿、总结性的材料、会议报告等,尽量提前送交领导修改、审阅。另外,应该做好会议文件材料的印制及分装工作;做好会场布置,主要包括主席台的设置、座次安排,以及会议用品(桌椅、茶具、音响设备、照明、通信、摄影器材等)的准备,都要提前备好;做好应急处置。开会前期要及时掌握参会人员到会情况,迅速通知未到场人员按时参会。如遇到参会人员临近会前请假等突发情况,要迅速调整领导座签和对应的文件资料。只有做好会前的准备工作,才能保证会议的顺利召开。

(四)周密做好会中服务

服务是做好会务工作永恒的主题,高校做好会务服务更是情理之中。

第一,做好会议报到签到工作。报到时确认对方身份,做好登记,井然有序地分发会议材料,热心解答与会者提出的疑问。当天上午,笔者陪同党委书记、校长在行政楼前接待各高校参会领导,将提前到会的领导引导到接待室休息。对参会人员到会情况做到心中有数,清楚每个单位的参会人员及座位序号。站在会场后面一看,就立即知道何单位何人没到会,便于及时联系。

第二,做好会议文件的现场发放及保密工作。现场发放的文件在会议前发放到每位代表桌上,保密文件需要对号打码发放并在会后及时收回,做到不错一字,不漏一份,不掉一人。

第三,做好会场服务工作。会议期间根据气温调整好室内温度、备好茶水等。根据会议的时长,适时为来宾添加茶水,并按照来宾的职务排序有序地进行。

第四,做好会议记录工作。会议精神、会议决定、重大事件的安排、发言者的观点和意见记载清楚,确保真实、全面、准确、完整地反映会议情况。

第五,做好会场秩序维护工作。会议召开时,在会议室门口安排专人值守,防止无关人员进入会场,保持会场秩序。遇到设备故障等特殊情况,马上启动应急方案,冷静、有序、灵活地处理,减少对会议的干扰。

(五)做好会后收尾工作

一次成功的会议,不仅要求有充分的会前准备,周到的会中服务,还要求有高质量的会后收尾工作,三者缺一不可。

一是善始善终,做好会后服务。主要内容有组织与会人员离场、回收会议资料、清理会场、清退会议文件等。组织与会人员离场,关键在于秩序和安全,我们安排专人引导与会领导先于会议代表离场,并在离场路线沿途安排引导人员,提醒参会代表有序离场,注意安全。

二是查漏补缺,及时进行会后总结。召集会务工作人员认真总结经验,寻找工作差距,对已有的会务工作流程、工作规则和服务指南等及时进行修订、增补，使之更加科学、规范。及时将会议文件、会议记录、音像资料以及会务工作方案、服务指南等一整套原始资料收集齐全，按规定归档管理，形成尽可能完善的资料汇编，便于今后查阅使用。

三是力求实效，抓好会后督查。对会议发言、讨论形成的有关事项以及会议期间的领导批示件等的办理情况进行跟踪督查，确保会议决定的各项事项和任务落到实处。

二、分析与启示

高校肩负人才培养、科学研究、社会服务、文化传承创新、国际交流合作的重要使命，是思想文化交流最密集的场所，提升高校会务工作水平，对高校各项工作顺利开展有重要的意义。会务工作是高校办公室系统日常工作的重要组成部分，同时也是展示学校风采、展示学校水平、展现学校成就的窗口门户，这就要求高校办公室系统工作人员从会务的实际要求和具体工作内容出发，学会换位思考，不断积累经验，努力提升理论水平和实践操作能力。只有这样，才能将会务工作规范化、科学化，才能适应学校的发展，为学校的高质量发展服务。

（一）加强会务工作的精细化管理

高校的会务工作十分复杂，尤其是在一些细节上更加需要精细化管理，达到高效节约、精简环节，切实提高会议效率的目的。会前，会议通知应按照会议要求将会议相关信息及时通知到每一位参会人员，通知内容要简单明了、信息准确，同时还需与参会人员保持密切联系，随时告知其相关重要事项。会中，要做好细致服务，有序组织签到，快速指引就座，提供茶水，面对会议的临时变动，及时请示、迅速解决。会议结束后要做好总结工作，发现问题、认真思考、总结经验、及时纠正。精细化管理是一种精神，更是一种现代化管理的重要理念。当前，高校在教学管理、科学研究、人才培养等方面举办的会议日渐频繁，将精细化管理引入会务服务工作中，牢记“细节决定成败”，在细节上下功夫，每一次会议、每一篇讲话稿件、每一个环节都要谨小慎微，考虑得细而再细，杜绝浮躁、粗枝大叶的习惯，在关注细节中体现认真、细致、严谨的工作作风，绝不能因为细节上的小问题而影响整体会议效果，切实保障会议活动圆满完成。

（二）注重会务工作的组织协调

会议举办得成功与否，关键在于会议的组织协调和安排。一场大型会务工作从阶段上划分，一般分为会前准备、会中服务、会后督办等，会务工作通常涉及多部门协作，具有时间紧、跨度大、任务重、头绪多的特点，协调工作贯穿整个环节。根据会议需要，联系相关部门做好会议安排，确定参会人员名单、按照职务顺序摆放座签，将会议议程、签字笔、草稿纸、茶水、矿泉水等整齐摆放于座位前，把播放影片和PPT文件等提前拷贝到电脑中进行演练，确保可以正常播放；还应提前做好参会人员用车统计并与保卫部门沟通，做好车辆引导和指定位置停放，确保参会人员车辆进出学校通畅、避免拥堵情况出现；如需用餐，应提前统计好用餐人数，与后勤部门协调用餐的时间、地点和标准；会议新闻稿的撰写和宣传，需要提前告知宣传部门准时到场，在会议现场拍照和记录。

除此之外，在会议开始前还需清点参会人数、做好签到工作，如临近会议开始还未到者，打电话询问是否有其他特殊情况，然后向相关领导汇报会议的出席情况，确保会议的正常开始，其间还应注意安保工作，安保人员要在会场周边待命，确保会议的安全有序。作为会议组织者在具体工作中，既要强调统一指挥，又要推行分工协作、分块负责、分兵作战。对于固定步骤，要按部就班开展，做到忙而不乱，有序推进；对于突发状况，要主动介入，尽快统筹协调解决，切不可视而不见，或者绕而行之，让小问题演变成大事故。

（三）增强会务工作的服务意识

服务是会务工作永恒的主题，彰显高校服务更在情理之中。高校的会议按照规模划分，可分为大型会议，如开学典礼、运动会、元旦晚会等；中型会议，如中层干部会、教学科研表彰会等；小型会议，如学校领导班子会、部门工作会等。开好每一次会议，要求会议工作人员不仅具备足够的会议管理能力和素养，更要具有吃苦耐劳的工作态度和以人为本的服务意识，要做到充分准备、周到服务和确保安全。在会议工作中，工作人员也会遇到各种各样的困难和挫折，时间久了很容易产生懈怠的工作情绪，所以在遇到困难时，大家还应以学校工作为重，多站在别人的角度考虑问题，多一分理解，少一分抱怨，时刻保持认真和负责的工作态度。会务工作的服务意识还表现在做好会前筹备、会中管理、会后反馈等环节，保持认真的学习态度，做到善于自学和互学，只有通过学习才能进步，提高工作效率，提高业务水平。

会务工作是高校办公室工作的重要一环，要求办公室人员从会务工作的实际要求和具体工作出发，不断积累经验，同时注重会务工作的技巧与艺术性，组织好、服务好、落实好会务工作，让领导满意、与会代表满意，将会务工作做到规范化、科学化，以适应学校的高质量发展需求。

地方高校如何做好公务接待工作

一、案例分析

随着我国社会经济的高速发展以及高等教育教学改革的不断深入，高校同社会之间、高校同高校之间的联系越来越广泛，合作与交流也越来越多。接待工作不仅是校内校外沟通的桥梁，也是展现学校办学实力和学校形象的窗口。现如今，接待工作并不仅仅局限于简单的迎来送往，更是体现学校办学能力的关键环节，是对外展示学校办学水平的重要途径。高效、优质的接待工作不仅能维护学校良好的形象，也能给来访嘉宾带来好的印象，赢得来访者的赞赏。

然而，若考虑不周到或者不小心造成失误和疏忽，会不利于接待工作的顺利开展，甚至会带来严重的负面影响。如何在新形势下，进一步落实好中央八项规定，严格执行务实节俭、高效透明的公务接待工作，推动公务接待工作向规范化、良性化方向发展，努力实现落实公务接待规定与提升公务接待效果的“双赢”，是摆在我们面前的重要课题。

2024 年 4 月 19 日上午，中共郧西县委主要领导带队，率访问代表团一行 30 余人来武汉纺织大学调研交流，洽谈校地合作事宜。代表团中有县级领导 10 人，郧西县委办、政府办、教育局、人社局、农业农村局、乡村振兴局、文旅局、民政局、水利和湖泊局、招商服务中心、国资服务中心、新时代文明实践中心相关负责人和当地相关部门工作人员20余人。我校党委书记田辉玉、党委副书记黄国辅、副校长姜明华出席相关活动。学校相关部门负责人、郧西籍学生代表40余人参加活动。期间,举行了郧西县捐赠的织女雕塑揭幕仪式,参观了纺织科技馆,校地双方就推动深化合作进行了座谈交流,并签署了校地合作协议,中午代表团一行在学生一食堂用餐。整个接待规范高效,得到了来宾的好评。

(一)规范操作,周到细致

制订了详细的接待工作方案,认真细致地做好接待准备工作。接待的时间和地点、参观的路线、客人的餐饮、参加接待的人员等都事先确定好,每一个环节、每一个细节都考虑周全,准备充分。接待工作既平常琐碎,又严谨重要,涉及面较广。首先,了解清楚郧西来宾的职务和职级,以便确定接待规格。来宾是县委书记带队,县"四大家"领导10人,属于高规格接待。按照尊重、平等的原则,一般要求规格对等,即安排与宾客身份、职务相当或略高一级的人员接待,还需要参照对方在接待我方身份相仿者时所采用的具体礼宾规格。2023年7月,我校代表团曾到郧西调研,该县县委书记全程陪同,受到高规格的接待。所以,此次我们安排的是学校党委书记、党委副书记和一位党委常委、副校长出面接待。在接待过程中,根据接待工作方案逐一认真实施,一丝不苟,滴水不漏,确保接待工作中的每一项内容都落实到位。接待人员树立安全意识,增强保密意识,不泄露单位接待活动安排,不泄露来宾信息。接待任务完成后,及时认真总结,找出存在的问题,提出改进的措施,精益求精,不断提高接待工作水平。

(二)高效机动,紧张有序

虽然接待工作方案事先已经制订好,但在实际接待过程中,常常会有一些突如其来的事情发生,如郧西县来宾的人数有变化、来校时间多次调整,当天到校时间推迟了半个小时,参观考察路线临时做了调整等。这些事情的发生都具有突然性,要求我们在短时间内迅速做出正确的判断,采取行之有效的应对措施,确保接待工作顺利进行。这次接待郧西代表团,适逢谷雨时节,天气预报有雨,我们根据当天的天气情况把原本安排在参观后面在露天广场上举行的织女雕像揭幕仪式提前，果然，刚完成揭幕仪式不久，就下雨了，此后我们的参观和座谈活动均在室内进行，影响不大。因此，对于接待人员而言，一是要头脑灵活，随机应变，遇到情况发生变化时，要及时请示沟通，根据需要迅速调整接待方案，并尽快通知参与接待的有关部门和人员；二是要沉着冷静，准确掌握不断变化的情况，及时果断处理，切忌惊慌、急躁；三是要高效工作，雷厉风行，保证各项应对措施迅速落实到位。真正做到有条不紊、忙而不乱。

(三)服务热情，仪表庄重

学校能否给来宾留下良好的印象，除了看学校本身的发展水平外，接待人员的素质也是一个重要因素。在接待过程中，接待人员要注重接待礼仪，着装符合礼仪要求，操作规范标准，举止庄重大方，言谈热情文明，注意把握分寸和尺度。对来宾提出的任何问题或要求，都做出热情、礼貌地回应，做到朴实、热情、真诚，使来宾有宾至如归的感觉。

接待人员在接待中的礼仪表现，不仅关系到本人的形象，还涉及所在单位的形象，因此接待礼仪历来受到重视。接待中的基本礼仪如下：引导客人，要先向客人指示前行的方向，在客人左前方一步左右的位置引导，并在进行过程中注意调节氛围。上楼梯，应当客人先行，自己走在客人的左后方。乘电梯，如果无司乘人员，接待人员应该先进后出，在电梯中按住开关等客人进入或走出；如果有司乘人员，接待人员要后进后出。走旋转门，接待人员不要与客人走同一扇门。进入会客室，进入前应当敲门，确认无人后再领客人进入。如果会客室的门向外开，接待人员应当拉开门，请客人先进；如果门是向里开的，则接待人员应推开门先进，用手扶住门，请客人进入。如果引导客人到领导(或其他被访者)办公室门前，一定要先敲门，经允许后方可进入。上茶水，领导与客人谈话时，接待人员端茶进门要轻轻敲门。先给客人上茶，后给主人上茶，从职位最高者上起。

送客要领：送客人下楼梯，要走在客人的前面。和领导一起送客，要在领导稍后一步。送客人到电梯，要为客人按住电梯按钮，在电梯门关上之前与客人道别。送客人到大门口，要等客人乘坐汽车开出自己的视野后再转身离去。送客人到机场、火车站、轮船码头，客人驶离要面向对方挥手致意，在对方离开自己的视线后方可离开。

二、分析与启示

高校公务接待工作是展示高校管理水平和对外形象的“显示器”，是高校行政事务的重要组成部分，也是高校管理干部日常行政管理工作中最常见的事务之一。其主要包括外单位人员（外宾）来校参加会议、考察调研、执行任务、学习交流、检查指导、学术交流、讲学等公务活动时，对专家或领导的接待与服务工作。公务接待工作具有主题性强、流程性强、细节性强、联动性强、机动性强和涉及面广的“五强一广”的显著特征。国内公务接待应当坚持利于公务、务实节俭、严格标准、简化礼仪、高效透明、尊重少数民族风俗习惯的原则。能否做好接待工作，不仅事关接待事项本身的成败，也影响着高校和所在单位的形象，还体现着接待人员的能力和水平。在新的形势下，高校管理干部要主动适应时代发展变化，在继承中发展创新，提倡特色化定位、有序化运作、个性化服务、协作化完成，使接待工作向着更高的目标和层次迈进。

（一）健全制度，按章办事

党的十八大以来，新一届中央领导集体对公务接待活动出现的问题高度重视，中央八项规定和《党政机关厉行节约反对浪费条例》对规范和简化公务接待提出了明确要求。2013 年，中共中央办公厅、国务院办公厅对 2006 年印发的《党政机关国内公务接待管理规定》进行了全面修订，旨在解决党政机关国内公务接待活动中存在的突出问题，完善制度和标准，创新管理机制，推进社会化改革，强化监督问责，为加强党政机关厉行节约反对浪费工作，改进工作作风，为树立党和政府的良好形象提供有力支撑。高等学校应根据或参照这一规定，结合本地区、本校的实际情况，制定本校的具体实施办法，并严格执行，使接待工作制度化、规范化、科学化，做到接待工作有章可循、有法可依。此外，还要加强监督，使接待工作公开化、透明化，防止在接待过程中滋生腐败行为，维护学校领导班子及接待干部的良好形象。

（二）树立“大接待”理念

完成公务接待是一项系统工程，大型接待更需要统一部署，有效管理，协同完成，保证接待工作整体指挥有力、运转协调、反应迅速、高效规范。

一是要加强沟通协调，形成协同工作机制。做好对上、对外、对内的沟通，及时了解来宾和领导的意图；做好职能部门间的沟通，及时报告来宾情况及接待要领，取得职能部门的支持与配合；如保卫处负责来宾车辆的放行和停放安排，后勤处负责接待场所的清洁卫生和花卉摆放，宣传部负责摄影报道，所在单位领导和专家负责讲解等；是做好下级沟通，让接待人员按最新要求完成各项接待工作，达到繁而不乱、忙而有序。公务接待人员要善于从大局着眼、小处入手，在“细”字上下功夫，做好每一个细小环节、每一件细小琐事，做到“以小见大”，增强接待效果。

二是要精心统筹安排，建立工作联动机制。健全完善公务接待工作制度，制定规范化服务标准，规范接待程序，努力做到工作流程明确、人员操作得当，服务规范到位，积极推进接待工作流程化和服务规范化建设。通过协调会，明确分工、明确职责，建立以学校办公室或接待部门为主导，以对口单位及相关部门为依托，以宾馆、参观考察点为载体的联动机制，确保思想上重视，力量上保证，工作上落实，达到领导指挥有力、衔接统一、上下贯通、左右协调。

三是要加强督促检查，推动工作落地落实。接待方案确定后，工作人员要严格按照日程安排程序化运作、规范化操作、个性化服务、专业化接待，确保接待工作的各个环节自然衔接、紧凑有序。必要时，可以根据各个环节要点制作接待清单，来宾抵达前“地毯式”检查各个要素，保证接待过程的连续性和稳定性。同时，对接待过程中可能出现的不确定因素要制定预案。一旦接待任务发生变化，接待部门要及时启动应急措施，第一时间把信息和指令传递到相关单位或人员，做到应变有序、机动高效。

（三）细化公务接待内容

高校在进行公务接待工作的过程中，既需以平常心对待每位来宾，也需要具体问题具体分析，提高每位来客的满意度。因此，高校接待人员在接待时，要有针对性地提供接待服务。在构建起高校接待工作大格局前提下，明确各个部门的职责，清晰划分工作人员的具体工作内容，进一步优化整合资源，针对接待群体制定工作“套餐”，标准化接待流程，结合考察、参观地点，细化具体路线、讲解内容、交流提纲。保障接待效果，提高接待效率。树立精细管理理念，提倡有序化运作。接待工作本身的性质决定要树立精细化管理理念，细节决定接待工作成败，接待工作的每一个步骤、每一个环节、每一个细节，必须深思熟虑、周密部署、有序落实、谨慎行事，才能确保接待工作“高标准、零失误”。

一是要方案设计精细化。接待工作方案要严格按照单位接待制度制定，秉持“热情友好、细致周到、对等接待、文明节俭”的原则，明确审批程序，规范接待过程。接待人员对进入接待对象视野的空间范围内都应有所考虑，特别向接待对象展示或与之密切相关的环节要全程模拟演练，不放过每一个细节，选择最佳方案，及时弥补可能出现的疏忽；每一项工作都细化到具体单位及责任人、完成工作时间及工作标准，以及接待人员督查情况等。针对接待方案中的迎接、考察、陪同、会议、膳食、住宿等重要环节，都需要仔细斟酌、反复考虑，确保万无一失。

二是要流程制定精细化。接待工作流程主要是根据来宾考察目的、接待要求等要素制定的来宾接待日程安排。这需要接待方与来宾联系人反复沟通，并多次向本单位领导汇报才能完成，最迟在来宾抵达之前定稿，以便接待方与接待对象都对接待安排心中有数，特别是接待人员要对接待日程中的各个步骤与环节做好充分准备，防止因信息不对称，导致突击应对，手忙脚乱。接待日程中的各项活动安排要科学化、精细化，并将来宾吃、住、行及参观考察活动有机、合理地串在“接待链”上，每一个环节、每一个细节都考虑到位，落实到位，预案到位，确保与主题吻合、环环相扣的“无缝隙接待”。

三是要落实服务精细化。接待工作属于事务性工作，更多的是服务来宾，需要一支讲政治、精业务、懂礼仪、肯奉献的专业化接待队伍。接待人员要严格按照领导意图办事，按照接待程序落实，不能自作主张，越位办事，更不能自由散漫、挑肥拣瘦。热情迎客、诚恳待客、礼貌送客是公务接待的三大流程，每一个环节都至关重要，要确保接待的连续性和稳定性。

（四）体现校园文化特色

高校的领导和接待人员要改变“接待好就是让来宾吃得好、住得好”的陈旧思想，摒弃高消费的理念，将勤俭节约的美好传统进一步深化发扬，主张大家把更多的时间放到提升自身的服务水平上来。打造接待工作中的文化特色，在充分考虑来宾意图及接待方相关情况的前提下，将校园文化作为接待工作的灵魂，贯穿于接待全过程，为接待工作注入生机和活力，提升档次，打造品牌。众所周知，校园文化的形成需要长时间的积淀，绝非一蹴而就，在长期的积累过程中，必然形成有别其他高校的校园文化，其实质就是人无我有、人有我特，可以将校园文化标识、地标建筑、校史馆、成果荣誉等作为硬文化依托，将大学精神、工作理念等作为软文化依托，深挖校园文化特色服务，开发文化型服务，培育特色服务品牌，提升公务接待活动的生命力。

首先，接待人员是体现校园文化特色的首要因素。接待过程中，接待人员是接待方的“第一面孔”“第一窗口”“第一名片”，接待人员的精神风貌直接影响接待方的整体形象。接待人员要学会用微笑诠释接待工作的内涵，用真情展现接待人员的风采，用自信、干练、大方、热情的状态体现学校的精神文化风貌。

其次，在参观、餐饮、住宿等方面精心设计，更多地选择体现校园文化特色。如涉及来宾参观路线，要立足校园特点，依托国家重点实验室等平台、非遗文化传承基地、校史馆，充分展现学校科学研究、文化创新最新成果，努力设计出展现学校特色的线路；在接待手册和宣传品等方面，图文并茂地展示学校最有特色的亮点；在餐饮方面，更多利用绿色食品，挖掘地方特色菜肴，以“土而特”“少而精”为宜，及时上菜，避免长时间等待尴尬；在住宿方面，尽量选择环境设施完备、周边空气清新、安静舒适的住地，为接待对象营造住得温馨、吃得放心、看得用心、听得舒心的良好氛围。

最后，在礼品设计方面体现校园文化特色。礼品赠送在一定程度上拉近人与人之间的关系，具体根据往来情况而定，礼品应有学校特色，而不一定要贵重。

（五）提高接待人员素养

高校可以采取讲座培训、经验交流等多种形式，组织办公室系统人员开展公务接待学习培训，尤其是学习党的路线方针政策和业务知识。高校每个季度或每半年，可以聘请资深人士对相关部门的接待人员进行培训，宣传最新的政策理论，检验他们的接待水平和能力。在学习的过程中，领导干部要结合政策方针，不断创新学习模式，利用现代信息技术手段来提高整体的学习水平，提高政治服务技能。此外，接待工作人员需学习基础的礼仪知识，做到妥善安排每一次的接待活动，提高自己的整体业务水平。

通过学习培训，接待人员应做到“四个坚持”。一是坚持公务接待工作具有政治性、服务于大局。公务接待是一项服务于大局的重要项目，具有敏感性与政治性。这就要求公务接待工作打破传统的接待工作模式，放眼全局，体现接待的政治性。二是坚持公务接待工作是形象、窗口。接待工作是本单位高质量发展的载体，也是体现接待工作作风与干部精神面貌的重要窗口。尤其是接待好宾客，对展示学校形象具有重要意义。三是坚持公务接待工作是桥梁、纽带。通过公务接待工作，不仅为上级领导了解下级搭建渠道，也为兄弟单位之间搭建起沟通交流的桥梁与纽带。四是坚持公务接待工作是服务、管理。接待工作以服务为核心，坚持以人为本、以客为尊的原则，从细节入手，通过有效的管理，为公务接待工作提供有力依据，确保公务接待工作顺利完成。

总之，高校公务接待工作是高校整体工作的一部分，是为人才培养、科学研究、社会服务和文化传承服务的，做好高校公务接待工作就是为高校建设作出应有的贡献。因此，高校管理干部要充分认识公务接待工作的重要性，树立大局观、长远观、整体观，把公务接待作为推进高校整体建设的一部分，并在做好公务接待工作的基础上服务高校的整体工作。

高校如何依法处理学位争议

一、案例介绍

2013 年 9 月，学生唐某通过高考被武汉某高校录取入学，在大学二年级时转入另一个专业继续学习。2017 年 6 月毕业之际，唐某实际完成必修学分 124.5 分，距离毕业最低学分要求相差 2.5 分，主要原因是其转专业后，未修读转入新专业大学一年级安排的一门必修课程，因此未能按期取得毕业资格而延迟毕业。

2017 年 9 月，唐某报名重修此课程，因其提交的作业为网上抄袭，任课教师通过邮件告知其作业属于抄袭。2017 年 12 月，唐某再次提交课程作业，但其 2018 年 1 月才与任课教师取得联系，提出准备去教务处领取重修单，但此后并未提交重修单。2018 年 3 月 20 日上午，学校教师再次通知唐某返校重修，唐某此时才提交往届生重修报名，提交的作业得分 85 分，取得学分 2.5 分，2018 年 4 月，唐某以往届生身份通过重修，完成了该必修课程，取得毕业资格。学校向其颁发了毕业证书(结业证换毕业证)。此后，唐某并未就颁发学位证事宜向学校提出申请，也未就不予颁发学位证书向学校提出申诉。

直至 2022 年 11 月，唐某因工作事宜才与学校联系，要求学校为其提供学位证书，学校根据本校《普通本科毕业生学士学位授予办法》第四条规定，即应届本科毕业生应当在毕业当年申请学位，告知其不符合颁发学位证书的条件。2022 年 11 月 17 日，该生原毕业学院出具《证明》称："兹有唐某，系 ×× 大学 ×× 学院 2017 届毕业生。该生在毕业时学分已修满，各项成绩合格，符合学位授予条件。因错过学位授予时间，未能授予学位。特此证明。"2022 年 12 月 7 日，学校教务处学籍科出具《证明》载明："根据《×× 大学普通本科毕业生学士学位授予办法》规定，'应届本科毕业生应当在毕业当年申请学位，此后学校不再补授学位'，该生无学位授予资格。特此证明！"

2023 年 3 月 17 日，唐某向法院提起诉讼：一是请求判令撤销其毕业学院 2022 年 11 月 17 日作出的关于其错过学位证书授予的《证明》；二是判令学校在 30 日内组织院、系学术委员会对其学士学位资格进行审核并向其颁发学位证书。针对前述情况，学校采取了以下应对措施。

(一)领导高度重视，依法依规维护学校合法权益

案例事件发生后，学校领导高度重视，迅速作出批示，由涉案单位成立工作专班，学校办公室分管法律事务的副主任负责做好法院、律师事务所、涉案单位之间的协调工作，积极应诉以维护学校合法权益。一是全面调查法律事实。迅速通知涉案单位查明事情经过，收集整理原始工作记录，形成书面情况报告和证据材料清单；二是及时提供法务支持。指导涉案单位依照有关规定聘请法律顾问，工作专班多次召开内部专题会议，邀请律师参与研讨分析案情，提供专业的法律服务和指导；三是做好综合协调督办。全程协调督办涉案单位协助律师按法律规定的程序和时间节点完成案件诉讼工作，并及时将案件进展情况向校领导汇报。

(二)吸取经验教训，优化完善教育教学有关工作制度

针对“学分没修够，无法授予学位证或者毕业证”的问题，教务处优化完善校院两级教学管理制度。

(1)学校层面。教务处每年在学生大三下学期和大四上学期开展毕业学分清查专项工作，提醒学生关注自己的学分获得情况；同时，每学期开学第 1—2 周发布“学籍预警”的通知，对挂科门数或者学分达到学籍预警程度的学生，按红、橙、蓝三个级别进行当面约谈并送达书面文件。

(2)学院层面。一是加强新生学籍管理教育，由学院分管教学副院长或教学秘书开展学籍教育，逐字逐句讲解相关规定，重点讲解“转专业”“毕业资格”“学位授予”等内容。二是优化教育管理工作流程，由专业教研室主任、教学秘书、辅导员与预警学生进行面对面谈话，督促学生提交书面学业规划书并签订学籍预警通知书，按教务处选课通知及时申请重修，有关台账材料均按学年学期分别归档，指定专人负责。针对学籍重点关注学生，加强家校联系，邀请其到校商讨学生学业规划。

2023 年 8 月 14 日，法院一审认为原告已经超过法定起诉期限，且无超期起诉的正当理由，驳回原告唐某的起诉。2023 年 8 月 22 日，唐某请求二审法院依法改判。2023 年 11 月 17 日，法院二审驳回上诉，维持原裁定，且此裁定为终审裁定。

二、分析与启示

上述因“必修课未修”导致学生无法按时获得毕业证或学位证的案件，在高校行政诉讼中十分常见。此类案件主要因学生本人对所在专业的人才培养方案或教学管理相关规定缺乏基本认识而引发，一旦面临自己没有毕业证或学位证而无法办理入职或者深造等不利后果，就会投诉或者起诉学校，使学校在舆论、信访或者法律诉讼方面面临压力。

（一）正当程序的正视与构建

自“田永案”发生后，高校学位纠纷诉讼不断。紧随其后的“刘燕文案”同样备受关注，其重要原因之一就是这类案件引发了对“正当程序原则”的激烈争辩。然而，几十年过去了，高校作为汇聚众多人才的知识殿堂，却依然缺乏对程序设定重要性的关注。正当程序原则缺失、模糊性兜底性条款过多、具体程序设置严重不足等问题，导致高校管理时常面临对程序的质疑。

一是明确正当程序原则是实现合法性审查的重要途径。通过明确正当程序原则在高校学位纠纷解决适用中的地位，力图达到司法审查与高校办学自主权之间的平衡。二是明确正当程序原则是高校自主管理的切实保障。《普通高等学校学生管理规定》第五十六条明确规定，对涉及学生重大利益的事项进行处理时，应当首先进行合法性审查。合法性最具体、最细节的体现就是程序的设定和执行。三是要将正当程序确定为高校开展学生管理活动的基本原则。具体就高校而言，应当在学校章程、学位授予工作细则等文件中增设正当程序条款，相关条款可具体表述为，“高校开展 ×× 工作应当坚持正当程序原则”。

（二）高校自主授予学位具有合法性

首先，我国的办学许可证既对办学层次进行了审批，也对学科领域进行了考核。高校一旦获得办学许可证，就意味着获得相应学位的授予权，学位授予权应与招生权、学籍管理权等一样，属于法律规定的高校办学自主权。其次，高校学位授予权不同于毕业证书颁发权，是高校的一项办学自主权，司法和实务层面都对此有所体现。法院对于学位授予只进行了程序性的审查，并不代替高校进行实质性的决定，充分尊重了高校在学位授予中的自主权和独立性。

（三）“学位授予”的校内制度还亟待完善

一是提高规范性文件制定的参与度。学生参与大学内部治理是大学治理体系和治理能力现代化建设的重要表征，大学章程是大学治理实践在制度层面的重要依据，能够反映大学治理的基本状况。不少高校已成功开辟了一些学生参与大学治理的渠道，如校长信箱、校长答疑课、校领导接待日等。但是，对于学生参与的相关规定在内容上较为笼统，对学生参与核心领域的内容，如参与路径与操作机制等的说明还不够深入细致，学生权利的行使和行使范围还未厘清。

二是提高对规范性文件制定与实施的透明度。特别是在关系到学生切身利益的方面，如“转专业”“学籍预警”“毕业资格”“学位授予标准”等规定的制定与实施，除了要符合法律的一般原则和行政法的基本原则外，还应具有高度的透明度，保证每一个学生有权获得与自己利益相关的信息。学校制定相关规范性文件时，应在校园各个平台进行公示，接受学校内部各组织和各主体的全程监督。譬如，学校教务处对每年因各种原因拿不到毕业证或学位证的学生情况，依据公示公信原则，以文件的形式在官方网站发布；同时，在制定、公示和实施的过程中，确保学生的建议、申诉等权利。

三是加强学位授予全方位全流程管理。（1）精准掌握教育教学相关制度规定。各学生培养单位主管学生教学工作负责人、学科（学位点）负责人、思政导师、教学秘书等学生培养管理服务人员，应定期认真学习国家相关文件以及《学校学位授予工作细则》等规定，精准掌握学位授予全流程的各项规定与基本要求，熟悉教务信息系统相关操作流程，保证学位管理工作质量。（2）充分利用信息化技术赋能教学管理。在实际工作中，“是否能证明通知到本人”是学校处理“学位授予”“毕业资格”等纠纷的关键。教务处通常直接向各个学院教学秘书发布通知，教学秘书再传达各专业各班的学习委员，而工作沟通渠道主要是QQ或者微信群，相关信息容易因“刷屏”而漏看，工作痕迹不连续、不规范，容易引发争议。在信息化时代，可利用信息技术提升教学管理质效。例如，涉及学生切身利益的事宜，可以通过教务系统在每学期初和学期末，设置标识鲜明的弹窗予以提醒，查看成绩、期中期末评教时，设置用户登录必点“确认已读”功能键才能使用系统，全方位、全流程、全覆盖，避免纠纷的发生。

高校对受教育者有进行学籍管理、奖励或者处分的权力，有代表国家对受教育者颁发学历证书、学位证书的职责。高校和受教育者之间属于教育行政管理关系，受教育者对高等学校涉及受教育者基本权利的管理行为不服的，有权提起行政诉讼，高等学校是行政诉讼的适格被告。高校涉诉案件持续增多，暴露出我国高校一方面对新《中华人民共和国行政诉讼法》未做好充分准备，特别是涉诉部门的法治意识亟待加强；另一方面，高校教育管理工作，尤其是涉及信息公开工作的规范化、程序化、法治化建设刻不容缓。因此，在“学位授予”“毕业资格”方面，高校在制度、程序上的不足，以及学生规则意识上的欠缺，需要各方多维度共同重视并不懈努力，才有可能早日突破困局，不断提高依法治校的能力和水平。

高校如何管理好校长信箱

一、案例介绍

“校长信箱”是学校党委行政联系师生员工的一种渠道，即学校信访信息系统管理平台。校长信箱是广大师生与学校建立沟通联系、反映存在问题、寻求支持帮助、提出意见建议、参与办学治校的重要载体，建设好、运行好、管理好校长信箱对回应师生关切、促进学校发展具有重要意义。为深入学习贯彻习近平总书记关于加强和改进人民信访工作的重要思想,全面提升依法依规开展信访工作的能力和水平,武汉纺织大学"校长信箱"实行由学校党政主要领导负总责,分管信访工作的领导牵头,其他领导配合的领导责任制。"校长信箱"工作受学校信访工作领导小组领导,日常工作由信访工作办公室负责(以下简称"信访办"),挂靠学校办公室。

武汉纺织大学"校长信箱"经历了四个发展阶段。第一阶段是以纸质信件为载体,将信件邮寄或投放到固定地点设置的信箱中,学校在线下予以书面答复。第二阶段是依托传统意义的电子邮箱,收信和复信均通过邮件方式传送,但从后台办理模式来看,信箱所有收到的来信均需打印后再进行纸质公文流转,并在线下征求相关部门意见进行答复。第三阶段是依托"一网通办"系统(OA),将邮件功能植入网站信访系统板块中,来信人按照表单提示填写信息后直接提交,信件的收取、办理及答复均通过OA系统流转,实现了"外网受理、内网办理"的全流程网上操作。第四阶段是信息化智能化阶段。2022年4月,笔者调任学校办公室主任后,对"校长信箱"进行了全新改版。随着移动互联网技术的兴起,校长信箱在PC端的基础上增添了移动端接口,学校新版"校长信箱"手机移动端(企业微信)上线运行,信访渠道进一步畅通,手机移动端平台可自动导入来信人工号(学号)、专业班级、手机号码等信息,实现了来信人实名认证。同时,学校信访工作人员可以通过企业微信移动OA随时办理信访事项,打破了办理设备和空间的限制,实现了双平台收件、流转及答复的功能,信访事项办理更加精准便捷高效。

(一)完善校长信箱的系统功能

在校长信箱页面,学校发布了校园服务电话,引导广大师生通过来电反馈并解决问题,涉及后勤、教学、治安、学生工作等多方面内容。在写信环节,加入了注册登录步骤,必须通过真实手机号获取验证码注册,信件办理情况将通过短信发送至该手机号,从而实现精准对接和精确处理。在收信环节,信访系统自动为来信生成"武汉纺织大学信访审批单",对来信登记信访编号、时间和类别,方便存档备案与查阅。管理员可以修改完善信件类别和问题类型,目前设置了政策咨询、意见建议、投诉、感谢信和其他 5 种类别,以及校园安全、后勤保障、教学管理、基础设施、团学工作、招生就业、疫情防控、师德师风和其他工作 9 种问题类型。在办信环节,一是规范来信受理与审查,严格落实“按责转办、限时办结、强化监督”的工作机制;二是压实首办责任制,根据来信内容确定牵头办理单位和责任部门;三是实行限时办结制,原则上承办单位应在收到来信后的 3 个工作日内答复;四是依据信件办理情况设置了“待办信件”“在办信件”及“办结信件”模块,供信件承办人进行针对性选择;五是为便于管理员及时了解信件办理和回复情况,设置了“信访管理”模块,可随时导出、查阅、收回、修改相关信息。六是为强化信件办理监管,还设置了“催办”流程,同时利用 OA 系统的流程管理功能,使未办结的信访件始终保留在“待办事宜”栏,一日不办结,一日不消失,让“机器”烦人而不是“人烦人”,潜移默化让信访件办理成为领导干部每日必关注事项。在复信环节,设置进度查询板块,信访人可登录查看进展,建立满意度评价制度,由来信人对办理情况进行满意度评价。

(二)优化校长信箱的流程设计

本着提升效率、强化质量和以人为本的原则,学校不断优化校长信箱办理流程,并对每一环节的工作,均明确责任人和工作职责,层层落实责任,逐级传递压力,以提高信件办理的时效性和规范性。收到来信后,信访办管理人员研判来信内容,如果涉及单个单位业务工作,则直接批转到该单位办公室主任,并同步传阅给单位相关领导,办公室主任将回复意见经单位主要负责人审核同意后直接对外回复,提高信访处理的效率。如果涉及多个单位业务工作,管理员则批转到多部门的办公室主任,并传阅给各单位相关领导,经各单位主要负责人审核同意后,学校信访办集中研判整合回复。同时,对于内容敏感或涉及面较广的信件,还将传阅给分管该业务的校领导,特殊情况还将传阅给学校主要领导。

(三)定期分析来信,编辑每月信访简报

信访办每月初定期统计分析上月“校长信箱”来信情况,汇总形成每月信访工作简报,以工作简报的形式,定期向学校领导汇报有关情

况。信访工作简报主要分为三大版块：一是工作动态，梳理上月来信途径和数量，反映问题类别；二是工作重点，详细描述重要信访件、难办信访件以及涉及师生切身利益的信访件；三是上月来信统计表电子版，作为附件供领导查阅。

（四）加强各部门协调联动

在实际工作中，有时会遇到信访反馈诉求涉及多个部门且非常棘手的信访件，这时候就要发挥信访联席会议的作用，通过协调联动，加强各部门间合作，通过召开座谈会、现场办公等形式广泛听取来访人意见，争取有效解决问题。比如，2023 年 11 月 27 日上午，学校 4 名离退休教职工到学校信访办反映南湖校区 1 ~ 4 栋教职工宿舍住房噪声扰民，影响休息等问题。学校信访办高度重视，第一时间协调资产处、研工部、后勤保障处、国际学院相关负责人召开协调会，经过会议协调，资产处积极推进学校住房制度改革工作管理权划转到省直房改办，尽快启动入户评估，尽早为他们调换住房，同时资产处将派人实地查看，如学生宿舍空调外机安装位置不合理，则调整外机位置；研工部于当晚 11：00 后对 1 ~ 3 栋研究生宿舍学生情况进行检查，研究生均已正常休息，没有制造噪声等扰民情况，后续研工部将持续关注；后勤保障处已与来访人员现场沟通，在中午休息时段关停附近食堂抽油烟机系统；国际学院将继续加强留学生作息时间观念教育，确保夜间休息时间段再无留学生吵闹现象发生。

二、分析与启示

随着高等教育法治化和社会民主化进程的推进，学生在大学的主体地位受到前所未有的关注，学生参与大学内部治理日益成为高等教育改革和发展的重要内容。在信息化时代，互联网为人们表达意愿、实现社会参与提供了重要保障。特别是互联网的开放性、交互性、共享性等特点，伴随着互联网成长起来的新时代大学生，他们的生活与互联网已经高度融合，对于通过网络参与社会治理、表达个人思想、实现社会交往等有着先天的适应性，进而他们对于通过网络参与大学内部治理有着浓厚的兴趣。为此，大学应该通过搭建较为便利的网络平台，为学生参与治理提供保障。研究发现，目前我国大学为学生参与提供的网络支持比较普遍，其中大学开通校长信箱、书记信箱等的较为多见，对此学生的接纳和认可度也较高，认为校长信箱能够在实践中发挥作用。“校长信箱”是学校师生员工和社会公众向学校领导、院系、部门反映学校情况，提出意见、建议的一个重要渠道，是促进学校办学活动和社会公共服务工作的重要途径。

（一）确立以学生为本的理念

办学理念是大学办学的价值取向和发展的指导思想，对大学办学治校起着指引作用。中世纪大学以来，大学的核心职能始终是人才培养，因此学生是组成大学的核心要素。但是随着社会的发展，特别是大学具有了服务社会职能之后，在某种意义上大学开始向功利主义、实用主义靠拢，逐渐偏离了原有的轨道。近些年来，我国部分大学在办学中追逐排名、科研等显示度较高的内容时，忽视了学生主体地位和价值，同样，在大学内部治理中，出现了部分人参与治理，甚至是一小部分人参与治理，从而将学生排除在治理结构之外的情况，必须加以改变，回归大学根本职能，确立以学生为本、以学生为主体的办学理念。不管大学职能如何拓展、大学与社会的环境如何变化，大学都应该坚持以学生为本的理念，让包括学生在内的各利益相关者参与治理。

（二）加强信访工作制度建设

校长信箱是学校信访工作中的一个重要部分，是绝大部分师生信访的渠道之一。推进民主治校离不开加强校长信箱的制度建设。一是制定管理办法，学校于 2023 年 9 月出台《武汉纺织大学“校长信箱”管理办法》，对校长信箱的宗旨定位、平台的运行机制以及信件的受理范围、办理时限、办理程序等作出明确规定，既可以对来信人提供规范引导，也有利于对办信人进行监督考评。二是制定信件办理工作标准，细化收发、登记、分办、回复、催办、督查等各环节工作要求，并明确相关责任人的工作职责，从而对信件办理实现全流程监督，提高信件办理的时效性和满意度。三是发挥信访联席会议作用，定期对相关棘手难题召开联席会议，通过构建协同机制，最大限度地处理校长信箱反映的难题。

（三）规范来信受理与审查

要对校长信箱办理各环节工作进行梳理，作出制度性规定，并通过信访系统的程序性设计予以明确，实现信件办理在每一个环节的规范化流转，严格落实“按责转办、限时办结、强化监督”的工作机制。例如，在信件受理环节，校长信箱管理员要当好“守门人”，而不是单纯的“传球人”，这就是要对信件内容进行甄别和研判，对符合要求的信件及时登记并流转办理；对不属于受理范围的信件及时退回并告知原因；对同一时间集中反映的类似问题，可适当梳理合并以减少信件办理的层级制约；对反映的涉及安全稳定因素或重大舆情信息的信件，要按照“特事特办、急事急办”原则，启用绿色通道，第一时间上报分管领导并协调解决。

（四）重视数据分析

信件回复完结绝不是信件办理的结束，因为校长信箱的作用不仅在于解决民众反映的现实问题，更大的意义在于通过信件内容发现学校工作是否落实、决策是否科学、政策出台是否合理、管理服务是否到位，从而对学校的改革发展作出科学预判，尤其是对于涉及安全稳定的信件，要把隐患消除在萌芽状态，为学校营造良好的工作、学习和生活环境。因此，校长信箱的主管部门和具体工作人员，要增强敏锐性和大局观，不能仅仅满足于来一件处理一件的被动状态，而需要结合信件反映的内容，有效梳理出苗头性、预见性问题，变被动处理到主动作为。要结合大数据技术，每月对信件办理情况进行梳理分析通报，形成工作简报，不仅梳理出师生关注的热点问题和反映的集中问题，更要分析出问题产生的原因和背后的深层次矛盾，并据此开展专项调研，为领导决策谋划和学校发展规划提供参考。

（五）完善学生参与治理的途径

参与途径是学生参与大学内部治理的通道，若参与通道不畅，学生就无法实现其参与大学内部治理的行为。

首先,完善建制化参与途径。目前,我国部分大学已经探索学生代表参与校长办公会等途径,并取得了较好效果。面向未来,要进一步完善学生参与学校事务管理的制度保障,丰富学生参与大学内部治理的内容和形式。同时,强化学生代表大会以及各类委员会建设,明确在这些治理途径中学生代表的席位及参与职责,使学生代表席位成为主张学生利益、反映学生诉求的重要参与途径。还要设立多渠道的学生投诉方式,比如网络投诉、移动通信投诉等,同时也要完善学生投诉的处理机制,推行匿名投诉等民主方式,让学生对大学治理工作进行全方位参与和监督。

其次,加强或然性参与途径。大学要通过座谈会、征求意见会、校长接待日、校长面对面等途径与学生进行有效沟通。同时健全学生参与的运行程序和机制,比如推行“首问责任制”等,明确学生通过“首问”管理层提出的意见和建议等,必须按照相应的程序进行推进。

最后,健全便捷性参与途径。学生会、学生社团等学生组织作为学生与学校联系的纽带和桥梁,也是学生参与大学内部治理的一个重要途径。可以建设一批专门促进参与大学内部治理的学生组织,比如调查学生意见、维护学生权益的社团。同时,完善学生互动平台建设。包括校长信箱设置、学生意见采集系统等,做好学生电子化参与的后续维护与跟踪,确保学生参与产生实际效果。

高校如何办好毕业典礼

一、案例介绍

毕业季是青年学生学习的丰收时刻,也是迈入社会的重要节点。毕业典礼作为每年高校最为重要的大型活动之一,是学生在学期间的最后一堂“大思政课”,是学校赠予毕业生及家长珍贵的校园记忆,是向全社会展示学校精神传统、文化品位、人文情怀的重要舞台。2022 年 4 月,笔者调任武汉纺织大学学校办公室主任,目前已经承办了 2022 届、2023 届、2024 届毕业典礼。毕业典礼作为学校办公室牵头承办的大型活动,笔者高度重视毕业典礼筹办工作,每年深入院部征集师生意见建议，结合实际优化工作方案，会同党委宣传部、研究生工作部、学工部、招生就业处、校团委等职能部门持续推动典礼改革与完善，同时大胆创新、周密策划、反复论证、细致筹备，让每次毕业典礼都既温馨又充满仪式感，为同学们的大学学习阶段画上圆满句号，成为一届届毕业生最难忘的回忆，激励毕业生奋发有为，为社会贡献力量，拓宽了典礼活动的育人价值，积累了新的宝贵经验。

（一）会场布置庄重大气

场域是典礼活动的一个重要因素。正是通过特定的会场布置、象征符号的不断呈现以及视听元素的综合运用，典礼才能发挥传承、引导、激励、宣示、凝聚等特殊功能。2022 届毕业典礼，根据当时的防疫要求，我们在阳光校区田径场露天举行，毕业生间隔就座；2023 届毕业典礼，选择在阳光校区刚刚落成的体育馆室内进行；2024 届毕业典礼，继续在阳光校区体育馆室内进行。每次均搭建主席台，配备大型电子显示屏。2023 年、2024 年的毕业典礼是在室内体育馆举办的，馆外的“不负热爱、奔赴山河”主题美陈，周围竖立的“毕业门”“合影墙”“优秀毕业生荣誉墙”及各种创意毕业标语造型引来毕业生纷纷合影留念；馆内上方飘扬着红色条幅，四周布置校歌主题横幅，大红的地毯配上绚丽多彩的灯光，场内座无虚席，一片欢乐的海洋；荧屏上一帧帧展现纺大成就的画面、一幕幕定格毕业生欢声笑语的镜头，都承载着与纺大相伴的四年时光。

（二）服务保障细致到位

首先，做好后勤保障。在多个重要环节制订几套备选方案，根据不同环境情况，有的从就近楼宇接出电源，有的采用移动发电车，例如在典礼现场采取两辆发电车串联供电，当一路出现问题时，另一路可以无缝接上。露天的场所，做好防雨措施。其次，做好直播技术保障。信号多、形式变化多，实现网络全面覆盖，采用 5G 信号传输。此外，做好安全保障。多校区接送学生，注重交通安全；维护典礼现场和离场秩序，确保师生人身安全。

(三)组织协调分工有序

为确保各项工作平稳有序进行,学校主要领导亲自指挥,多次召开部门协调会,党委常委会会议和校长办公会议也多次听取工作进展汇报,研究完善方案。学校办公室负责总体协调、细化分工,各部门、各院系通力合作。发挥多部门协同作用,精心组织谋划,反复踏勘现场,制定并落实应急预案。全校有学校办公室、宣传部、学工部、团委、招就处、后勤处、资产处、保卫处、校医院等部门工作人员参与到典礼筹办工作中。大型会场方案对安保要求很高,学校从搭建场地设施时就安排人员 24 小时值守,防范安全风险。全体工作人员统筹做好疫情防控和典礼筹办工作, 加班加点、团结协作,圆满完成了各项任务。

(四)流程设计充满温情

典礼流程紧凑,暖场环节约半小时,正式典礼约 1 小时。为此,学校精心设计各环节安排。暖场节目中,服装学院选送的服装秀惊艳亮相,为毕业生带来视觉盛宴;校艺术团带来的《仰望星空》《我的未来不是梦》《在此》等歌曲串烧,激发大家共鸣,现场轻声和唱;节目最后通过演唱校歌,营造浓烈的爱校荣校氛围,为毕业生送上深深祝福。正式典礼环节保留了毕业生、教师、校友代表发言,党委书记为校友联络员代表颁发聘书和校友卡,优秀毕业生颁奖,毕业生向教职工代表献花等环节,最后是校长讲话。在发言代表选择上,注重发挥毕业生和校友代表的示范引领作用,讲好典型事迹,传承纺大精神。例如,2023 届毕业典礼邀请 78 级校友、稳健医疗集团董事长李建全发言,他曾为母校捐赠 1000 万美元,是全国抗疫先进个人,激励毕业生以实际行动诠释家国情怀。毕业典礼之后是学位授予环节,校长徐卫林教授为全场毕业生一一拨正流苏,并与毕业生合影留念,毕业生站成了舞台上的一道风景,也成为母校永远的守候,让每一个现场的学生、家长动容。一些毕业生难掩激动,给了教师一个大大的拥抱,还有的同学直接在台上与校长自拍合影,赢得了现场的掌声与欢呼。

（五）内容主题聚焦育人

典礼不仅是一套程序化仪式，更是一门隐性的育人课程，具有凝聚共识、提升素质、振奋精神、促进和谐的重要作用。学生问、校长答，《校长答疑课》首次走进毕业典礼。《校长答疑课》于2021年4月由校长徐卫林主持开设，每次通过课前收集学生意见及建议、职能部门反馈、课堂现场集中回答的方式，解决学生生活、学习上的困难以及学业、职业生涯上的困惑，强化师生主体地位，让学生主动参与学校建设与治理。2022年，《校长答疑课》首次走进毕业典礼，徐卫林委托各学院收集到了149条毕业生的问题和意见，典礼上，他就三位同学提出的共性问题和期盼做了现场回复。对选择扎根基层、奔赴西部同学们的建议，徐卫林以优秀校友肖曙光的故事，鼓励同学们将青春之花绽放在祖国最需要的地方，“相信你们也会和肖曙光校友一样，倾情投入，努力改变基层面貌，一心为人民服务。”对于读研和工作如何选择，今后如何让自己脱颖而出的问题，徐卫林回顾了自己的求学经历，鼓励大家坚持初心，“无论你们继续读研、读博，还是求职就业迈入社会，都不需要有太多惶恐和迷茫，无论你作出何种选择，只要保持一份对未知的好奇，保持一份自我超越的执着和创新精神，一定会让自己脱颖而出。”2023年典礼上，徐卫林再次用“校长答疑课”的形式，把典礼变成课堂，给毕业生上好大学的“最后一课”。2022年，徐卫林寄语毕业生：一是懂得感恩，二是学会宽容，三是学会坚守。2023年、2024年，徐卫林寄语毕业生三个字“忍、韧、仁”。面对社会上的各种诱惑，要在“忍”上下功夫，做到慎独、慎微、慎言、慎行；“韧”，即在正确的目标引领下，以执着的精神和理念向前奋进，用坚韧不拔、一往无前的状态顽强奋斗，就一定能闯出一番新天地；“仁”，即要有忧国忧民的情怀，要对自己的学习、工作甚至一生的安排有规划，做到心中有梦、眼中有光、脚下有行，做仰望星空、脚踏实地的实践者，做自我实现、立己达人的追梦人。

二、分析与启示

每年6月的毕业典礼被喻为大学生离开大学前的“最后一课”，在青年学子的“拔节孕穗期”起着培根铸魂的关键作用。20世纪，胡适校长在北京大学毕业典礼上给毕业生的三条建议——“总得时时寻一两个值得研究的问题、总得多发展一点非职业的兴趣、总得有一点信心”，依旧是对毕业生日后学习、工作和生活的指点与期望。作为重要的文化活动和仪式，无论时代如何变迁，表达方式如何翻新，高校毕业典礼始终承载着塑造和发展“群体的道德”的功能，是开展思政教育的重要平台，是毕业生热切期待、终生难忘的校园记忆，在当代更因互联网的快速传播，越来越凸显其传播大学文化、弘扬时代主题等育人价值。我校2022年、2023年、2024年毕业典礼采用线上线下全网直播，庄重大气、积极向上、鼓舞人心，充满艺术美感和正能量，受到广大毕业生和部分学生家长好评，并在全社会产生热烈反响。这些探索实践对于今后更好地筹办毕业典礼具有重要的参考价值和借鉴意义。

（一）突出学生作为典礼主体的中心地位，坚持以生为本、润物无声

习近平总书记在全国高校思想政治工作会议上指出：一所高校的校风和学风，犹如阳光和空气决定万物生长一样，直接影响着学生学习成长。好的校风和学风，能够为学生学习成长营造好气候，创造好生态，思想政治工作就能润物无声给学生以人生启迪、智慧光芒、精神力量。……要注重文化浸润、感染、熏陶，既要重视显性教育，也要重视潜移默化的隐形教育，实现入芝兰之室久而自芳的效果。[①] 高校系列化的典礼活动是展现和培育高校校风和学风的基本途径，是显性教育和隐性教育的综合体，具有当下与长远并存的育人效应。高校不能把毕业典礼当作例行公事的任务完成，把参加者仅仅作为旁观群众，而必须从学生的视角深入细致体察，将思想政治教育目标和学生成长发展实际紧密结合起来。例如，2022年，正值疫情，学校不惧困难挑战，付出巨大努力，为毕业生奉献了一场难忘的典礼，并承诺来年补办学位授予仪式，这本身就是一种极好的现实教育，彰显了学校对学生的关心关爱。典礼暖场环节安排的均为以学生为主要角色的校园原创文艺节目，目的是展现校园文化、抒发毕业离思、怀念校园时光，学生接受度高，反响热烈，既丰富了毕业典礼的层次，又有效发挥了隐性教育功能。典礼中的讲话、发言、视频短片都注意贴近学生实际，以学生易于接受的方式传递教育思

① 习近平首次点评“95后”大学生[N].人民日报，2017-01-03(2).

想，激发学生内在的情感认同和价值认同。

（二）充分发挥校长的人格魅力，聚焦立德树人，回应现实关切

毕业典礼上校长的演讲彰显大学精神。在这堂具有标志性意义的思政课上，作为“主讲教师”的大学校长要坚持马克思主义指导地位，提高政治站位、把握时代脉搏，贯彻习近平新时代中国特色社会主义思想，坚持社会主义办学方向，激励学生紧跟时代步伐、担当青年责任。优秀的大学校长致辞，绝不仅在于会说“漂亮话”、模仿几句“网言网语”，更在于以恰当的方式将大学精神表达出来，聚焦立德树人，并对时代与社会的精神、风气，有敏锐的把握和回应能力，让人从中感受到一所大学之于时代和社会的责任与担当，如此也才能体现其“大”所在。大学校长需要贴合时代主题，推动创新理论入脑入心，推进铸魂育人，在讲话中要能够传递出学校和个人的育人理念，汇聚起推动学校发展的强大动力。既传播创新理论，宣讲宏观政策，又直面学生面临的问题和关心的诉求，积极妥善回应，为学生解疑释惑、排忧解难。内容要彰显核心价值，注重将社会主义核心价值观融入讲话内容，把毕业典礼作为塑造学生正确价值观的手段，规范价值标准，提升价值追求，激活学生的精神动力。同时，在毕业典礼中以实际行动倡导学校文化，通过故事化艺术性的形式，把校园精神和文化融入课程内容中，实现人与文化的建构连接，润物无声地把校园精神文化根植于学生心中，让校园文化从表面内化为学生的规范要求。

（三）强化毕业典礼正面宣传，积极弘扬向上向善的文化

随着传播媒介的发展，高校毕业典礼的视频、文稿可以广泛传播，受教育面将覆盖其他在读学生、潜在学生、校友以及社会人士，同时也将接受全社会的检视。学校应该将毕业典礼作为重要展示舞台，通过主流媒体报道、现场直播、与主流媒体互动等多种渠道，主动向师生员工和社会各界讲述学校最新发展情况，立体全面地展示学校形象。例如，武汉纺织大学 2023 年毕业典礼，《人民日报》、新华社、《湖北日报》等各类社会媒体累计报道 100 余篇；典礼现场通过学校官方视频号、抖音等新媒体平台进行了同步直播。我们坚持以毕业典礼为重要舞台和重要

窗口,通过多种渠道形式,主动向社会各界展现昂扬向上的纺大学子风采。每年通过新华网、《湖北日报》、《楚天都市报》等10余家主流媒体发声,宣传毕业生典型人物故事,不断增强正面宣传声量。一些中学生表示,感受到了武汉纺大的情怀,要立志报考武汉纺大。作为弘扬社会主义核心价值观的主阵地,高校应勇于担当社会责任,既要关注典礼的短期效果和校内影响,也要关注其长远的教育价值,为全社会输出更多正能量。

如何做好高校安全稳定工作

一、案例介绍

高校安全稳定不仅关系到师生的人身财产安全,而且关系到校园的和谐稳定发展,更关系到社会的繁荣稳定和实现国家的长治久安。当前,安全稳定工作是高校工作的重中之重。如何在推进高校改革与发展的过程中巩固高校的稳定局面,是新形势下高校稳定工作面临的重要课题。武汉纺织大学党委不断提高政治站位,认真学习贯彻习近平总书记关于安全生产和平安中国建设的重要指示精神,落实教育部和湖北省委、省政府关于校园安全稳定工作的部署要求,切实增强做好校园安全稳定工作的思想自觉、政治自觉、行动自觉,认真履行主体责任,创新工作理念,围绕强化校园安全责任、防范安全风险隐患、提升师生安全意识和素养等方面,不断完善安全工作体制机制,积极推进校园安全治理,切实筑牢校园安全防线,全力保障师生安全和校园稳定,取得了良好效果,为学校安全稳定奠定了基础。

(一)学校党委高度重视,层层压实安全责任

一是定期召开党委常委会研究部署学校安全稳定工作。学校严格落实"党政同责、一岗双责、齐抓共管、失职追责"工作要求,将校园安全工作作为党委常委会、全委会等会议的重要议题,成立了以党委书记、

校长为主任的平安建设工作领导小组,全面负责平安校园创建工作,成立了国家安全、意识形态、网络安全与信息化、消防安全、实验室等多个专门工作领导小组,逐级传导压力,层层压实责任,高位推动学校安全稳定工作落实落细。定期召开党委常委会会议,传达学习省领导讲话精神,专题部署解决学生反映的问题,全力以赴做好国庆节期间、党的二十大期间学校的维稳安保工作。

二是召开全校中层干部大会部署学校安全稳定工作。学校在每学期开学初、学期末都召开中层干部大会,党委书记田辉玉提出,疫情要防住,学校要发展,师生要安全,抓实校园安全不松懈,确保师生健康平安;校长徐卫林提出要落实意识形态工作责任制,维护校园和谐安全稳定大局。

三是及时召开专题工作会,压实学校安全稳定工作责任。学校根据上级要求,在重要时间节点,多次召开安全稳定工作会议,及时传达上级有关会议精神。党委书记田辉玉要求全校中层干部落实主体责任,做好方案预案,“再念安全之经”“再敲维稳之钟”“再绷责任之弦”,全力做好安全稳定工作;各单位主要领导要始终保持“时时放心不下”的责任感和“战战兢兢、如履薄冰”的紧迫感,坚决扛起维护安全稳定重大政治责任,坚决守住安全稳定底线红线,树立责任意识、大局意识,做到守土有责、心中有数,守土尽责、心中有术,守土担责、主动担当,坚持“稳”字当头,紧盯重点领域、关键环节,抓早抓小抓苗头,确保师生员工生命财产安全。

(二)扎实推进工作落实,筑牢安全稳定防线

一是制订学校安全稳定工作督导方案,推进校园风险隐患排查整改落地落细。学校党委每学期初制订校园安全稳定工作督导方案,组成四个联合督导组,紧盯意识形态、网络安全、重点领域安全治理等七个方面,对全校各二级单位进行专项检查督导,切实筑牢校园安全稳定防线。

二是建立意识形态工作机制,推动平安校园建设落地落细。学校落实意识形态工作责任制,成立一支由573名政治素质高、业务能力强的师生党员骨干组成的网评员队伍,强化校园舆情监控,坚持正面引导。

三是狠抓安全生产责任落实,做到平安校园建设重点覆盖。学校全

面落实实验室安全主体责任，进一步细化三级联动的实验室安全管理责任体系，结合学校实际对实验室进行分级分类管理，建立实验人员安全准入制度，对重大危险源、风险点实施实时监控，制定应急预案，持续开展专项检查。学校与各二级单位签订《安全目标责任书》，学校后勤保障处与校内各经营单位签订消防安全责任书，强化消防隐患日常排查，确保消防监督检查全覆盖。针对学校在建工程项目较多、体量较大的实际情况，校党委书记田辉玉、校长徐卫林等校领导多次到施工现场检查安全生产工作，重点检查施工单位安全教育责任落实情况。

（三）全面排查安全隐患，深入一线督促检查

坚持预防为主，重大节假日期间，校党委书记田辉玉、分管学生工作的校领导亲自部署，带头在阳光校区住校应急值班，深入校园开展全面安全检查，全面排查整改各类安全隐患，守好校园安全底线。

一是高度重视实验室安全。盯紧实验室水、电和化学用品等重点部位和重点环节，加大巡逻和督查的频次和力度，加强对化学药品使用和管理，强化实验室人员的消防安全意识。

二是高度重视食堂卫生和食品安全。严把原材料采购、验收、贮存关，筑牢食品安全防线，宿舍管理部门要提前做好宿舍维修保养、清洁卫生工作，为师生打造一个温暖、舒适的学习生活环境。

三是强化应急值班值守。严格落实值班值守制度，每日安排一名校领导带班，“7×24”值班干部，学工系统“7×24”值班人员驻守校区。在关键节假日、重要时期，全校各二级单位实岗值班，共同保障校园安全稳定。

（四）加大师生人文关怀，构建和谐平安校园

一是加强后勤保障，确保师生生活无忧。对食堂、超市等场所的食品安全进行全面检查，建立完善食品安全管理制度，对食品采购、运输储存、加工制作等环节严格把关，确保师生“舌尖上的安全”。

二是畅通师生诉求反馈渠道。建立学校 OA 系统信访信息管理平台，协调、督促责任单位及时处理回复。要求二级学院开通院长信箱，直面师生问题。构建疫情防控期间“全天候、全领域、全身心”学生服务响

应机制，南湖校区教室安装空调，新建室外球场，营造平安、温暖、和谐的校园氛围。

三是关爱关注弱势和重点群体。对家庭经济困难学生，积极开展助学、勤工俭学等扶贫帮困工作。对有重大生理疾病的学生及时排查，做好一对一帮扶工作。分管校领导领办学生反映问题，对关系师生切身利益的问题，能解决的马上解决，暂时解决不了的，耐心做好解释工作，并尽快研究制定方案予以分步解决，防止因处置不当而激化矛盾。

（五）积极推进安全教育，努力提升师生安全素养

一是常态化开展安全教育。把安全教育主题班会作为班会的重要内容，每月召开一次安全教育主题班会，内容包括返校前交通安全、人身财产安全、消防安全、网络安全、金融安全、防范电信网络诈骗等。在新生入学教育环节中，有针对性地面向全校新生开展安全知识讲座，实现了全覆盖。

二是加强心理健康教育工作。建立了分年级、分阶段心理状态跟踪普查模式，制订了分层次心理预警方案，不断完善帮扶关爱和危机干预机制。秋季学期新生入学时，指导各学院完成《新生自传》专业“细读”，并组织心理专业教师进行分析，提供专业建议指导。对排查出的重点学生逐一进行访谈，并向学院反馈测评和访谈结果。

三是多措并举提高安全风险研判和处置能力。严格落实学校—学院—班级—寝室四级安全预警机制，开展秋季学期《安全责任告知》和《安全温馨提示》学习、签订工作。大力推进辅导员“五进”和“学生一对一携手共成长”等专项工作，切实加强大学生思想政治教育和日常管理服务工作，帮助解决大学生在学习和成长中最关心、最直接、最现实的问题，及时发现并消除各类安全隐患。

四是提升师生安全防护意识和能力。举办实验室安全等主题文化周活动，开展问卷调查、安全开放日、知识竞赛等系列活动，强化师生安全意识。组织师生进行危险化学品泄漏、消防逃生、安全防护、疫情防控等应急处置演练，提高师生应急处置能力。

二、分析与启示

习近平总书记就当前安全稳定工作提出重要指示,做好安全稳定工作要坚持科学稳定观,树立正确稳定论,切实提高保持和维护安全稳定工作能力与水平,需要采取一系列有效的政策措施和战略对策,要正确处理改革、发展与稳定的关系。安全稳定是高校发展的基础。新时期高校安全稳定工作具有政治性、社会性、隐蔽性和复杂性的特点,掌握新时期高校安全稳定工作特点,挖掘影响新时期高校安全稳定工作的原因,就要以此为抓手,坚持预防为主、防治结合的工作原则,积极探索全员参与,多方协力,完善制度,构建校园安全稳定工作治理的工作路径。

(一)坚持党委统一领导,严格落实领导责任制

加强党委对安全稳定工作的领导是高校做好安全稳定工作的保障。高校要建立健全安全稳定工作领导体制机制,坚持党委统一领导、党政协力、相关部门分工协作的工作思路。要统筹发展与安全的关系,谋划布局安全稳定工作与学校整体工作,做到同计划、同部署、同落实、同检查。落实"党政同责、一岗双责",层层落实安全责任,定期协商安全工作。层层建立稳定的安全管理领导责任制,建立安全责任制框架,并督促各级领导逐层建立安全稳定责任制,把安全稳定工作真正落实到个人。加大经费投入,充分运用电子监控设备、电子门禁系统、人脸成像识别系统等现代科技手段,做到人防、物防、技防和制度防的有机结合,以有效预防和降低校园治安事件的发生率。要以安全问题和隐患为导向,及时化解处理各类风险矛盾,真正为师生创造安全稳定的环境。

(二)建立健全高校安全管理制度,强化制度执行力

一是增强制度意识。高校要着力抓好安全管理制度体系建设,建立完善各项安全防范规章制度和安全保障的操作规程,严格执行各项安全管理规定,让每一位教职员工在校园教育教学活动中养成遵守制度的意识。高校各级干部要率先垂范,以身作则,带头遵守执行安全管理制度,

提升制度的执行力。

二是强化制度落实。高校师生需要进一步强化安全制度意识，自觉维护安全制度。加强对教学楼、办公室、学生宿舍、体育馆、食堂、图书馆、实验室、计算机机房、校内各商业网点、外租房、仓库、建筑工地及学校临时用工宿舍等场所的安全隐患排查。广大师生要严格按照安全制度规定履行各自安全职责，开展相应的安全管理工作，坚持原则，真抓实干，敢于纠正违反安全制度的行为。

三是抓制度监管。高校要通过设定考核目标，将规章制度贯彻落实效果与制度的监督检查、一票否决责任追究等方式结合起来，形成监督合力，以助推安全制度的贯彻执行。严格落实责任追究制度，对严重失职而造成师生生命财产损失的责任人要依法给予纪律处分和法律制裁。

（三）培养师生安全素养，提高安全治理水平

高校要加强对师生的安全教育，让他们在学习实践中提高对风险隐患的发现和处置能力，逐步养成安全素养。从学生入学到毕业的教育、实践各阶段，制定安全教育培养目标，落实安全教育专题课程，聘请校内外安全专业人员授课，让学生学习法律法规、校园安全规章制度，培养学生的安全意识，并让学生参与到校园安全管理中，发挥好“安全员”作用，使安全意识、安全行为真正深入人心。要将安全素养的培养贯穿教育管理服务的全过程，引导教师有意识地把工作重心放在培养学生安全素养上。要加强安全预警体系的建设，对安全隐患事故发生可能性进行评估，制定相应的应急处置预案，定期组织师生开展针对性演练活动，使学生在日常学习生活中发现事故苗头或遭遇安全事故时，能够冷静对待和正确处置，以减少人员伤害和财产损失的发生。

（四）建立健全应急处置机制，提升突发事件处置能力

古人云“凡事预则立，不预则废”“人无远虑，必有近忧”，高校必须不断完善应对各种复杂局面的应急处置机制，才能在突发事件发生后，及时有效地做好防控工作。应急处置机制应当适应高校寒暑假和五一、国庆节等特殊时期的需求，要成立责任明确的组织领导机构，建立一支

由领导协调、专业技术、舆论宣传、思想政治等部门人员参与的精干队伍，要结合学校实际情况，模拟和设想出各种环境和条件下可能发生的突发性事件和相应的处置措施，这样才能在紧急情况下，以最快的速度集中有效力量，做好突发事件的应对工作。实践证明，这些预案在处置突发事件中为学校赢得了主动，争取了时机，为维护学校和社会的安全稳定发挥了良好的作用。

地方高校如何培育校友捐赠文化

一、案例介绍

目前，我国高等教育已进入快速发展周期，但政府的财政投入相对不足，经费短缺已成为制约我国高等教育进一步发展的重要瓶颈。校友是高等教育受益者，是高校社会关系中的特殊群体，他们在工作一段时间尤其是事业取得成功后具有较强的支付能力，是高校的宝贵财富。校友乐意为母校贡献力量，其善意之举既体现了对教育的关心以及对母校的回报，也是宣传自己企业的好机会。甚至许多校友还利用他们的社会影响和人际关系，为母校筹资拓展渠道，牵线搭桥，成为高校筹资的重要中介。因此，外国高校都非常重视开发和利用校友资源，校友捐赠是其教育经费的重要来源之一，哈佛大学的校友捐赠占办学经费的五分之三，耶鲁大学的办学经费的三分之二来自校友捐赠。我国高校校友捐赠起步晚，校友捐赠在高校资金中的占比仅为 1% ~ 2%，与国外一流大学相比相差甚远，具有较大拓展空间。

近年来，武汉纺织大学高度重视校友工作，创新工作思路、提高思想认识、创新工作方法，不断发掘校友资源，激发校友捐赠热情，为学校的“双一流”建设提供保障。2022 年 5 月 11 日，武汉纺织大学 78 级校友、稳健医疗集团董事长李建全捐赠 1000 万美元，用于支持母校建设发展，这也是武汉纺织大学历史上最大一笔校友个人捐赠。其他的校友也纷纷向学校捐赠，如 2023 年 5 月，78 级校友、湖北孝棉实业集团有限责任公司董事长孙应安捐赠 200 万元，还有不少校友捐赠教学科研设备，捐建校园环湖绿道，支持母校发展，学校接受的捐赠数额在省属高校中名列前茅。

（一）加强组织机构建设，提升队伍工作水平

学校领导高度重视校友工作，校党委书记田辉玉担任校友总会会长，同时学校各部门、各院系共同参与校友工作。

首先，学校在校内建立校院两级的校友工作组织机构。在学校层面设立了校友工作处（校友总会秘书处），各学院也成立校友工作办公室，与学校校友会保持经常性沟通合作。此外，我们还建立健全学校与学院两级的校友工作机制，从而有效地调动各单位、各层次的资源来积极主动地参与校友工作。

其次，积极建立地方校友会和行业校友会。学校领导尽可能地参加各地校友会的成立大会（换届大会），如 2022 年 7 月 16 日—18 日，校党委书记田辉玉在学校办公室主任高建勋、校友工作处处长王燕、管理学院党委书记滕胜娟等人的陪同下，赴杭州、绍兴出席了杭州校友联谊会第二届校友大会、绍兴校友联谊会成立大会，看望校友、走访校友企业。2024 年 1 月 13 日，笔者陪同校党委书记、校友会会长田辉玉赴深圳参加武汉纺织大学大湾区校友联谊会联盟成立大会。建立地方校友会能够增进高校与校友之间的联系，加深高校对校友信息的了解，提升高校对校友的服务功能，进而促进校友资源的开发与利用。地方或行业校友会能够加强与本地区和本行业校友的联系，能够凝聚更多校友的力量为高校提供区域资源或行业资源，为高校的发展提供资金支持。

最后，加强校友工作队伍建设，提升工作能力。学校党委重视校友工作干部的选配，定期组织校友工作人员参加业务培训和专业学习，不断提高校友工作人员的知识素养、心理素质和道德修养，提升他们对行业的了解和认识，提升工作水平和服务校友的能力，进而有效开发校友资源，鼓励和促进校友捐赠，为学校的“双一流”建设提供有力支持。

（二）创新校友联络方式，加强校友日常联系

随着互联网技术的不断发展，新媒体的不断普及，人们的交流方式发生了巨大改变。学校在开展校友工作时，借助包括 QQ、微信、微博

等在内的新媒体来搭建高校与校友联络、交流、互助、合作的平台，高度重视并及时更新官网、微信、微博等发布的内容，突出行业需求、行业动态、行业特色；创新丰富信息传播和校友互动的形式，包括制作 MV、制作 H5 页面，设计精美图文、创办校友电子刊物等，扩大信息传播范围，提升影响力，增强校友互动；及时更新完善校友信息库，充分发挥校友档案的价值，避免重复挖掘少数优秀校友资源。

（三）加强校友服务，凝聚校友情感

学校校友会充分发挥自身的作用和特色优势，通过为校友提供生活、学习和事业上的有力支持和热心帮助，增强校友对于母校的感情，从而使校友积极支持母校“双一流”事业的发展。一是精心组织校友返校活动，为校友提供周到细致的服务；二是举办丰富多彩的校友活动。例如，交流会、文体活动、拓展训练、联谊活动、旅游，吸引校友关注并助力学校的建设发展。2023 年 6 月 17 日，纺大首届“校友杯”足球联谊赛在南湖校区田径场拉开帷幕，来自广州、深圳、杭州、佛山、东莞、武汉等 6 地的 4 支校友足球队以及孝棉友谊队等 100 余名校友返回母校参加了比赛。2024 年 5 月 18 日，第二届“校友杯”足球联谊赛在广东深圳举行。校教职工足球队与来自长三角校友足球队、深圳校友足球队、东莞校友足球队、广佛校友足球队、武汉校友足球队等 6 支球队共计 150 余名校友参加了活动。2024 年 7 月 13 日，武汉纺织大学第二届校友经济论坛在校友企业烟台明远创意生活科技股份有限公司成功召开。校长徐卫林院士，校友会会长田辉玉出席本次论坛，全国各地校友企业家、青年校友代表，笔者和校友处负责人共 120 余人齐聚一堂、共襄盛会；三是为校友提供多样化的优惠服务。如设立校友优惠社区，为校友提供优惠和折扣，以吸引更多的校友参与学校活动；充分发挥行业特色优势，以各种方式促进校友捐赠。充分利用学校科技人才资源优势，为校友企业提供人才支持、技术支持和业务支持，从而促进校友的个人发展，增强校友的社会影响力，提升校友价值和捐资能力。

（四）创新筹资手段，公开捐赠信息

创新捐赠形式。学校将线上项目推广与线下筹资活动相结合，且创

新捐赠模式，不断推高人气，实现捐赠目标。拓宽支付途径。学校校友会与基金会密切合作，推出基于移动端的校友捐赠项目，同时，拓宽小额捐赠的网上支付渠道，如支付宝、PayPal、微信支付等。公开捐赠信息。校友捐赠工作严格依据相关法律法规和制度有序开展，并确保所得捐款的公开透明，这不仅是对公众的知情权负责，更是维护捐赠者的权益。

（五）积极奖励校友捐赠，建设良好校友捐赠环境

一是授予捐赠者荣誉头衔。学校通过授予名誉教授、客座教授等称号或颁发教育贡献奖等形式表彰捐赠者，提高其获得感与荣誉感；任命捐赠数额较大者为学校董事会成员，赋予其对学校发展建言献策、参与学校部分决策并监督实施的权利。

二是授予捐赠者对其捐赠项目命名的权利。学校将李建全校友捐赠 1000 万美元和省财政配套资金兴建的建筑面积约 2.2 万平方米的实验大楼和会议楼，分别命名为建全科学中心、建全科学会堂。将校友孙应安捐资设立的奖学金命名为“应安奖学金”。一方面，这能让获得命名的校友声名远扬，还可以影响和激励他人效仿捐赠，加入捐赠的队伍；另一方面，这些建筑物、奖学金等会形成校友捐赠环境，影响着在校就读的大学生，使他们在学习期间受到校友捐赠文化的熏陶，进而营造捐资助学的良好氛围。

（六）重视在校学生培养，培养校友捐赠意识

一是以学生为本，重视学生的培养，并加强对学生的关心帮助。学生在校时对学校的满意度直接影响着学生毕业后回馈母校的意愿。提高在校生的满意度主要从教学质量、服务质量、师生关系等方面入手。学校校友会联合招生就业处积极联系校友企业，组织在校学生探访校友企业，为在校学生提供行业内实习与就业机会。

二是通过开展校友活动与校友长期保持联系。学校经常邀请行业内优秀校友返校作学术报告或举办座谈会，与在校学生交流与分享自身的人生阅历、成功经验等，发挥优秀校友对在校学生的激励与榜样作用。邀请杰出校友回校颁发奖学金。如李建全校友一直关注母校发展，在 2014 年就出资 50 万元在学校设立“建全助学金”；2016 年，他再次

捐资100万元，资助品学兼优的家庭困难学生，每年回母校亲自为学生颁奖并作报告。孙应安校友在2003年捐款设立“孝棉奖学金”，2018年60周年校庆时捐建校名石，并设立“应安奖学金”。学校校友会还在官网和微信公众号上开设校友采访专栏，主要由在校学生采访已毕业的校友，通过校友的求学经历来强化在校学生对母校的认同感与归属感，同时增强已经毕业的校友对母校文化的再认同。

二、分析与启示

校友捐赠是衡量一所大学办学水平、办学实力和社会声誉的重要指标，也是检验大学办学理念、人才培养、文化建设、学校主要领导领导力以及校友工作成效的重要标准。虽然近年来我国大学校友工作得到了重视，校友大额捐赠屡创新高，但与世界一流大学相比，还有明显差距。我们要不断弥补工作方法和工作理念上的不足，并结合地方高校的优势，探索出一条适合地方高校的校友捐赠工作路径，为地方高校的“双一流”建设打下良好的基础，提供强有力的资金保障。

（一）加大校友资源开发力度

一是完善校友信息库。分类汇总各行各业、各地区的校友信息并定期更新，了解毕业校友的发展情况，传递母校关怀，增强毕业校友对母校的认同感和归属感。通过校友返校日、毕业周年纪念日等品牌活动，建立每一届校友联络员微信群，加强与毕业校友的联系，以便有针对性地开展筹资活动。

二是搭建信息交流平台。充分发挥互联网技术优势，借助新媒体、社交平台等媒介，建立校友服务平台，不断提升校友服务平台的知名度和影响力，为校友会与广大校友之间搭建实时交流的桥梁。通过信息平台及时关注校友的动态及其取得的业绩，同时向校友宣传学校的发展与成就，向在校学生宣传杰出校友的事迹。

三是加强与校友的日常联络。定期组织校友聚会、校友返校活动，开展校友茶话会，发送节日邮件，寄送校园期刊等，增强校友的归属感。此外，与杰出校友建立广泛联系，通过邀请杰出校友开展专题讲座、开学典礼致辞、毕业典礼致辞等，择机开展筹资宣传，促成捐赠意向，进而发挥名人示范效应吸纳更多潜在捐赠者。尤其是学校党委书记、校长应主动加强与杰出校友的联系。2017年9月15日，时任武汉纺织大学校长彭育园赴深圳看望78级校友、稳健医疗集团董事长李建全；2020年9月17日上午，彭育园专程出席李建全校友全棉时代母公司——稳健医疗股票上市敲钟仪式；2021年5月14日，校党委书记田辉玉一行到稳健医疗用品股份有限公司调研，与公司董事长李建全校友进行了深入交流，并聘请李建全为学校客座教授、创新创业导师。徐卫林担任武汉纺织大学校长后，多次与李建全见面联系沟通，最终促使李建全校友个人向母校捐资1000万美元。

（二）丰富筹资项目类型及筹资方式

一是设计多元化筹资项目。充分考虑捐赠意向，结合高校发展需要，丰富筹资项目类型。比如，第一类常规筹资项目包括奖学金、奖教金、助学金等；第二类特定筹资项目包括建教学楼、实验室、图书馆等；第三类专项筹资项目包括绿色发展基金、非遗文化基金等。

二是设立网络化捐赠平台。鉴于网络支付方式的普及，发布中小额筹资项目，面向全球校友"在线众筹"。高校应加快推广"支付宝捐赠""微信捐赠""银联在线捐赠"等捐赠方式，设计各种"众筹项目"，提高校友捐赠的便捷度和捐赠率。

三是提供多样化捐赠服务。可以接收现金、固定资产、有价证券、人寿保险、遗产、信托流动资产以及商业股份等捐赠形式。此外，高校在校庆月、毕业季、迎新季、返校日、周年庆等特定时期，推出一系列校园文化捐赠项目，借助丰富多彩的捐赠项目，提升高校知名度，增强捐赠吸引力。尤其重视校庆的筹资功能，我国甚至有部分大学基金会的成立就是为应对大型校庆的筹资需求。近年来，浙江大学、武汉大学通过前期规划、中期多渠道运营、后期宣传及校领导的充分参与，使其校庆活动大获成功。重视大额捐赠校友的挖掘与精准筹资，可以使校友捐赠额在校庆时期迅速增长，这种经验值得其他大学基金会借鉴。

（三）加强与捐赠者之间的联系

一是优化对捐赠资金的运用。提升捐赠基金管理和信息发布的透明度,定期向捐赠校友反馈资金使用情况,使捐赠者更好地了解捐赠资金的运作情况,提升其再次捐赠的积极性。同时,要为捐赠校友做好大数据分析,使其随捐赠金额的增加逐步享受到更多的捐赠服务。例如,当个人捐赠金额达到10万元时,学校应将该校友的名字镌刻在捐赠墙,也要定期邀请其参加“春节团拜会”等活动;当个人累计捐赠金额突破100万元时,校友可以指定将捐赠金设立为个人名义的奖学金;当个人捐赠金额超过1000万元时,学校不仅应该邀请捐赠者成为教育基金会理事成员,而且应该为其提供最高规格的服务,在诸多方面给予支持。

二是利用学校的资源与校友企业开展产学研合作。高校和捐赠企业结成战略联盟,将企业实际需求作为科研选题来源,企业通过注入资金来支持高校创新成果和核心技术产业化,使企业从新技术和新产品的转化中获利,同时高校获得企业更多的资金支持。如武汉纺织大学徐卫林院士团队与稳健医疗集团一道,在江夏区共同开展医用纺织材料的研究和产业化应用,突破“卡脖子”技术,人造血管三年内有望实现“江夏造”。

三是为捐赠者提供相应的优待服务。邀请捐赠者参加学校音乐会、校庆等活动,提供免费使用学校资源、享受学校合作平台优惠服务的权利。如自由进出学校图书馆、体育馆,享受校内游泳馆和酒店的折扣优惠等。

总之,高校应立足于自身特色和优势学科,更好地提高办学质量、培养杰出人才、贡献高价值科研成果,以此提高自身知名度,进而吸引更多社会捐赠投入。

(四)加大在校大学生的校友文化宣传

加强对校友会、教育基金会的宣传,引导在校生加深对“校友”概念的理解与认知。学校应制定合理的培养机制,将“以学生为友”的理念贯穿于学校管理和服务的各个环节,实现从新生入学到毕业全流程的校友文化输入与输出。学校可组织在校生开展“校友寻访”活动,举办“校友先进事迹系列报告”“校友创业主体系列报告”“校友成长成才主题系列报告”,开展“年度校友表彰”,并邀请知名校友参加“春节团拜会”等活动。加强各类校友奖学金的宣传,强化学生对校友身份的认知,增强学生对母校及校友的认同感。学校应加强校友文化宣传，增强学生的集体荣誉感，营造爱校、荣校的文化氛围，不断强化学生对“校友身份”的认知与认同。可建立“校友之家”，并将其设为地标性建筑，设计凸显校友捐赠历史的校友墙、校友林、校友教室等项目，培养学生潜在的校友意识与理念。学校应以学生毕业为关键节点，构建校友信息网，充分发挥数字化管理的优势，加强与毕业校友的联系，持续推进“毕业捐”等小额捐赠项目，实现“毕业不失联”。

新时代地方高校如何赋能乡村振兴战略

一、案例介绍

党的二十大报告指出，全面推进乡村振兴，坚持农业农村优先发展，巩固拓展脱贫攻坚成果，加快建设农业强国，扎实推进乡村产业、人才、文化、生态、组织振兴。国家乡村振兴战略是“十四五”规划纲要的重要内容，对中国经济和社会的发展都具有重要意义，在我国脱贫攻坚战取得全面胜利、“三农”工作重心实现历史性转移的新发展阶段，充分发挥高校教育文化优势、助推乡村全面振兴具有以战略支点带动“三农”工作整体发展的重要意义，这也是高校主动服务国家战略和地方经济的责任与使命。然而，从脱贫攻坚到乡村振兴，不同形势条件下，高校教育帮扶的工作定位和核心内涵都在发生着深刻的变化，急需在实践探索中破题，思考如何创新体制机制、优化帮扶举措，形成教育系统振兴乡村的示范引领效应。

赋能乡村振兴，开展教育帮扶，一直是武汉纺织大学主动服务国家战略和地方经济社会发展的重要工作内容。自 2015 年以来，学校承担了湖北省襄阳市南漳县九集镇双泉村定点扶贫任务，具体由学校办公室负责牵头落实，多年来学校高度重视脱贫攻坚和乡村振兴工作，截至 2024 年 6 月共选派了五批驻村工作队员。本着扶贫先扶智的指导思想，工作队充分依托学校教育文化资源优势，坚持文化扶贫与经济扶贫相结合，在公共文化服务、文化产业、文明乡风营造和专业人才培训等多个方面进行了持续的实践和探索，推动驻点村整体脱贫，逐步迈向乡村振兴。

（一）强化党建引领，党员群众拧成一股绳

习近平总书记强调："党的力量来自组织，组织能使力量倍增。"学校全面落实省委、省政府决策部署，深入对接定点帮扶村，充分发挥组织优势，切实找准工作定位，加快推动工作重心转移，将定点帮扶具体工作做扎实、做到位。学校主要领导坚持每年深入驻点村一次，2024年6月28日，笔者又一次陪同校党委书记田辉玉到双泉村调研指导乡村振兴工作，看望困难群众和驻村工作队员，驻村工作队队长熊伟于5月刚刚接替上任队长黄勇。针对驻点村党支部凝聚力不强，导致村集体经济薄弱、发展滞后的状况，学校充分发挥自身的党建优势，将党建经验引入驻点村，邀请党建专家来村讲授党课，激发当地党员群众的主人翁意识和内生发展动力。从落实"三会一课"制度抓起，切实加强党员日常教育和管理，让党员有存在感和荣誉感；在抓好支部建设的同时，学校将凝聚民心、增强发展信心作为工作的重心，带领村委一起上门征求意见。从群众关心的小事难事入手，落实各项惠农惠民政策，为村民谋福利，固化"四议两公开"集体讨论决议公示等工作程序，进一步增强了群众对村委班子和党员的认同感，使他们对脱贫致富有了更大的信心。

（二）聚焦产业发展，壮大集体经济收入

产业振兴是乡村全面振兴的基础和关键。学校充分发挥产学研优势，把抓产业促发展放在脱贫攻坚和助力乡村振兴的首要位置推进，不断促进乡村产业转型升级，结合驻点村区位特点和资源禀赋，制定了驻点村发展规划，确定了"文旅主导，种植为辅，养殖拉动"的发展思路，积极推进一二三产业融合发展。2016年，先后争取集体扶贫产业发展资金近100万元修建了共120千瓦光伏发电站，每年为村集体增加收入8万元，为脱贫户增加收入4万元；2018—2021年，先后争取项目发展资金60万元用于发展香菇、木耳、蜂蜜等产业；2022年，为进一步发挥驻点村区位优势和旅游资源优势，学校依托专业优势学科，全面推进驻点村产业升级，为助力当地农产品销售，依托学校专家团队积极开展电商助农活动，向驻点村捐建电商直播站并开展多次专业培训；投资近200万元启动驻点村研学基地建设，充分整合周边农家乐、民宿、露营、水果采摘等资源，研究设计研学课程和线路，进一步促进三产融合，不断推动驻点村产业提档升级。

（三）拓宽帮扶渠道，完善基础设施建设

积极向各级政府和行业部门争取帮扶资金700万元，助力驻点村基础设施建设，实现了驻点村道路硬化全覆盖、自来水全村供应、完成高标准农田项目及配套水渠项目建设。2018年，推动“隆七”旅游公路、梦幻世界野生动物园项目这两个投资过五千万的项目落地双泉，为当地发展文旅产业提供了良好的区位优势和资源条件；2019年，打造生态停车场，向水利局争取20万元用于平场清淤项目，向县公路局争取90万元用于农村道路拓宽项目，向县水利局争取120万元开展乡村美化、房屋立面改造；2022年，积极争取项目资金200余万元用于村两公里产业发展道路硬化和堰塘改造。

（四）发挥文化优势，丰富村民精神文化生活

充分发挥学校文化教育资源优势，积极开展科技文化教育帮扶工作。推进乡村文化建设，组织学校相关部门向村文化室捐赠图书，联系襄阳当地爱心企业兴建一座乡风文化墙，成为双泉村旅游打卡地；开展丰富多彩的志愿服务和社会实践活动，每年组织学校大学生社会实践团队赴南漳县各乡镇开展义务支教、捐资助学、社会调研、关爱留守儿童和空巢老人等志愿服务，学校“织梦”“初心”等社会实践团队多次赴驻点村开展系列主题活动，并联合南漳县团委、南漳县九集镇及吴集中心小学开展了文艺下乡庆七一文艺汇演和青少年慰问活动，得到了村民的广泛参与和赞扬；为进一步提高村民参与文化体育活动的积极性，加强村级文化体育设施建设，向湖北省体育局成功申报1000平方米村级示范文化广场，配套建设标准化篮球场、羽毛球场、乒乓球桌和配备各类体育健身器材的休闲文化驿站，极大丰富了当地村民的文化体育生活；充分发挥学校艺术学科优势，2023年向驻点村援建艺术墙绘项目，选派

学校优秀师生团队赴驻点村开展墙绘艺术创作，历时40天完成了15幅大型3D墙绘作品，有效美化村湾环境，提升当地的艺术氛围，为推动当地文旅产业发展作出了重要贡献。

（五）开展消费扶贫，带动村民致富增收

2016年以来，在驻村工作队的积极推动下，学校办公室组织开展消费扶贫工作，切实解决村里农副产品滞销问题，拓宽贫困群众增收渠道。根据湖北省有关部门文件要求，学校办公室协调校工会，驻村工作队密切配合，在当地扶贫点贫困户家中购买农副产品发放给学校教职员工，既满足了教职员工物资需求，又助力当地脱贫攻坚。截至2023年底，学校向定点帮扶南漳地区购买大米、茶油、蜂蜜等农产品共计210余万元，直接和间接帮助驻点村村民销售农产品价值40余万元。

二、分析与启示

2021年2月25日，习近平总书记在全国脱贫攻坚总结表彰大会上向世界庄严宣告：经过全党全国各族人民共同努力，在迎来中国共产党成立100周年的重要时刻，我国脱贫攻坚战取得了全面胜利，现行标准下9899万农村贫困人口全部脱贫，832个贫困县全部摘帽，12.8万个贫困村全部出列，区域性整体贫困得到解决，完成了消除绝对贫困的艰巨任务，创造了又一个彪炳史册的人间奇迹。脱贫攻坚取得胜利后，要全面推进乡村振兴，这是我国“三农”工作重心的历史性转移。从脱贫攻坚到乡村振兴，意味着帮扶工作由短期向长期战略转移。乡村振兴战略的目标是要实现农业农村的现代化，实现农村产业、人才、文化、生态、组织等五个方面的全面振兴，它要求既要推动经济发展，又要推动社会、文化和生态文明等全面发展，意味着帮扶工作由共性化任务向个性化创新转移。乡村振兴战略聚焦的主要是发展和内生动力问题，由于帮扶农村地区的地理位置、资源禀赋、产业结构等都存在较大的差异性，人群生活方式与生计模式也千差万别，更需要结合帮扶地区具体实际开展个性化的体制机制创新，意味着帮扶方式从单纯以物质、资金的投入为主向多维治理转移。在乡村振兴阶段，需要统筹解决帮扶地区产业、生态、组织等多维度的问题，要通过对乡村有形和无形资产、内部和外部资源要素进行有效整合、重组、配置，要求将扶贫与扶智、扶志相结合，不断提升帮扶地区和帮扶对象的“造血”能力和内生动力，需要全方位、多维度地开展治理。

党的二十大对中国式现代化作出了深刻系统的阐述，对推进乡村振兴作出了科学规划和详细部署。全面推进乡村振兴，必须始终围绕农业农村现代化这一总目标，在产业、文化、生态等方面持续发力。经过若干年的实践，我国高校已经基本形成了服务乡村振兴大格局的主要路径，包括党组织建设、教育扶持、产业提升、实践教学、文化引领、生态恢复及医疗保健等多个方面。对于地方高校来说，做好乡村振兴这篇大文章，需要积极应对乡村新发展阶段带来的新挑战，超前谋划、提前布局，主动将相关工作纳入整体事业部署，寻求二者之间的连接点、共振区，调整办学定位和服务对象、优化学科布局和专业结构、调整人才培养方案，直接为乡村产业发展、生态文明建设、基层有效治理、乡村基础教育等提供智力服务和人才支撑。

（一）做好顶层设计，构建有效协同共同参与的协作机制

全面推进乡村振兴，需要多方力量的协同配合，共同发力。一方面，依靠政府部门加强对乡村振兴路径的顶层设计和科学规划；另一方面，依靠更多的市场力量来撬动更多的社会资源服务乡村振兴。同时，地方高校作为助力和服务乡村振兴不可忽视的重要力量，有着其他主体没有的天然优势，也存在明显的实践短板。地方高校应站在中国式现代化和城乡关系的宏观视角，积极参与所负责地区乡村振兴的总体规划设计和政策制定，充分利用高校自身的理论优势，积极宣传新发展理念，在乡村振兴中发挥思想引领作用；同时，乡村全面振兴不仅仅是教育系统的事，更离不开政府、企业、社会组织之间的协同合作，高校要充分发挥桥梁纽带作用，用好高校的社会影响力和优秀校友的力量，动员和鼓励全社会各方面力量加入教育帮扶，逐步探索形成“村集体出资源、市场出运营、政府出规则、高校出智慧、村民出力量”的乡村振兴命运共同体。此外，要加强高校之间的校际联动，可以通过探索构建面向乡村振兴的高校行动联盟方式，强化省级层面的资源统筹，尽可能地发挥各类高校的学科专业优势，共同把脉各地产业发展，强化校际协同联动、资源互

补、合作共赢，从而真正实现高校助力乡村振兴的内部协同与外部协调的高度统一。

（二）瞄准实际需求，找准高校赋能乡村振兴的“切入点”

高等教育对乡村振兴的要素供给主要集中在人才、技术、知识和信息等方面。高校服务乡村振兴，必须因地制宜、精准施策，结合乡村发展的实际需求。检验高校助力乡村振兴的成效，关键看高校的服务方式和内容是否与帮扶地区的实际需求相匹配。一方面，要系统调研推进乡村全面振兴的实际需求，进一步找准高校赋能的结合点与发力点，紧紧围绕乡村振兴的具体需求，切实将高校的人才链和知识链有效对接乡村振兴的需求链，为纵深推进乡村振兴提供强有力的技术和智力支撑。另一方面，高校可发挥其在人才培养中的优势，通过开展乡村志愿服务、大学生返乡创业、技术人才到乡村挂职、实施学历教育与技能培训等活动，培养专业人才投身乡村建设，打造高素质农村工作队伍，包括生产经营人才、乡村公共服务人才、乡村治理人才、农业农村科技人才等，解决实施乡村振兴人才不足的问题。高校服务乡村振兴要注重因校施策、通盘谋划、统筹兼顾，结合自身的学科、专业特色，有的放矢地制定服务乡村振兴的适宜策略，找准服务乡村振兴的“切入点”。

（三）提升服务能力，增强服务乡村振兴的本领

高校助力乡村振兴，应结合自身的特色和优势，全面整合各类资源优势，精准施策、持之以恒。高校资源优势和功能作用的发挥，实质上是其服务能力的重要体现。从近些年精准扶贫和乡村振兴的实践探索来看，高校助力乡村振兴迫切需要增强以下能力。

一是提升高校的资源整合能力，着力解决服务项目“碎片化”“应景化”的问题。要在全面了解和掌握学校自身特色和比较优势的基础上，做好学校内部顶层设计，建立完善有组织的统一行动机制，推动学校内部各种资源的合理配置并形成合力。

二是提升高校的精准服务能力，着力解决脱离实际和服务不精准的问题。扎实做好高校助力乡村振兴工作，要注重因地制宜和因校施策，结合高校自身资源禀赋与帮扶地区实际需求，通过坚持统筹推进“一校

一品”“一院一品”“一村一策”计划，真正做到服务内容精准、服务对象精准、服务方式精准。

三是抓好相关平台建设，建好一批产学研实践基地、博士人才工作站和培训基地。

（四）创新工作机制，建立外部融入与内部吸纳的服务机制

乡村振兴涉及面广，高校助力的结合点多，不仅需要实现供给端与需求端的动态平衡，还应达成高校外部融入与内部吸纳的平衡和协同发力。从外部融入来说，就是要让高校的人才、技术、科技成果走出实验室、走出校门，更好地服务乡村振兴战略。因此，需要建立起助力乡村振兴的长效机制，明确高校自身能够融入和主攻的方向，选准乡村振兴“外部主战场”，切实将服务的着力点聚焦到区域、产业、村、户，集中资源优势精准发力，力争做到创建一个点、影响一条线、带动一大片。从内部吸纳来说，就是要主动开拓助力乡村振兴的“内部主战场”，充分挖掘高校在乡村振兴人才培养方面的潜能，加快新型职业农民培育和乡村急需人才的引育，引导更多知农爱农强农兴农的新型人才到乡村的广阔天地建功立业，探索有效的乡村振兴人才培养机制和“校农结合”模式，让高校真正成为乡村振兴人才培养的主阵地。无论是外部融入还是内部吸纳，都是高校助力乡村振兴的重要途径。只要找准位置和主攻方向，做到因地制宜、因校施策，就一定能走好新时代高校助力乡村振兴之路。

后　记

作为一种正规的教学和学习方式，案例学习发端于美国的哈佛大学，最早应用于法律和医学教育领域，并获得巨大成功，后来被引入教育管理领域。我国自20世纪90年代开始在教育管理领域引入案例教学法。在案例学习法的倡导者看来，案例学习是最节约时间、成本最低、最有效的学习方式，尤其符合成人学习的认知需求和心理特征，学习者会将经验与新知识充分融合后再进行思考。它能让学习者以最小的消耗获得最大成果，让学习者在较短时间内对大量的“真实情境和困境”，扮演党委书记、校长、副校长、中层干部等多种角色，设身处地地从自己扮演的角色出发，分析问题、解决问题，使学习者从成功案例中学习经验，从失败案例中吸取教训，从困境案例中学习摆脱困境的方法，从危机案例中学习处理危机的策略。笔者长期在武汉纺织大学从事行政管理工作，先后担任校团委书记、党委办公室主任、二级学院党委书记、学工处长、宣传部部长、人事处长、学校办公室主任等多个中层正职，具有较为丰富的管理实践经验和人生阅历，见证了高等教育从精英化到大众化，再到普及化的发展过程，这些经历就是很好的反思材料。在笔者的学习工作生涯中，有许多的案例让自己受益匪浅。笔者刚参加工作时，就是将华中师范大学万美容教师开创的学生工作助理经验做法，借鉴到了武汉纺织工学院，从而打开了工作局面。多年前，笔者在华中科技大学高教所攻读高等教育学硕士学位期间，刘献君教授传授的“研究一个问题，做成一件事情，写出一篇文章”的经验给笔者留下了深刻印象。笔者尝试把工作当学问来做，每到一个新的管理岗位，都以研究的眼光看待问题，结合工作实际开展研究，在工作中探寻解决问题的科学办法，先后出版《高等教育探索与研究》《高校事务文书写作与公务讲话要领》《高校管理干部的四重修炼》《高校管理干部的八项修炼》《高校行政管理：理念与路径》等著作，被中国计量大学、湖北工业大学、武汉工程大学、武汉纺织大学、武汉轻工大学、湖北汽车工业学院、湖北开放大学、湖北科技学院、湖北商贸学院、武汉工程职业技术学院等高校作为干部培训读本。湖北大学党委书记谢红星教授认为,《高校管理干部的八项修炼》聚焦高校管理干部这一核心人群,以八种管理能力的提升为内涵和外延,深刻洞悉大学办学的本质特征,精准洞察大学运行的客观规律,清晰洞见大学管理干部的履职要求,对提升高校管理干部能力素质、提高高校管理效能是很有帮助的。湖北工业大学党委书记彭育园教授认为,《高校管理干部的八项修炼》一书紧密结合高校教育管理工作实际,就如何提高高校管理干部政治能力,和办文办会办事能力等八项核心竞争力提出了解决方案和实现路径,为高校管理干部的成长赋能导航、强筋壮骨。湖北汽车工业学院党委书记张文学教授认为,高校领导干部是高校发展的"关键少数",在新时代新征程中,大力提升高校领导干部政治能力建设,是加强党对高校全面领导和贯彻落实高校立德树人根本任务的重要保障。湖北民族大学党委副书记邓磊教授认为,《高校管理干部的八项修炼》一书把工作经验上升到理论,指导工作实践,意义重大。领导和专家的肯定,促使笔者更有信心盘点工作案例,分享管理故事、交流管理经验。

高校管理干部是高校各项管理职能的直接承载者,服务于高校教学与科研中心,肩负着高校改革发展稳定的重要使命。笔者的研究生导师,厦门大学别敦荣教授把高校管理干部分为尽职型、经验型和专业型三类。所谓尽职型干部,是指高校干部主要根据岗位职责规定和要求处理事务,上传下达,中规中矩,既无开拓之功,亦无失职之嫌,这类干部在高校占有很大比例。所谓经验型干部,是指高校干部能够在工作中不断总结经验教训,善于从自身和他人的经验中学习,注重工作效率和工作质量,往往因"会办事"和"能办事"为人们所称道。这类干部在高校人数不多,但往往身居要职,发挥重要作用。所谓专业型干部,是指高校干部通过专门培训或专业教育以及自身的在职进修学习,掌握了高校教育管理的理论,并能主动运用相关理论指导实际工作,促进学校改革与发展。在我国高校,要成为专业型干部并非易事,一是高校干部缺少进修学习渠道和机会;二是很多高校并不太关心他们的学习,不把他们的学习视为机关部门工作范畴内的事情,而是看成干部个人业余的追求。高校干部只有依靠在职学习,坚持在工作中学习,在学习中工作,将学习与工作融为一体,学会用高等教育学科的视角看待日常工作,用科学的方法与技术来处理和解决工作中的问题,从而不断提高自己的专业化水平,成为专业型干部。成人学习是基于反思的体验,没有反思和探究就没有真正的学习。高校管理案例就是高校管理干部最好的反思材料。案例学习法是成本最低、效果最好的自我发展方案,它让学习者直面大量的“真实情境和困境”,让枯燥的理论知识与繁杂的实际问题变得鲜活,既趣味盎然又井然有序。

高校行政管理是一门大学问,需要互相学习、相互借鉴。经济社会发展对学校和人才的需求是多样的,在高校中既需要“全能选手”,也需要“单项冠军”。截至 2024 年 6 月 20 日,全国普通高等学校有 2868 所,其中本科学校 1308 所。笔者工作的武汉纺织大学,前身是始建于 1958 年的武汉纺织工学院,2010 年更名为武汉纺织大学。学校历经更名、申硕、升大、申博,是为数不多拥有自主培养的院士、国家重点实验室的地方高校,可以说是行业高校特色发展的缩影。武汉纺织大学 2024 年中国校友会全国排名第 137 位,2023 年软科全国排名第 165 位。作为参与学校内涵建设的一分子,笔者何其有幸,参与或主持办成了一些有意义的事情,连续多年在全校中层干部年度考核中被评定为优秀等次,在拙作《高校行政管理:理念与路径》完稿之后,笔者总结了自己多年来的部分工作案例,撰写了本书,就是想创设一种运用高校行政管理理论解决具体问题的实践情景,促进年轻干部将感性经验和理性认识有机结合起来,自主探索新时期高校行政管理的特点和规律。本书中第 13、17、22、45 案例(笔者亲身参与了其中的部分工作),分别由武汉纺织大学凡蓉蓉、顾绍金、江秋玮和黄勇提供初稿,笔者要对他们的付出表示敬意和感谢。借鉴他人经验,是高校管理干部开阔视野、提升水平的有效途径。本书以案例说方法,用实例讲技巧,为读者提供了可供操作的思路,希望能够为高校管理干部遇到类似的工作问题提供更多的解题思路和解决方案。

时间虽不语,却记录下所有奋斗的足迹。写后记的此时此刻,看着过往岁月的工作案例,往昔的工作场景一幕幕在眼前浮现,那一帧帧、一幕幕皆是笔者珍贵的记忆财富。笔者感恩这个伟大的时代,笔者从鄂北的一个小山村来到省会城市武汉求学、工作、成家、立业,见证了高等教育从精英到普及化的发展历程。一路走来,感恩在笔者的人生和职业生涯发展中给予信任和关心指导的领导。感谢在笔者担任校团委书记、党委办公室主任、环境学院党委书记、学工处长、宣传部部长、人事处长、学校办公室主任期间的工作团队，书中的案例就是在他们的配合和二级单位的支持下共同完成的。感恩学校的发展平台和家人的理解支持。感谢武汉纺织大学校长徐卫林院士、原党委书记田辉玉教授的言传身教，感谢武汉纺织大学傅欣教授和王栋教授的关心支持。感谢武汉理工大学出版社田禾社长的鼎力相助和本书责任编辑尹珊珊的辛勤付出；武汉纺织大学学校办公室罗茵文、冯江也参与了部分案例的整理，对于所有花费时间、付出心血的同事和朋友，笔者都发自内心地感激。

本书即将完稿之际，又传来激动人心的消息。2024年7月31日，国务院学位委员会办公室发布《新增博士硕士学位授权审核专家核查及评议结果公示》，武汉纺织大学纺织科学与工程、设计学新增为博士学位授权点，武汉纺织大学新增为博士学位授予单位，实现了学校几代人翘首以盼的愿望。这标志着武汉纺织大学形成了学士、硕士、博士完整的人才培养体系和学位授予体系，学校的办学层次和办学水平迈上了一个新台阶，学校成为为数不多的同时拥有全职院士、博士点和国家重点实验室的地方高校。实践证明，不同类型的高校在不同赛道上都可以办出特色、办出水平，武汉纺织大学的办学经验值得总结研究和分享借鉴，阅读本书是了解武汉纺织大学办学经验成本最低的途径。对于笔者而言，编写本书是一次重新审视的过程，当年一起奋斗的岁月犹历历在目，将多年工作的体会毫无保留地融入本书，进行了一次深刻的梳理与反思、提升与顿悟，并借此机会与同行或交流分享，或商榷批判，这个过程，本身就是一种收获。

由于高校行政管理的实践在迅猛发展，认识在不断深化，而作者受实践和认知的能力所限，文稿中的观点和论述难免有诸多不周全甚至错误之处，敬请读者批评指正。

高建勋

2024年8月5日于汤逊湖畔